KB159534

판결vs판결

판결 VS 판결

2015년 6월 15일 초판 1쇄
2023년 10월 16일 초판 7쇄

지은이 | 김용국
펴낸이 | 장의덕
펴낸곳 | 도서출판 개마고원
등 록 | 1989년 9월 4일 제2-877호
주 소 | 강원도 원주시 로아노크로 15, 105-604호
전 화 | (033) 747-1012
팩 스 | (0303) 3445-1044
이메일 | webmaster@kaema.co.kr

ISBN 978-89-5769-007-9 03360

판결 VS 판결

김용국 지음

개마고원

판결, '최상'과 '최선' 사이에서

법은 어디에 있을까. 법전 속에 고이 자리 잡고 있을까. 아니면 판검사들의 엄정함 속에? 그도 아니면 정의의 여신이 들고 있는 저울 속에? 그럼, 옳고 그름을 가리는 법정에서 진실은 어디에 자리하고 있을까. 법정에 선 피고인의 어눌한 말투 속에, 혹은 말끔하게 정돈된 변호인의 변론 속에? 아니면 추상같은 검사의 구형에? 그도 아니라면 오로지 판결에 고스란히 들어 있을까.

법은 어렵다. 법학이라는 학문 자체도 그렇지만, 법을 적용하고 해석하는 과정도 상당히 복잡하고 어렵다. 단순할 듯한 살인의 경우만 봐도 그렇다. 사람을 살해하면 살인죄로 처벌받는다. 여기서 '사람'이란 엄마 뱃속의 태아나 뇌사 상태의 환자까지도 포함하는 걸까? 언제부터 언제까지를 사람으로 봐야 하나? '살해'도 어렵기는 마찬가지다. 흉기로 사람을 찌르는 명백한 살인 말고, 엄마가 갓난아이에게 젖을 주지 않는 행위나 의사가 환자의 동의를 받아 안락사에 이르게 한 것은 어떻게 평가할 수 있을까? 의문은 끝도 없다.

판결은 이런 추상적인 법을 판사가 해석하고 현실에 적용하는 과정이다. 법조문이 살아 움직이는 건 바로 판결 때문이다. 판사는 사건을 직접 보거나 겪은 사람도 아니다. 법정에서 당사자의 주장과 수사기관의 증거를 통해, 또는 목격자의 증언과 객관적인 자료를 통해 퍼즐 맞추듯 사건의 진실을 찾아나간다. 퍼즐이 부족하다고 해서 답을 회피할 수도 없다. 어떨 땐 불완전한 퍼즐만으로도 한쪽의 손을 들어줘야 한다. 판사들이 항상 '최상의 답'을 내린다면 더할 나위 없겠지만, 현실은 그렇지 못하다. 오답 가능성을 최대한 줄인 '최선의 답'을 내리는 일, 어쩌면 이게 판사들의 몫인지도 모른다.

2015년 상반기, 사회의 이목을 집중시킨 두 판결이 있었다.

하나는, 10년을 끌어온 KTX 여승무원 복직 요구 소송의 최종심이다. 형식적으로는 코레일(철도공사)의 자회사인 철도유통 소속이지만 실제로는 코레일 소속이므로 자신들을 '직접 고용'하라며 파업에 나선 여승무원들. 이에 코레일 측이 자사와는 무관하다며 발을 빼는 가운데 파업 참가자 전원 해고로 맞선 철도유통. 기나긴 법정 싸움은 그렇게 시작됐다. 1심과 2심에서 승소할 때만 해도 그들은 곧 일터로 돌아가리라 기대했다. 그러나 대법원은 하급심 판결을 뒤집고, 여승무원들이 코레일 소속이 아니라고 판결했다. 법원은 확정 판결이 나오기 전까지 코레일이 임시로 임금을 지급하라는 결정을 내린 바 있는데, 이번 판결로 그동안 지급받은 1억 원에 가까운 돈을 돌려줘야 하는 어려움에 처했다. 여승무원들의 심정은 환희에서 절망으로 뒤바뀌었다.

다른 하나는, 24년 만에 뒤집힌 강기훈 유서대필 의혹 사건의 결말이다. 그는 1991년에 동료의 유서를 대신 써주고 자살을 방조했다는 혐의로 유죄 판결을 받았다. 대법원까지 갔지만 판결은 달라지지 않았다. 그는 3년간 징역을 살았고, 그 뒤에도 '유서대필'이라는 꼬리표 때문에 '사회적 감옥'에 갇혀 지내야 했다. 세월이 흘러 2006년 진실화해위원회는 사건 재조사를 통해 재심을 권고했고, 이후 수년간 재심 재판을 통해 2015년 5월 대법원은 강기훈이 무죄라고 최종 확정했다. 유서대필 '의혹' 사건은 유서대필 '조작' 사건이 됐다. 돌이킬 수 없는 깊은 상처가 남았지만, 강기훈은 결국 누명을 벗었다.

법원의 판결 하나로, KTX 여승무원들과 강기훈의 인생은 완전히 뒤바뀌었다. 이런 두 판결의 결과는 우리를 고민에 빠뜨린다. 어째서 1심과 2심은 여승무원들을 코레일 소속이라고 봤는데, 대법원은 그렇지 않다고 했을까? 강기훈은 20여 년 전에는 왜 유죄였고, 지금은 또 왜 무죄란 말인가? 더 나아가, 도둑질이긴 마찬가지인데 15만 원 훔친 사람에게는 실형이, 1500억

원 횡령한 사람에게는 집행유예가 버젓이 선고되는 현상을 단지 '유전무죄 무전유죄'로만 치부할 수 있을까? 같은 사건이거나 비슷한 사안에 대해 그토록 상반된 판결이 가능하다면, 사람들은 도대체 '법에 따른 판결'을 어떻게 이해해야 하는가.

그런 고민이 필자로 하여금 이 책을 쓰도록 이끌었다. 판사는 사건과 법을 어떻게 해석해서 판결을 내리는지, 거기에 어떤 원리와 원칙이 있는지, 판결에 영향을 주는 요인들은 무엇인지를 종합적으로 들여다보고자 했다. 보통 사람의 상식이나 법감정으로는 선뜻 동의하기 어려운 두 판결을 서로 대립시켜 보거나, 해당 사안을 관통하고 있는 법리가 보다 도드라지게끔 두 판결을 대비시키는 방식을 택했다. 이런 비교 방식이 더 흥미를 줄 뿐 아니라, 다루는 판결의 핵심을 보다 잘 드러낼 수 있기 때문이다. 책 제목 『판결 VS 판결』은 그렇게 나왔다. 이 책은 판결을 단순히 소개하는 데 그치지 않고 비판적인 시각으로 '비평'하는 내용도 담고 있다.

본문은 3부로 구성했는데, 1부에는 법의 잣대만으로 완벽한 정답을 내리기 어려운 사건들을 모았다. 같은 사건을 놓고 판사들도 유무죄가 갈리는 경우, 정당방위의 한계, 자살 원인제공자에 대한 법적 책임, 성폭력 유죄와 무죄 판결 등 민감한 사건들을 다뤘다.

2부는 유서대필 조작 사건 등 주로 사회적으로 비판의 대상이 되었던 판결들을 담았다. 황제노역 논란 사건이나 벤츠여검사 사건 등도 실제 사건의 경과를 구체적으로 따져가는 방식으로 그 판결에 접근해보았다.

3부에서는 국가폭력·내란음모·세월호·종북 등 우리 사회의 현재를 보여주는 단면들에 대한 판결들을 살펴보았다. 친일파에 대한 '단죄'가 법적으로 가능한지 가늠하는 판결도 여기에 실었다.

특히 이 책에서는 판결에 대한 일반 대중들의 비평 문화가 정착되기를 바라는 뜻에서 사건번호와 판사의 실명을 밝혔다. 다만 판결 내용을 놓고 특정 판사나 사건당사자에 대한 공격으로 이어지기 않기를 바란다. 또한 '진영 논리'로 접근하여 우리 편에 유리한 판결은 '정의의 승리'로 치켜세우고, 불리한 판결은 '썩은 판결'로 매도하지 않았으면 한다.

이 책을 쓰는 1년 동안 허구한 날 늦게 들어가 가족들에게 소홀했다. 게다가 병상에 계신 아버지를 자주 뵙지 못했다. 여러 모로 힘든 나날들이었지만, 마침표를 찍게 되어 홀가분하다. 그 덕에 부족한 책으로나마 법을 제대로 바라보려는 이들에게 길라잡이 역할을 할 수 있다면 영광이겠다. 돌아보니 아쉬운 점도 있고, 여러 가지 이유로 이 책에서 다루지 못한 사건들이 많다. 기회가 된다면 후속편에서 더 흥미로운 얘기로 독자 여러분을 만나볼까 한다.

끝으로 지금 이 시각에도 판결문을 쓰느라 밤을 새우고 있을 전국의 판사들에게 경의를 표한다. 그리고 이 책을 내는 과정에서 도움을 준 판사들과 법원 직원들에게, 특히 부산고등법원 문형배 부장판사에게 감사의 말씀을 전한다. 더불어 출간을 하도록 손을 잡아준 개마고원 식구들에게도 고맙다는 인사를 남긴다.(책을 읽은 뒤 의문이나 반론이 있으시면 이메일이나 SNS를 통해 알려주십시오. 언제든지 환영하며 가급적 답장을 드리겠습니다.)

2015년 6월 어느 새벽

김용국 씀

차 례

1부 판결은 완벽할 수 없다

2부 재판대에 오른 판결

3부 법정 안의 **사회**

일러두기

● 이 책에 나오는 판례와 법령은 2015년 5월 31일을 기준으로 했다. 이후 법이 바뀌거나 판례가 변경되면 책을 증쇄할 때마다 새로운 사항을 반영하겠다.

● 판결문의 인용은 기본적으로 원문의 표현을 살렸다. 다만 판결문의 특성상 문장이 길거나 어려운 용어가 등장하기도 한다. 이런 경우에는 원문을 훼손하지 않는 범위 안에서 문장을 나누거나 일상생활에서 쓰는 쉬운 말로 바꾸었다.

● 본문에 나오는 사람의 이름은 공인이나 유명인을 제외하고는 모두 가명·익명을 사용했다.

● 본문에서 인용한 판결의 사건번호는 책의 제일 뒤쪽에 적어놓았다.

1부
판결은 완벽할 수 없다

정당방위, 한계는 어디까지인가

도둑 폭행 사망 ────VS──── 폭력남편 의식불명

한밤중 골목에서 흉기를 든 강도를 만났다. 아무도 도와줄 사람이 없고 도망갈 곳도 없다. 어떻게 하겠는가. 말로 해결될 상황이 아니라면 사력을 다해 싸우는 수밖에. 주변에 돌이나 막대기가 있다면 그거라도 들고 맞서야 한다. 격투 과정에서 강도에게 상처를 입힐 수도 있겠지만, 살기 위해선 어쩔 수 없다. 일종의 생존본능 아닐까.

강도까지는 아니더라도, 취객이 먼저 시비를 걸어온다고 가정하자. 별다른 이유 없이 멱살을 잡거나 주먹질을 한다면 여기에 맞서 같이 멱살을 잡거나 밀쳐낼 수도 있다. 이것은 자연스런 방어일 뿐 폭력으로 볼 수는 없다.

평상시에는 위법한 행위도 긴급 상황에선 허용되는 경우가 있다. 대표적인 것이 우리가 잘 알고 있는 정당방위다. 상대가 먼저 부당하게 공격해오는 상황에서 자기방어를 위해서 불가피하게 무력을 행사했다면, 이는 불법에 맞서는 정당한 행위로 용인해야 마땅하다. 그런데 법이 인정하는 정당방위는 관문이 너무 좁다. 실제로 긴급 상황에서 정당방위로 무죄가 된 사례는 아주 드물다. 왜 그럴까. 판결을 통해 알아보자. 도둑 폭행 사망 사건과 폭력남편 의식불명 사건이다.

집에 들어온 도둑, 청년의 대응

"새벽에 도둑이 집에 들어왔습니다. 판사님은 어떡하시겠어요? 가족들이 어떻게 될지도 모르는데, 일단 도둑을 제압해야지요. 그러다 보니 도둑에게 주먹질과 발길질도 하고…… 어쩔 수 없이 힘을 썼던 겁니다. 그게 무슨 죄입니까?"

도둑을 잡은 정우성(가명) 씨의 얼굴은 상기되어 있었다. 그는 집에 들어온 도둑을 스스로 잡았지만, 도둑이 뇌사 상태에 빠지는 바람에 피고인으로 법정에 섰다. 그는 정당방위를 주장했지만 검사는 고개를 가로저었다.

"그건 정당방위가 아닙니다. 사람을 아주 잡으려는 거고, 폭력일 뿐입니다. 도둑은 50대에 흉기도 없었고 저항 한번 하지 않았습니다. 그런데도 20대 청년인 피고인은 무자비하게 공격했습니다. 집에 들어온 도둑은 죽여도 된다는 말입니까?"

날선 공방을 묵묵히 듣고 있던 판사는 "2주 후에 판결을 내리겠다"며 재판을 마쳤다. 법정을 빠져나오던 판사의 머릿속은 사건을 다시 정리해보느라 복잡했을 법하다. 그날로 돌아가보자.

강원도 원주시에 사는 정씨는 군입대를 앞둔 친구를 환송하는 술자리에 갔다. 오랜만의 만남이라 시간 가는 줄 모르고 술을 마셨다. 새벽 3시가 넘어서야 집으로 돌아왔다. 그런데 현관문을 들어서는데 바스락 소리가 났다. 인기척 같았다. 정씨는 퍼뜩 정신이 들었다. 거실 쪽을 보니 누군가 서랍장을 뒤지고 있었다. 도둑이다! "당신, 누구야?"

소리를 친 정씨는 곧장 도둑에게 다가가 주먹을 얼굴에 날렸다. 도둑이 쓰려졌다. 도둑은 넘어진 상태에서 도망가려고 움직였다. 그런 도둑의 뒤통수를 정씨는 여러 차례 걷어찼다. 그러고도 정씨는 멈추지 않았다. 이번엔 알루미늄 빨래건조대를 집어 들고 등을 때렸고, 허리에 차고 있던 벨트를 풀어서 휘둘렀다. 도둑은 의식을 잃었다. 그제야 공격을 멈췄다. 도둑은 병원 응급실로 옮겨졌으나 의식불명 상태에서 깨어나지 못했다. 도둑은 50대 이창호(가명) 씨였다.

만일 정씨가 이씨를 점잖게 설득했거나 그냥 집 밖으로 쫓아내기만 했다면 불상사는 없었으리라. 하지만 현실에선 기대하기 어려운 시나리오다. 상대가 무슨 짓을 할지 모르는데 신사적인 방법으로 대응할 사람은 거의 없다. 게다가 깊은 새벽 자기 집에 들어온 도둑을 만났는데 흥분하지 않기란 더더욱 어렵다.

이런 상황에선 어떤 방식으로든 물리적 충돌이 생기기 십상이다. 그렇다면 어느 정도의 충돌인지가 문제인데, 정씨의 행동은 정당방위였을까?

정당방위로 인정되는 요건

형법 21조는 정당방위에 대해 이렇게 적고 있다. "자기 또는 타인의 법익에 대한 현재의 부당한 침해를 방위防衛하기 위한 행위는 상당한 이유가 있는 때에는 벌하지 아니한다."

거칠게 설명하자면, 정당방위는 위법한 침해에 맞서기 위한 정당한 방어행위 정도로 볼 수 있다. 특히 주목할 단어는 ①'현재' ②'방위' ③'상당한 이유'이다. 먼저, 과거에 일어난 침해에 보복하거나 미래에 생길 침해에 대비하는 건 정당방위가 아니다. 오로지 현재의 침해여야 한다. 또 정당방위는 적극적인 공격이어서는 안 된다. 상대의 부당한 공격에 맞서는 방어행위만이 허용된다. 마지막으로 방어행위가 상당한 이유, 다시 말해 사회 통념상 허용될 수 있는 수준(상당성)이어야 한다. 이런 관문들을 통과해야 하기 때문에 재판에서 정당방위가 인정되기 힘들다.

예로써 설명해보자. 어제 만난 강도에게 오늘 주먹질을 했다면 ①을 위반한 셈이다. 다음으로, 싸움을 걸어오는 상대와 뒤엉켜 치고받았다. 이건 ②에 걸린다. 주먹질은 방어행위인 동시에 공격행위인 때문에 '방위'가 아니다. 마지막으로, 슬리퍼를 쥐고 달려드는 사람에게 쇠파이프를 휘둘렀다. 이건 ③'상당한 이유'가 아니라서 정당방위가 아니다.

특히 싸움에서 정당방위가 인정되는 사례는 극히 드물다. 누가 싸움을 유발했든지 간에 서로 공격과 방어가 오가기 때문에 어느 한 사람만의 행위를 정당방위로 인정하지 않는다. 먼저 얻어맞고 쳐도 마찬가지다. 먼저 맞은 쪽은 억울할 수도 있겠지만 법이 그렇다. 다만 예외적으로 정당행위*가 인정되는 경우가 있다. "겉으로는 싸움을 하는 것처럼 보이더라도 실제로는 한쪽 당사자가 일방적으로 위법한 공격을 가하고 상대방은 이러한 공격으로부터 자신을 보호하고 이를 벗어나기 위한 저항수단으로서 유형력을 행사한 경우, 그 행위가 새로운 적극적 공격이라고 평가되지 아니하는 한, 이는 사회관념상 허용될 수 있는 상당성이 있는 것으로서 위법성이 조각된다.**"(대법원 2010. 2. 11. 선고 2009도12958 판결)

말이 쉽지, 현실에서 이런 구분을 하기란 무척 어렵다. 뒤엉켜 싸우는 현장에서 어떤 것이 '저항수단'이고, 어떤 것이 '적극적 공격'인지 누가 어떻게 가려낸단 말인가.

다시 사건으로 돌아가보자. 정씨의 행동은 정당방위일까. 일단 상황을 복기해보자. 정씨는 도둑을 발견하고 때려눕혔다. 도

---

* 형법 제20조(정당행위) 법령에 의한 행위 또는 업무로 인한 행위 기타 사회상규에 위배되지 아니하는 행위는 벌하지 아니한다.

** 이를 위법성조각사유라고 부른다. 예를 들어 권투선수가 시합에서 주먹질을 하는 경우, 의사가 수술할 때 환자의 몸에 칼을 대는 경우, 강도로부터 자신을 지키기 위해 강도를 밀어서 넘어뜨리는 경우가 그에 해당하며, 이럴 때는 위법성이 조각된다고 말한다.

정당방위가 성립하는 요건이 너무 엄격해서, 가해자의 폭력에 맞선 피해자가 오히려 범죄자로 처벌받는 억울한 경우가 종종 발생한다. 정당방위의 문이 더 넓어져야 한다는 목소리가 높은 이유다. ⓒ 미디어카툰(www.metoon.co.kr) 조승현 작가

둑은 쓰러져서 도망가려고 했다. 성씨는 그런 도둑을 계속 공격했다. 도둑은 의식을 잃었다. 그리고 식물인간이 되었다. 법원(춘천지방법원 원주지원 박병민 판사)은 정씨의 행위를 정당방위로 볼 수 없다고 했다.

"절도범을 제압하기 위해 폭행했더라도 아무런 저항 없이 도망만 가려고 했던 피해자의 머리 부위를 장시간 심하게 때려 식물인간 상태로 만든 행위는 절도범에 대한 방위행위로서의 한도를 넘어선 것이다."

정씨의 행동은 '현재'의 '부당한 침해'에 맞선 행동이긴 했다. 하지만 사회통념상 용인될 수 있는 수준을 넘어섰기에 '상당성' 요건을 갖추지 못했다는 것이다. 더구나 빨래건조대와 허리띠까

지 이용해서 별다른 저항을 하지 않고 쓰러진 이씨를 계속 폭행
한 건 그냥 '방위' 수준이 아니라는 이야기다. 법에는 과잉방위
라는 게 있다. 정당방위가 정도를 초과한 상태를 말한다. 과잉
방위는 형을 깎아주거나 면제할 수 있다. 하지만 법원은 정씨의
행동이 과잉방위도 될 수 없다고 판단했다. 법원은 상해죄를 인
정해 정씨에게 징역 1년6월의 실형을 선고했다.

절도 피해자에서 폭력범이 된 정씨에게나, 절도범에서 폭
행 피해자가 된 이씨에게나 불행은 여기서 그치지 않았다. 이씨
의 형은 동생의 병원비 등에 부담을 느끼다 스스로 목숨을 끊었
다. 그리고 몇 달 후 입원 중이던 이씨마저 숨을 거두고 말았다.
2015년 6월 현재 항소심이 진행중인데, 검찰은 죄명을 상해죄에
서 상해치사죄로 바꾸었다. 무죄가 나오지 않는 이상, 정씨에겐
1심보다 무거운 형이 내려질 가능성이 높다.

다음 사건은 좀 더 복잡하다. 알코올중독자인 남편의 폭력
에 아내가 맞서다 남편이 뇌사 상태에 빠지게 된 안타까운 사건
이다.

폭력남편 뇌사 사건

문배주(가명) 씨는 2005년부터 알코올중독 치료를 받아왔을
정도로 술에 빠져 살아왔다. 술에 취한 문씨에게 아내 서희선(가
명) 씨는 세상에서 제일 만만한 상대였다. 서씨는 남편의 폭력

때문에 얼굴, 엉덩이, 손 등 온몸이 성할 날이 없었다.

사건이 일어난 그날도 문씨는 술에 취해 서씨에게 계속 시비를 걸었다. 신경이 곤두서 있던 서씨는 남편을 애써 무시하고 오후 5시쯤 치매에 걸린 시어머니를 모시고 병원에 가려고 현관을 나섰다. 문씨는 이를 가만히 내버려두지 않았다. 뒤에서 갑자기 손으로 서씨의 뒷머리채를 세게 잡아당겼다. 순간 서씨는 문씨의 팔을 뿌리쳤다. 그리고 돌아서서 오른발로 문씨의 배를 걸어찼다. 문씨는 쾅 소리가 날 정도로 바닥에 머리를 심하게 부딪쳤다.

그냥 부부싸움 정도로 지나갔다면 좋았을 테지만 사태는 커지기 시작했다. 문씨는 다음날 아침 "머리가 깨질 것 같다. 눈이 잘 안 보인다"고 고통을 호소했다. 걱정이 된 서씨는 문씨를 데리고 인근 A병원을 찾았다. 당시 문씨는 열흘 정도 계속 술을 마시고 있었다. 이 때문에 병원에서도 문씨의 증상이 단순한 숙취인지 아니면 뇌에 이상이 있는 상태인지 바로 확인하기 어려웠다. 의사는 일단 급성위염으로 진단하고 영양제 수액주사를 맞도록 했다. 그런데 문씨가 침대에 누워 있다가 바닥으로 떨어져 또 머리를 부딪쳤다.

그 후 문씨의 호흡이 곤란해지고 동공이 풀렸다. A병원 측은 즉시 B종합병원 응급실로 그를 후송했다. 문씨는 종합검진을 받으면서 뇌 CT를 찍었는데 급성경막하출혈이 발견되었다. B병원은 뇌수술을 시행했지만 문씨는 의식불명 상태에 빠졌다.

경막하출혈은 뇌경막과 지주막 사이에 발생하는 출혈로 대부분 머리쪽 외상 때문에 생긴다. 문씨가 뇌사 상태가 된 건 서씨의 폭행 때문일까, 병원침대 낙상사고 때문일까. 아니면 둘 다인가. 검찰은 서씨의 폭행이 직접 원인이라고 보고 서씨를 폭행치상죄로 기소했다.

서씨는 정당방위라고 호소했다. 술을 마신 남편이 강하게 머리채를 잡아당기는 바람에 '소극적인 저항'으로 발로 찼을 뿐이고, 남편의 의식불명도 자기 때문이 아니라고 말이다. 법원은 술 취한 남편의 폭력에서 벗어나기 위한 행동으로 인정했을까?

먼저 1심(서울중앙지법 제29형사부 재판장 천대엽)이다. 1심은 손을 뿌리치는 행위와 발로 차는 행위를 하나의 연결동작으로 보았다. 1심 법원의 해석이다.

"서씨는 머리카락이 일부 빠질 정도로 머리채를 잡아당기는 상식 밖의 폭행을 당하자 화가 났다. 그래서 문씨가 움켜쥔 손을 뿌리치는 한편, 계속 덤벼들 것으로 예상되는 문씨로부터 벗어나 시어머니를 모시고 병원으로 가기 위한 목적으로 저항한 것으로 볼 여지가 충분하다."

또 하나의 관건은 상당성이다. 1심은 "사회 일반의 건강하고 보편적인 인식과 상식에 입각"해서 판단해야 한다는 입장이다. 서씨의 행위는 '일반인이 충분히 그럴 만하다고 인정되는 수준'이므로 상당성이 인정된다고 보았다. 또 여러 정황을 봤을 때 문씨의 증상이 서씨의 폭행 때문이라기보다 오히려 침대낙상사고 때문일 가능성이 높다고 했다. 따라서 서씨의 행위는 정당방위로 인정돼 무죄판결을 받았다.

정당한 방어인가, 도를 넘은 공격인가

그러나 항소심(서울고법 제10형사부 재판장 권기훈)은 전혀 다른 결론을 내린다. 우선 문씨의 의식불명 원인이 서씨의 폭행 때문이라고 보았다. 법원은 병원 침대 높이는 69㎝에 불과하여 떨어져서 큰 충격을 받았을 가능성이 낮고, 문씨가 열흘 동안 계속 술을 마셔 신체기능이 떨어진 상태에서 서씨의 폭행으로 충격을 받은 점, 낙상사고 이전에 이미 고통을 호소한 점 등으로 볼 때 가능성은 충분하다는 것이다.

그렇다면 상해 결과를 서씨도 예상할 수 있었을까. 이른바 '예견가능성'도 1, 2심은 달랐다. 1심은 "설사 경막하혈종이 서씨 때문이라 하더라도 이렇게 중한 상해 결과를 예상할 수는 없었다"고 판단했다. 하지만 항소심은 계속 술을 마셔 반사신경이 둔해진 문씨의 배를 걷어 찬 점으로 볼 때 "자신의 폭행으로 문씨가 경막하출혈 등의 상해를 입게 될 것을 예견할 수 있었다"고 보았다.

그래서 항소심은 정당방위가 성립하지 않는다고 판시했다. 1심이 문씨의 팔을 뿌리치고 걷어찬 행위를 하나의 연결동작으로 이해하고 정당한 저항으로 판단한 것과 달리, 2심은 머리채

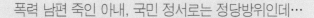

범죄학에서는 자조 섞인 우스갯소리로 '헌법 위에 국민정서법'이라는 말이 있다. 법 집행에 앞서 국민 감정과 여론을 살필 수밖에 없다는 얘기다. 국민들의 판단과 법원의 판단 사이에 괴리를 지적하는 말이기도 하다. 법치의 관점에서는 법의 잣대를 기계적으로 적용해야 하겠지만 국민들의 정서적 판단 역시 무시해서는 안 된다는 법조계의 충고로도 볼 수 있다. 재판 횟수나 늘 있는 정치인들에 대한 관대한 판결로 국민정서법을 재대로 이해하지 못한 판관들이 가끔 여론 역풍에 휘말린 사례도 부지기수다. 정당방위와 관련된 판결 역시 마찬가지다. 특히 가정폭력을 중심으로 한 각종 사건의 재판에서 '정당방위'에 대한 법원의 판단은 국민들의 일반적인 정서와는 거리가 너무 멀다는 지적이 깊이지 않고 있다. '도둑 뇌사' 사건을 비롯해 상당수 국민들은 물론 정치권에서도 정당방위의 범위를 확대해야 한다는 공감대가 형성된 이유가 여기에 있다.

폭력남편을 막다가 죽이거나 중상을 입혔다면 범죄인가 정당방위인가? 서씨는 폭력을 휘두르는 남편을 막으려다 남편을 뇌사 상태에 빠뜨렸다. 국민정서상 서씨의 행동은 이해할 법한 일이었지만, 법의 잣대로는 그렇지 않아서 서씨는 유죄판결을 받았다. (서울신문, 2014년 11월 8일)

를 잡은 문씨의 손을 뿌리친 시점에서 이미 문씨의 침해행위는 종료되었다고 보았다. 서씨의 행동도 여기서 멈췄어야 했다는 말이다. 그런데도 문씨를 발로 걷어찬 행위는 "소극적 방어행위"를 넘어섰다는 설명이다.

서씨는 "남편의 보복이 두려워서 그랬다"고 했지만 2심은 정당한 이유가 아니라고 판단했다. "설령 문씨가 다시 폭행할 수 있다는 위협을 느꼈다고 하더라도 그와 같은 주관적 평가만으로 미리 공격함으로써 침해행위의 발생을 차단하는 것이 사회통념상 상당성이 있는 행위로서 허용된다고 볼 수 없다."

항소심은 1심의 무죄판결을 뒤집고 유죄판결을 내린다. 서씨

25

의 죄질이 가볍지 않고 문씨가 의식불명에 이르는 심각한 결과가 초래되었다면서 징역 1년6월을 선고한다. 다만 서씨가 전과가 없고 당시 폭행이 우발적인 점, 알코올중독인 문씨가 상황이 악화되는 데 원인이 된 점, 치매에 걸린 시어머니와 두 자녀를 홀로 부양해야 하는 사정 등을 감안해서 집행유예를 선고했다. 사건은 결국 대법원에서 판가름날 전망이다.

정당방위의 좁은 문

이쯤이면 정당방위로 들어가는 문이 왜 좁은지 알게 되었으리라. 상대가 폭력을 사용했더라도 여기에 소극적으로 방어하거나 최소한 상대 공격보다 낮은 수위로 대응해야 정당방위가 된다. 그렇다면 어떤 경우에 정당방위가 인정됐을까.

한밤 중 인적 드문 곳에서 남자 2명이 여자 1명을 힘으로 제압하면서 성폭행하려 했다. 이때 여자가 키스를 하는 남자의 혀를 깨물어 절단했는데 여자는 정당방위로 무죄가 되었다.

흉기를 든 도둑이 침입하자 남성이 도둑과 격투를 벌이는 과정에서 도둑에게 중상을 입혔다. 이때는 남성의 행위에 상당성이 인정되어 무죄가 되었다.

재판은 기본적으로 이미 만들어진 법으로 기존의 제도나 질서를 지키려 하는 속성이 있다. 따라서 법원이 창조적인 해석을 하기란 어렵다. 더구나 사건 현장에 있지 않았던 판사들로서는 양쪽의 입장을 고려하여 신중하게 접근할 수밖에 없다.

그런 점 때문인지 위급한 상황에서 사용된 폭력도 대부분 정당방위가 아닌 범죄행위로 평가된다. 그러나 당황과 공포에 휩싸인 긴급 상황에서 합리적으로 대처할 수 있는 사람은 드물다. 짧은 순간에 이성적 판단을 기대하는 것도 쉽지 않다. 먼저 자신을 공격하는 상대가 흉기를 갖고 있을지, 나보다 힘이 셀지 알 수 없는 상황에서 신사적인 행동만 하라는 건 비현실적이다. 정당방위의 문은 지금보다 더 넓어져야 하지 않을까.

법대로만 하면 정의가 실현될까

서울역 노숙자 방치 사망 ──── VS ──── 공공임대주택 노인 퇴거

　　도로에서 자동차 추돌사고가 났다. 누구 잘못일까. 뒤차는 앞차의 급정거 때문이라고, 앞차는 뒤차가 안전거리를 확보하지 않은 탓이라고 우긴다. 서로 상대방에게 책임을 미루다가 누군가 결정적인 한마디를 던진다. "법대로 해!"

　　분쟁이 생기면 법이 해결해줄 거라고 믿는 이들이 많다. 법대로 하면 시비가 확실히 가려진다는 생각에서다. 그러나 법이 항상 정답은 아니다. 사실 어떤 행위를 처벌하고, 어떤 행위를 허용할 것인지 정하는 일은 쉽지 않다. 간통죄의 경우를 보자. 얼마 전까지만 해도 간통은 벌금형도 없이 징역형으로만 단죄해왔다. 그런데 헌법재판소는 2015년 2월 성적자기결정권 침해, 사생활의 비밀과 자유 제한을 이유로 간통죄가 위헌이라고 했다. 이제 기혼 남녀의 외도도 처벌받지 않게 되었다. 그렇다고 외도

가 권장할 일로 바뀐 건 아니잖은가.

사실 법이 곧 정의라는 믿음은 환상에 불과하다. 그렇다면 최소한 법이 사회정의에 얼마나 근접할 수 있는지를 고민해야 한다. 정의는 법 조항의 문구를 그대로 지킨다고 찾을 수 있을까. 여기 '법대로'만을 외치는 일이 과연 타당한지 생각해보게 하는 2개의 사건이 있다.

서울역에 방치된 노숙자의 죽음

2010년 1월 어느 날 새벽 서울역 대합실. 노숙자 최고단(가명) 씨가 역사 안에 쓰러져 있었다. 여느 노숙자들처럼 체감온도 영하 10도를 오르내리는 한겨울의 추위를 피하러 들어왔을 것이다. 순찰을 돌던 서울역 직원 엄규정(가명) 씨는 그에게 다가갔다. 최씨는 스스로 몸을 가누지도 못했다. 엄씨가 말을 건네는데 최씨 입에서는 술 냄새가, 몸에서는 역한 구린내가 진동했다.

엄씨는 일단 119를 불렀다. 출동한 구급대원이 "괜찮아요?" 하고 묻자 최씨는 겨우 고개를 끄덕였다. 맥박이 정상인 걸 확인한 대원은 최씨가 단순 주취자라고 판단하고 돌아갔다. 그런데 그는 그냥 술에 취한 것만이 아니었다. 갈비뼈가 부러져 있었고, 장기에도 손상이 가서 심각한 상태였다. 그걸 아무도 몰랐다. 어쩌면 관심조차 없으리라.

최씨를 어떻게 할지 잠시 고민하던 엄씨는 역사 관리를 위해서 원칙대로 처리하기로 결심했다. 철도안전법에는 역시설 또는 철도차량에서 노숙하는 사람을 밖으로 퇴거시킬 수 있다고 나와 있다.

그는 동행한 사회복무요원에게 "밖으로 내보내"라고 지시했다. 사회복무요원은 최씨의 양 겨드랑이 사이로 손을 넣어 반쯤 일으킨 뒤 최씨를 끌다시피 해서 대합실 출구 앞 차디찬 바닥에 내려놓았다.

한 시간쯤 지났을까. 또 다른 사회복무요원 변인성(가명)씨가 그 장소에 왔다. 노숙자가 쓰러져 있으니 확인하라는 무전을 받고서였다. 한겨울 추위에 방치된 최씨는 몸 상태가 갈수록 악화되고 있었다. 바지가 엉덩이까지 내려갔는데도 스스로 수습할 힘도 없었다. 갈비뼈 골절과 장기손상으로 통증은 더욱 심해져 갔다. 그러나 아프다는 의사표현도 할 수 없었다.

변씨도 난감했지만 역무원의 지시에 따라 노숙자를 역사 밖으로 멀리 이동시켜야 했다. 도저히 최씨를 혼자서 들 수가 없었던 그는 후배를 불러 함께 휠체어에 태웠다. 두 사람은 엘리베이터를 이용해 최씨를 다시 옮긴 뒤 외진 곳에 내려놓으려 했다. "거기 내려놓으면 안 돼." 청소 아주머니의 핀잔이 들려왔다. 두 사람은 휠체어를 끌고 다시 근처 백화점 기둥 옆 후미진 곳으로 갔다. 이번엔 백화점 경비원이 가로막았다. "거기 놓으면 얼어 죽을 수도 있어. 우리보고 어떡하라고." 두 사람은 주변을 맴돌다가 결국 서울역사 구름다리 아래까지 가서 최씨를 내려놓았다.

최씨는 그날 낮 12시 숨진 채로 발견됐다. 그런데 사인은 동사가 아니었다. 흉부의 고도손상(갈비뼈 골절과 폐의 파열)이었다. 제때 적절한 치료를 받았다면 살 수도 있었다는 말이다. 최씨는 그렇게 한겨울 새벽 추위와 고통에 시달리며 길거리 휠체어 위에서 쓸쓸히 생을 마감했다.

도덕과 법, 그 어려운 경계

'법은 최소한의 도덕'이라는 법언이 있다. 법은 도덕의 범주 안에서 꼭 필요한 부분만 개입하는 게 타당하다는 뜻이다. 하지만 어디까지가 도덕의 영역이고, 어디부터 법의 영역인지 정하기란 결코 쉽지 않다.

노숙자 최씨를 역사 밖으로 끌어낸 서울역 직원 엄씨와 사회복무요원 변씨는 도덕적으로는 비난을 피할 수 없다. 그들이 만일 최씨를 병원으로 데려만 갔더라면 최씨는 살 수 있었을지도 모른다. 두 사람의 행동은 비난받아 마땅하다. 하지만 법의 영역으로 들어오면 이야기는 달라진다. 결론적으로 법은 그들에게 아무런 죄가 없다고 했다. 왜 그랬을까.

먼저 법조항부터 따져보자. 검찰은 두 사람을 피고인석에 세웠는데, 죄명은 형법의 유기치사죄다. 사람을 내다버려서 사망에

방관이 부른 죽음… '착한 사마리아인' 그곳에 있었다면

현행 법에 따르자면 생명의 위험에 처한 사람을 보더라도, 그가 나와 무관한 사람이라면 그를 구할 의무는 없다. 다쳐서 죽어가는 사람이 옆에 있어도 그냥 무시하고 가도 된다는 이야기다. 지탄받을 일이지만 법은 개입하지 않는다. 도덕과 법의 이런 차이를 좁히기 위해 몇몇 나라는 곤경에 처한 이의 구조를 의무화하는 '착한 사마리아인 법'을 제정하기도 했다. (국민일보, 2013년 9월 14일)

이르게 했다는 혐의다. 형법의 유기죄는 다음과 같다. "노유老幼, 질병 기타 사정으로 인해 부조扶助를 요하는 자를 보호할 법률상 또는 계약상 의무 있는 자가 유기한 때에는 3년 이하의 징역 또는 500만 원 이하의 벌금에 처한다."

주의 깊게 볼 대목은 '법률상 또는 계약상 의무 있는 자'이다. 예를 들어 노부모를 모시는 자식, 아이를 키우는 부모, 학생을 가르치는 교사, 사고 운전자를 발견한 경찰 등은 보호책임이 있는 사람들이다. 이들이 보호의무를 다하지 않으면 처벌대상이 된다. 하지만 단순히 도덕적 의무만 있는 사람에겐 법적인 책임을 물을 수 없다. 그렇다면 서울역 직원은 취객을 보호할 의무가 있는 걸까. 결론을 보기 전에 유사한 사례들을 살펴보자.

오래전, 취객이 길거리에서 동사한 사건이 있었다. 그런데 사망 직전에 한 사람이 그와 함께 있었다. 두 사람은 초면이었는데 둘 다 술에 취한 상태로 우연히 동행하게 되었다. 집이 같은 방향이어서 함께 길을 가던 중 둘은 동시에 개울 아래로 떨어졌다. 한 사람은 정신이 돌아와서 집으로 귀가했다. 불행히도 다른 한 사람은 길가로 올라오지 못해 심장마비로 세상을 떴다.

법원은 "두 사람이 길을 같이 걸어간 사실만으로는 법률상, 계약상 의무가 있다고 할 수 없다"며 생존한 취객에게 무죄를 선고했다. 만일 동행자를 구조해줬거나 최소한 경찰에 신고만 했더라도 그 사람은 살 수 있었다. 하지만 그렇게 하지 않았다고 해서 법으로 처벌할 수는 없었다.

반대로 손님을 보호하지 않은 술집 주인에게 징역형을 내린 사례도 있다. 어느 술집 주인이 매상을 올리기 위해 손님에게 새벽까지 계속 술을 마시게 했다. 손님이 만취하자 주인은 손님의 주머니에서 술값을 알아서 챙겼다. 그 뒤 인사불성이 되어 가게를 나서는 손님을 내버려두었다. 몇 시간 뒤 손님은 길거리에서 동사했다.

법원은 술집 주인에겐 "술에 만취해 몸을 가눌 수 없는 상태가 된 손님이 안전하게 귀가하도록 조치하거나 술이 깰 때까지 술집에 있도록 할 주의 의무가 있다"고 보았다. 그래서 유기치사죄로 처벌했다. 법원은 "이미 상당량의 술을 마신 손님을 다음날 새벽까지 마시게 한 후 노상에 방치할 경우 동사할 위험이 있음은 경험상 충분히 예견될 수 있다"고 판시했다.

그럼 서울역 노숙자 사건은 어떤 경우일까? 검찰은 "서울역 직원이나 사회복무요원은 노숙자를 보호할 법률상 의무가 있다"고 주장했다. 하지만 법원(서울중앙지법 권태형 판사)은 견해가 달랐다. 한국에는 다른 사람이 위험에 빠졌을 때 구조하지 않는 사람을 일반적으로 처벌하는 법, 이른바 '착한 사마리아인법(구조거부죄, 불구조죄)'이 없다. 법원은 관련법을 살펴봐도 서울역 직원이나 사회복무요원에게 구조의무나 부조의무를 부과하는 규정이 없다고 보았다.

그러자 검찰은 형법의 부작위범 조항*이나 민법의 사무관리조항**을 들어 처벌할 수 있다는 의견을 제시했다. 공사 직원이나 사회복무요원은 공무원처럼 공익을 위해 일하는 사람들이니 '사회통념상' 당연히 어려운 사람을 도울 의무가 있다는 주장도 펼쳤다. 그러나 법원은 "민법상의 사무관리 등에 의해서 유기죄의 부조의무를 확장하는 것은 죄형법정주의의 원칙상 허용될수 없고 사회통념이라는 개념도 법관의 자의적 판단을 초래할수 있다"며 무죄로 판결했다. 법에 나와 있지 않는 한 판사의 마음속 잣대로 유죄를 선고할 수는 없다는 말이다.

법률상·계약상 의무가 없다면 노숙자나 취객을 보호할 의무가 없다. 이런 법의 논리는 과연 타당할까. 더 냉정하게 말하면, 거리에서 생사를 오가는 응급환자나 바다에 빠져 허우적거

---

* 형법 제18조(부작위범) 위험의 발생을 방지할 의무가 있거나 자기의 행위로 인하여 위험발생의 원인을 야기한 자가 그 위험발생을 방지하지 아니한 때에는 그 발생된 결과에 의하여 처벌한다.

** 민법 제734조(사무관리의 내용) ①의무 없이 타인을 위하여 사무를 관리하는 자는 그 사무의 성질에 좇아 가장 본인에게 이익되는 방법으로 이를 관리하여야 한다.

리는 아이를 보고 그냥 지나치더라도 아무런 죄가 되지 않는다. 현재의 법률로는 그렇다. 자기의 생명이 위험하거나 커다란 피해를 입지 않는다면 생명이 위급한 상대를 돕는 게 당연한 이치다. 그래서 다른 사람이 위험에 빠졌을 때 구조하지 않는 사람을 처벌하도록 하는 '착한 사마리아인 법'이 이탈리아·프랑스 등에는 존재한다. 우리나라에서도 이런 법을 만들어야 한다는 움직임이 있었지만 아직까지 별다른 진척은 없다. 어려움에 빠진 사람을 구하는 일을 도덕에만 맡겨도 될지 의문이다.

무죄를 선고한 1심 재판부는 '판결을 마치며'라는 제목으로 소회를 털어놓았다. 재판부는 "노숙자였던 망인은 이승에서의 마지막 날 참으로 고달픈 하루를 보냈을 것"이라며 "피고인들에게 유기죄의 형사책임을 지울 수는 없다고 하겠지만 망인의 죽음 앞에 도덕적인 비난을 면하지 못할 것"이라고 솔직한 심경을 표현했다. 하지만 노숙인의 죽음 앞에 법은 무력하기만 했다. 대법원까지 간 이 사건은 무죄가 확정되었다.

법이 노인을 임대주택에서 쫓아내다

"가을 들녘에는 황금물결이 일고, 집집마다 감나무엔 빨간 감이 익어 간다. 가을걷이에 나선 농부의 입가엔 노랫가락이 흘러나오고, 바라보는 아낙의 얼굴엔 웃음꽃이 폈다. 홀로 사는 칠십 노인을 집에서 쫓아내 달라고 요구하는 원고의 소장에서는 찬바람이 일고, 엄동설한에 길가에 나앉을 노인을 상상하는 이들의 눈가엔 물기가 맺힌다."

어느 문학가의 수필이나 소설처럼 보이겠지만 판결문의 일부다. 대체 어떤 기구한 사건이었기에 판사가 장탄식을 늘어놓게 하는 판결문을 썼을까. 속사정을 캐보자.

충남 연기군에 사는 70대 이장혁(가명) 씨는 스물넷에 결혼하여 아들딸 둘씩을 낳아 길렀다. 세월이 흘러 자식들은 장성하여 분가하고 이씨는 아내와 단둘이 살았다. 그런데 이씨에겐 가슴에 돌덩이를 얹은 듯한 고민이 있었다. 바로 뇌경색에 걸린 아내였다. 한시도 몸과 마음이 편할 날이 없었다. 대소변을 가리는 일부터 밥을 먹이는 일까지 이씨가 도맡아야 했다.

갈수록 형편이 어려워진 이씨는 마침 공공임대아파트가 지어진다는 소식을 듣고, 근처에 살던 작은딸 상미 씨를 불렀다. "얘야, 임대주택이 나왔다던데 우리 내외 살 집 있는지 한번 알아봐주련?"

평소에도 아버지의 심부름을 도맡았던 상미 씨는 주택공사를 찾아갔다. 변변한 정보도, 법률지식도 없이 무작정 방문한 상미 씨는 아버지 명의로 계약을 하려면 준비해야 할 서류가 많다는 걸 알게 되었다. 게다가 아버지의 신분증·도장·위임장도 없어서 어찌할 줄 몰랐다. '그냥 내 이름으로 하면 안 될까.' 이런 생각이 든 상미 씨는 용기를 내어 창구직원에게 물었다.

"저……, 우리 부모님이 살 집인데 제 이름으로 계약해도 되나요?" 임대아파트는 원래 무주택자만 입주할 수 있어서, 당시 남편 명의로 집이 있던 상미 씨는 자격이 되지 않았다. 그런데 직원은 뜻밖에도 "상관없다"고 대답했다. 이유인즉 이 아파트에 들어오려는 사람이 적어 미달 상태였기 때문이다. 주택공사는 요건이 안 되는 주택 보유자에게도 선착순으로 입주를 허가했다. 상미 씨는 얼떨결에 자기 이름으로 계약을 마쳤다. 그 뒤에 어떤 일이 닥칠지는 생각지도 못한 채.

어쨌거나 딸 상미 씨 덕분에 이씨는 아내와 함께 24평 임대아파트에 살 수 있었다. 입주한 뒤 얼마 지나지 않아 아내는 병마를 이기지 못해 세상을 떠났다. 이씨는 홀로 되었다. 가끔씩 찾아오는 자식들은 함께 살자고 권유했지만, 이씨는 그럴 생각이 없었다. 여생을 자식들 짐이 되지 않게 이 집에서 보내고 싶었다.

5년이 지났을 무렵 임대아파트를 분양으로 전환한다는 공고가 났다. 자격조건은 '입주일 이후부터 분양 전환 당시까지 임대주택에 거주한 무주택자인 임차인'이었다. 이씨는 자신도 분양을 받을 수 있으리라는 기대에 부풀었다. 이번엔 그가 직접 주택공사 사무실을 찾았다. 그런데 직원은 난색을 표했다. "할아버지는 분양 못 받아요. 애초에 따님 이름으로 계약했으니 임차인은 할아버지가 아니라 따님이에요. 게다가 따님은 아파트에 살지도 않고 집도 있다고 하셨죠? 이래저래 자격이 안 되겠네요. 계약기간도 다 되었고……. 딱하지만 이제 나가셔야겠는데

요."

이게 무슨 날벼락이란 말인가. 아내 병수발 때문에 임대아파트 계약을 딸에게 맡겼을 뿐이고, 계속 아파트에서 살아왔는데. 이제 와서 임차인이 아니고 더구나 분양받을 자격도 없다니. 이 씨는 직원에게 따졌지만 직원은 같은 말만 되풀이했다. "법과 규정이 그래서 우리도 어쩔 수 없어요."

사실 상미 씨가 아버지를 위해 대신 계약했다는 객관적인 증거는 없다. 계약서 어디에도 '이장혁'이라는 이름은 없었으니 말이다. 실수라면 처의 간병을 위해서 직접 주택공사를 가지 못한 게 실수고, 죄라면 법에 무지한 게 죄인 셈이다. 실수와 무지로 이씨는 꼼짝없이 집에서 쫓겨나게 되었다.

차가운 머리와 따뜻한 가슴이 함께

몇 달 후 주택공사는 변호사를 선임하여 법원에 명도소송을 낸다. 계약기간이 만료되었으니 이씨와 상미 씨를 강제로 내보내달라는 내용이었다. 1심(대전지법 정갑생 판사)은 주택공사의 손을 들어준다. 주택공사와 계약한 당사자는 상미 씨인데 상미 씨가 분양 요건을 못 갖췄으니 아파트를 비워줘야 한다며 원칙을 내세운 판결을 내렸다. 법으로 보면 '당연한' 판결이었다. 법원은 "실제 거주한 이씨가 무주택자여서 우선적으로 분양받아야 한다는 주장은 법률적으로 아무런 근거가 없다"고 명시했다.

판결이 내려진 날은 12월 20일. 야속한 겨울이 찾아오고 있었다. 판결이 확정되면 집을 비워줘야 한다. 이씨는 읍소하는 심정으로 항소를 제기했다.

사건을 맡은 항소심(대전고법 제3민사부 재판장 박철)은 고심이 깊어졌다. 현행법을 따르자니 노인이 쫓겨나게 생겼고 그렇다고 법을 무시하자니 판사로서 도리가 아니었다. 재판부는 법을 합리적으로 해석하는 방법으로 해답을 찾아간다. 먼저 상미 씨 이름으로 계약을 하게 된 경위부터 살핀다.

이씨가 딸 상미 씨에게 임대아파트 계약을 부탁한 것은 아내 병수발 때문에 다른 일을 전혀 할 수 없어서였다. 상미 씨는 법률지식이 부족했고 서류를 준비하기 위해 여러 차례 왕복하기가 쉬운 상황이 아니었다. 게다가 자기 명의로 계약서를 작성하더라도 아버지가 거주하는 데 아무런 지장이 없다고 들었다. 상미 씨 명의로 계약한 것은 법적 지식이 없는 상태에서 수고와 번잡을 피하기 위해서였지, 어떤 이익을 얻거나 규제를 피하기 위한 의도가 아니었다.

재판부는 이런 사정을 전제하고서 주택공사에 '국민주거생활의 안정을 도모하기 위한 것'이라는 임대주택법의 목적을 떠올려보라고 권유한다. 임대주택법은 무주택자나 목돈이 없는 사람들의 주거 안정을 위해 만들어진 법이다. 법을 해석하고 적용하는 데는 이런 공익 목적을 충분히 참작해야 한다. 따라서 진정한 임차인이 누군지 따져보아야 한다면서 설명을 이어간다.

애초에 구한 집은 이씨가 살 집이었다. 보증금도 이씨의 돈에서 나갔다. 이씨는 처의 병수발로 자리를 뜰 수 없어서 딸에게 계약을 부탁했다. 딸이 자기 이름으로 임대차계약을 체결한 것은 법률지식이 부족해서 저지른 실수였다고 말이다.

법원은 "이와 같은 실수가 개입되지 않았더라면 이씨가 임대주택을 분양받을 권리를 갖게 되었을 것이라는 점에 대해서는 의문의 여지가 없다"면서 "고령에 홀로 살고 있는 노인에게 작은 실수 때문에 이제 와 계속 거주할 권리를 갖지 못한다고 하기에는 잘못과 그 결과 사이에 균형을 잃었다는 느낌을 지울 수 없다"고 평가했다.

법원은 "'임차인'이라는 단어의 의미를 법률용어로서만이 아니라 법률이 달성하고자 한 정책목표와 우리 사회가 법체제 전체를 통하여 달성하고자 하는 가치를 아울러 고려하여야 한다"고 강조했다. 그렇다면 이씨가 무주택자이고 실수요자였는데도 단지 계약서에 이름을 올리지 않았다는 이유로 임차인임을 부정하는 것이 법의 공익적 목적에 맞을까? 재판부는 판사 3명 모두가 다음 3가지에 의견일치를 보았다고 밝혔다. ①이 사건에서 임차인은 실질적인 의미의 임차인으로 해석해야 한다. ②이씨는 실질적 의미의 임차인이다. ③이씨는 임대주택을 분양받을 권리가 있다.

법원은 "가장 세심하고 사려 깊은 사람도 세상사 모두를 예상하고 대비할 수는 없는 법"이듯이 "가장 사려 깊고 조심스럽게 만들어진 법도 세상사 모든 사안에서 명확한 정의의 지침을 제공하기는 어려운 법"이라고 했다. 그러면서 법을 미리 만들어 놓은 기성복으로 비유했다. 아무리 다양한 치수의 옷을 만들어도 팔이 더 길거나 짧은 사람이 있을 수밖에 없다. 재판부는 이렇게 반문한다. "당신의 팔이 너무 길거나 짧은 것은 당신의 잘못이니 당신에게 줄 옷은 없다고 말할 것인가? 아니면 다소 번거롭더라도 옷의 길이를 조금 늘이거나 줄여 수선해줄 것인가?" 법을 해석하고 집행하는 과정에서 수선을 할 의무와 권한이 법원에 있다는 것이 재판부의 판단이다.

"우리 모두는 차가운 머리만을 가진 사회보다 차가운 머리와 따뜻한 가슴을 함께 가진 사회에서 살기 원하기 때문에 법의 해석과 집행도 차가운 머리만이 아니라 따뜻한 가슴도 함께 갖고 하여야 한다고 믿는다."

재판부는 70대 노인을 구제해주는 판결을 내렸다. 현행법을 뛰어넘어 법의 정신을 꿰뚫으려는 판결이었다.

법의 한계와 역할

하지만 이 판결은 대법원(주심 차한성 대법관)에서 호된 비판을 받았다. 대법원은 2심이 법을 잘못 해석했다고 지적했다. "법 해석은 어디까지나 법적 안정성을 저해하지 않는 범위 내에서 구체적 타당성을 찾는 데에 두어야" 한다는 것이 대법원의 요지였다. 대법원은 2심을 향해 "특별한 사안을 타당성 있게 해결한다는 명분으로 법률 해석의 본질과 원칙을 뛰어넘을 수는 없다"고 비판했다. 원칙에서 벗어나면 법관이 자의적인 재판을 한다는 의심을 받으며 법적 안정성을 훼손하게 된다는 것이다.

대법원은 2심에서 밝힌 '실질적 의미의 임차인'이라는 개념을 인정하지 않았다. 사회에서 통상적으로 이해되는 '임차인'으로 해석할 수밖에 없다는 것이다. 임차인이란 어디까지나 계약서에 도장을 찍은 당사자일 뿐이다. 그것을 넘어선 '창조적'인 해석은 기준에 어긋난다. 따라서 임차인은 상미 씨라는 것이 대법원의 입장이었다.

대법원은 보편타당성과 법적 안정성을 강조했다. 이것을 저해하지 않는 범위 안에서 "구체적 타당성"을 찾아야 한다는 것이다. 이 기준을 함부로 뛰어넘어 개념을 확장·변경하여 법률 문언을 넘거나 반하는 해석을 하면 위험하다고 강조했다. 2심 판결은 결국 이렇게 뒤집어졌다.

대법원은 평소엔 소수자 보호, 정의나 공평의 관념을 강조하지만 실제 법해석에서는 보수적인 입장을 견지한다. 노숙자를 보호하지 않은 서울역 직원은 비난받아 마땅하지만 처벌 법규가 없으면 제재를 가할 수가 없다. 반대로 이씨처럼 법을 잘 몰라서 중요한 실수를 한 사람을 법은 좀처럼 보호해주지 않는다. 어쩌면 이것이 법의 한계일지도 모른다.

하지만 대전고법의 판결처럼 법의 해석은 때로는 적극성을 띠어야 하지 않을까? 국가가 홀로 사는 칠순노인에게 임대주택을 분양해준다고 해서 '불법행위'로 비난받을 일은 아니지 않을까. 법률을 해석하는 법원은 자신의 역할과 의무를 다시 한 번 떠올려볼 필요가 있다. '법대로'라는 게 법전의 문구에만 정답이 있을까. 행간에 숨어 있는 정신까지도 판결에 녹여낸다면 법원의 신뢰는 한층 더 높아지리라.

용의자는 있는데 증거가 없다

산낙지 질식 사망사건 ────VS──── 시체 없는 살인사건

사람이 죽었다. 그런데 시신은 사라졌다. 당연히 지문이나 혈흔도 찾을 수 없다. 살해당했다는 직접적인 증거도 없다. 하지만 살인범이라고 의심이 강하게 드는 사람은 있다. 그럴 때 판사는 어떻게 판결해야 할까?

피해자 측은 진실을 밝혀서 살인자를 처벌해달라고 요구하고, 피고인은 자신이 범인이 아니라며 억울하다고 항변한다. 어느 한쪽의 목소리도 외면하기는 어렵다.

이런 사건도 재판을 해야 하는 것이 법원의 숙명이다. 판사는 직접증거가 없다면 간접증거만으로도 판단을 내려야 한다. 살인사건도 마찬가지다. 판결에 따라 진짜 살인범이 무죄로 풀려날 수도, 무고한 피고인이 처벌을 받을 수도 있다.

여기 두 살인사건이 있다. 두 사건 모두 치열하게 유무죄 공

방을 벌였던 사건이고, 살인의 직접증거가 없다는 공통점이 있다. 산낙지 질식 사망사건과 굴삭기 기사 실종사건이다.

산낙지 사망사건, 사고사인가 살인인가

낙지를 먹다 질식사한 사고인가, 아니면 보험금을 노린 애인의 살인인가. 2010년 벌어진 20대 초반 여성의 사망사건을 놓고, 피고인과 수사기관, 법원은 2년 넘게 공방을 벌였다. 법원에서도 심급에 따라 판결이 뒤바뀐 어려운 사건이었고, 사회적으로도 상당한 논란을 빚었다. 사건의 내막을 먼저 살펴보자.

2010년 4월, 결혼을 앞둔 연인 사이인 김동규 씨(가명, 당시 30대)와 윤소이 씨(여성, 당시 20대)는 데이트를 하면서 주점에서 밤늦게까지 술을 마셨다. 새벽 3시경 모텔에 들어간 그들의 손에는 산낙지 4마리와 술이 들려 있었다. 1시간이 지났을 무렵 김 씨가 다급한 목소리로 객실 프런트로 전화를 걸어왔다. "여자친구가 낙지를 먹다가 갑자기 숨을 쉬지 않아요. 얼른 119에 신고 좀 해주세요, 빨리요!" 신고 후 모텔 직원이 방에 들어갔을 때 윤씨는 평온한 표정으로 잠을 자듯 반듯하게 누워 있었다. 윤씨는 병원으로 옮겨져 치료를 받았으나 보름 뒤 숨지고 말았다.

"모텔방에서 소이가 낙지를 먹더니 갑자기 숨을 못 쉬더라고요. 순간 당황해서 제가 입에 손을 넣어서 빼려고 했는데 안 되는 거예요. 그래서 프런트에 도와달라고 전화를 걸었어요. 그러고 인공호흡을 한참 하다가 안 되겠기에 소이를 업고 병원으로 달려갔어요. 가다가 구급대원을 만나서 병원으로 옮겼죠. 소이, 꼭 깨어날 줄 알았는데……."

마지막 순간 윤씨와 함께 있었던 김씨의 주장대로 사건은 단순 사고사로 결론 나는 듯했다. 하지만 김씨가 이 사고로 거액의 보험금을 받은 사실을 알게 된 유족들의 문제제기와 수사기관의 재조사로 김씨가 다시 용의선상에 올랐다. 2년 뒤인 2012년 4월 검찰이 김씨를 살인죄 등으로 기소하면서 법정 공방이 시작됐다.

그런데 윤씨의 주검은 부검도 하지 않은 채 2010년에 화장을 해버렸다. 중요한 증거가 사라진 것이다. 사건이 난관에 부딪히는 듯했으나 1심을 맡은 인천지법(제12형사부 재판장 박이규)은 간접증거만으로도 유무죄를 판단할 수 있다고 보았다. 10번이 넘는 재판기일을 열고 20명이 넘는 증인들을 법정에 부르는 등 6개월간의 심리 끝에 법원은 "김씨가 윤씨를 죽였다"고 결론 내렸다.

법원은 우선, 사고 현장 상황이 김씨의 진술과 일치하는지 살폈다. 결과는 부정적이었다. "윤씨가 산낙지를 먹다 질식에 이를 정도로 호흡곤란을 느꼈다면 고통으로 강하게 몸부림쳤을 것"인데도 "평온한 표정으로 반듯하게 누워 있었고 술자리가 전혀 흐트러지지 않은 상황은 김씨의 주장과 양립할 수 없다"고 의문을 제기했다. 또 윤씨가 누워 있던 곳이 술자리와 상당히 떨어진 곳이라는 점도 납득할 수 없었다.

윤씨가 낙지를 먹었다는 사실도 인정하지 않았다. 재판부는 윤씨가 낙지를 통째로 먹었다고 하다가 낙지다리를 먹었다고 하는 등 김씨가 말을 바꾼 점을 지적하면서, 충치 때문에 씹기도 힘든 상황인 윤씨가 더구나 술에 취한 채 작지 않은 산낙지를 제대로 자르지도 않고 먹었다는 건 이해하기 힘들다고 보았다. 또 김씨는 윤씨의 몸에서 낙지가 발견되지 않은 이유에 대해 자신이 윤씨 입에서 낙지를 꺼냈기 때문이라고 진술했는데, 의학적으로 이것이 매우 어렵다는 전문가의 소견도 김씨 말의 신빙성을 의심케 했다.

법원은 "윤씨가 질식에 이른 이유는 낙지로 인한 질식의 가능성을 제외하면 김씨의 행위 외에는 다른 원인을 상정하기 어렵다"고 했다. 결국 "윤씨는 만취 상태에서 타월 등으로 코와 입을 막는 등 호흡을 곤란하게 하는 김씨의 유형력 행사에 제대로 저항하지 못하고 심폐기능 정지에 이른 것으로 보인다"고 설명했다. 정리하자면 사망원인은 비구폐색 질식사, 즉 김씨가 만취한 윤씨의 입과 코를 부드러운 천으로 막아 살해했다는 것이 1심의 판단이다.

"사고 직전 사망보험 가입" 살해 동기 의심

사건 전후 김씨의 정황도 재판부가 보기엔 미심쩍었다. 김씨는 별다른 수입 없이 빚에 쪼들리면서도 외제차를 구입했다. 사고 직전 월 13만 원짜리 보험을 윤씨 명의로 가입한 뒤 수익자를 자신으로 변경하기도 했다. 또한 휴대전화가 있던 김씨가 굳이 모텔종업원에게 119 신고를 부탁한 것은 시간을 버는 동시에 목격자를 만들기 위한 행동이 아닌지 법원은 의심했다.

특히 윤씨가 병상에서 사경을 헤맬 때도 김씨는 보험설계사에게 사망보험금을 문의하고, 다른 여성과 교제를 했을 뿐 아니라 보험금 2억 원을 받은 뒤엔 윤씨 부모와 연락을 끊었다. 재판부는 "결혼을 앞둔 연인을 갑작스런 사고로 잃은 사람의 처신으로는 도저히 납득하기 어려운 부분"이라고 지적했다.

인천지법은 2012년 10월 무기징역형을 선고했다. "김씨가 보험금을 노리고 연인 윤씨를 죽였다"는 것이다. 재판부는 "재산적 탐욕에 기인하여 연인의 애정과 신뢰를 이용하고 살해할 것을 계획하였다는 점에서 지극히 비인간적이고 잔혹하다"면서 "사회로부터 영구히 격리시키기로 한다"고 양형이유를 밝혔다.

항소심, 1심 살인죄 결론 뒤집다

하지만 반년 뒤, 서울고법(제4형사부 재판장 문용선)은 고심 끝에 정반대의 결론을 내린다. 2심은 김씨를 살인범으로 규정한 근거들을 정면으로 반박한다. 재판부는 "살인죄 등과 같이 법정형이 무거운 범죄의 경우에도 직접증거 없이 간접증거만에 의하여 유죄를 인정할 수 있다"면서도 "신중한 판단이 요구된다"고 전제했다. 피해자의 시신 없이도 간접증거를 종합적으로 살펴서 살인죄를 인정할 수 있는데, 이때는 "피해자의 사망이 살해의사를 가진 피고인의 행위로 인한 것임이 합리적인 의심의 여지가 없을 정도로 증명되어야 한다"는 것이다.

특히 유죄를 인정하는 과학적 증거방법은 "오류 가능성이 전혀 없거나 무시할 정도로 극소한 것으로 인정되는 경우라야 법관이 사실인정을 하는 데 상당한 구속력을 가진다"는 판례(대법원 2011. 5. 26. 선고 2011도1902 판결)를 상기시켰다. 실제로 법정에서 유죄가 인정되려면 '무죄보다 유죄 가능성이 더 높다'는 정도로는 안 되고, 확실성에 가까워야 한다. 유전자 검사 등과 같은 과학적인 증거를 채택했는데 오류가 있을 수 있거나 반증이 가능하다면 그 증거도 일단 의심을 받을 수 있다. 미식축구 스타 O.J. 심슨이 전처와 전처 애인 살인사건에서 무죄를 받은 것도 유력한 증거인 DNA 검사 결과가 의심을 받았기 때문이었다.

2심은 사망원인부터 따졌다. 그 결과 1심의 판단처럼 비구폐색 질식사의 가능성은 낮게 보았다. 왜 그럴까. 만일 천으로 코와 입을 막아 사람을 살해한다면 성인이라면 본능적으로 저항을 하게 된다. 따라서 비구폐색 질식사를 인정하려면 ①피해자의 입안이나 얼굴 등에 저항의 흔적으로 상처가 남거나 ②본능적인 저항이 불가능할 정도로 의식을 잃은 상태였음을 증명해

야 한다. 이 같은 법의학자들의 소견을 재판부는 사건에 적용한
다. 먼저 윤씨의 얼굴 등에는 상처나 저항 흔적이 발견되지 않아
①은 인정되지 않았다. 또 윤씨가 술을 마셨지만 몸을 못 가눌
정도는 아니었고 모텔에도 혼자 걸어갔던 점으로 보아 ②의 상
태도 아니었다고 판단한다.

그렇다면 윤씨는 낙지를 먹었을까. 재판부는 "사고 현장에는
젓가락 2벌이 손잡이가 서로 반대편으로 향하도록 놓여 있었다"
는 수사기록에 주목해 두 사람 모두 낙지를 먹고 있었던 것으
로 파악했다. 그리고 현장에서 발견된 낙지의 크기로 보아 무심
코 입에 넣을 경우 충분히 들어갈 수 있다고 보았다.

또한 김씨가 윤씨의 목에 손가락을 넣어 낙지를 꺼냈다는
진술도 불가능하지는 않다고 판단했다. 법의학자들도 "손가락
으로 꺼낼 수도 있다"거나 "어렵다는 것이지 반드시 불가능하다
는 것은 아니"라고 진술했고, 윤씨 스스로 뱉어냈을 가능성도
남아 있기 때문이다. 2심은 입과 코가 막혀서 죽었다는 쪽보다
기도가 막혀서 죽었다는 가능성에 더 무게를 두었다.

윤씨가 몸부림친 흔적이 없는 점은 어떻게 이해해야 할까.
항소심은 "질식으로 심폐기능이 정지하거나 의식을 잃고 쓰러
지게 되면 얼굴 표정이 펴지게 되어 편하게 누워 있는 것처럼 보
일 수도 있다"는 전문가 증언을 들어 1심을 반박했다. 또한 두
사람이 술을 마신 모텔방의 구조상 한 사람은 출입문 쪽에 앉
게 되는데, 만일 윤씨가 그 자리에 앉았다면 설사 몸부림을 쳤

다 하더라도 술자리가 흐트러지지 않을 수도 있다. 재판부는 윤씨가 먹은 낙지의 부위, 윤씨 목에서 낙지를 꺼낸 시점과 관련해 김씨의 진술이 바뀐 것에 대해서는 "극도의 당황으로 기억이 불분명할 수도 있고, 질식사를 배척할 사정까지는 아니다"라고 밝혔다. 따라서 낙지 질식사의 가능성도 있다는 이야기다. 재판부는 "현장에서 낙지를 수거하여 씹은 자국이 있는지, 윤씨의 DNA가 묻어 있는지 등을 조사하였다면 김씨의 주장이 사실인지를 쉽게 알 수 있었을 것"이라며 수사에 대해 우회적으로 아쉬움을 표했다.

의심스러울 땐 피고인의 이익으로

2심은 "보험금을 받기 위해서 살해했다"는 범행동기도 증명되지 않았다고 보았다. 김씨가 윤씨의 사망보험금을 받고도 유족들에게 거짓말을 하고 연락을 끊은 건 사실이다. 하지만 그것만으로 계획된 살인으로 단정할 수 있을까? 재판부는 김씨가 자신을 키워준 고모를 돕기 위해 보험을 가입한 점, 윤씨도 평소 보험가입에 관심이 있었던 데다 수익자 변경은 윤씨가 원했던 점, 보험료 13만 원 중 사망보험료는 1만 원 정도에 불과한 점, 김씨는 사고 전까지 보험료로 얼마를 납부하며 보험금을 받을 수 있는지도 몰랐던 점 등을 거론했다. 만일 사고를 가장하여 보험금을 받으려 했다면 치밀한 준비와 신중한 행동이 뒤따

미디어에 소개된 '낙지살인사건'을 알고서 많은 사람들은 남자친구 김씨가 범인이 확실하며 마땅히 유죄로 처벌해야 한다고 생각했다. 그래서 무죄로 판결이 나자 오심이라며 비난이 빗발쳤다. 그러나 형사사건에서 유죄는 합리적 의심의 여지가 없이 확실해야 내려진다. 99명의 범죄자를 처단하는 것보다 1명의 억울한 사람을 만들지 않는 것이 중요하기 때문이다.(서울신문, 2013년 9월 13일)

랐을 것이다. 윤씨의 가족들이 보험 가입 사실을 알고 있는데도 김씨가 무모한 거짓말을 했던 점은 범행을 계획한 사람의 행동으로 보기 어렵다는 게 재판부의 판단이다.

재판부는 끝으로 김씨를 유죄로 보기 어려운 3가지 정황을 지적했다. 첫째, 김씨와 윤씨는 사고 직전에 각각 자신의 친형과 동생에게 전화를 걸어 함께 술을 마시자고 했다. 살인 의도가 있었다면 하기 힘든 행동이다. 둘째, 윤씨가 심폐정지 상태에서 벗어나 심장박동이 살아나고 15일 동안 생명을 유지한 것은 김씨의 신속한 구호조치 때문이다. 만일 살해 의도가 있었다면 충분한 시간이 경과할 때까지 응급조치를 취할 이유가 없다. 셋째, 김씨가 사고 직후 다급히 행동했고 의료진에게 살려달라고 한

점이나 김씨와 윤씨의 가족에게 울먹이며 상황을 설명한 점 등
은 살인범의 행동으로 보기 어렵다.

김씨는 2013년 9월 대법원(제1부 주심 고영환 대법관)에서 최
종적으로 무죄를 선고받았다. 그러나 인터넷에서는 아직도 이
사건을 두고 갑론을박이 벌어지고 있다.

형사사건에서 유죄는 그저 높은 가능성만으로는 인정되기
힘들다. 법관이 '합리적 의심'을 지울 정도로 확실한 경우라야
유죄가 된다. 얼핏 생각하기엔 납득하기 어려울 수도 있겠다. 하
지만 유죄의 입증 정도를 낮출수록 반대로 오판의 가능성은 높
아진다는 점을 생각해보라. 이 판결에서 '의심스러울 때는 피고
인의 이익으로'라는 원칙을 떠올려본다. 아울러 확실한 유죄 증
거를 수집하는 수사기관의 역할이 얼마나 중요한지 다시 생각
하게 한다.

어느 날 갑자기 사라진 30대 남성

남자가 사라졌다. 평생 죄를 지은 적도 없고 주위에 원한을
살 만한 일도 하지 않았다. 가족, 부모, 친척과 연락이 끊어진 일
없고 외국 한 번 나가지 않았다. 그런 30대 남자가 사라졌다. 출
입국 기록도, 남자의 이름으로 된 전화·카드·통장·의료보험
사용 기록은 물론 인터넷 사용 기록도 남지 않았다. 어떻게 된
일일까?

지난 2008년 실종된 조문상 씨(가명, 당시 31세)의 이야기다. 휴대폰을 바꾼 것으로 확인된 4월 28일을 마지막으로 그의 종적은 더 이상 나타나지 않았다. 돌아오기를 애타게 기다리던 가족들 말고는 관심을 가지는 이들도 없었다. 그런데 2011년 경찰청으로 한 통의 국제전화가 걸려오면서 상황은 달라진다. "경찰이죠? 살인사건을 제보하려고요. 3년 전 제가 한국에 있을 때……."

전화를 건 사람은 중국에 거주하는 조선족 여성 이금희(가명) 씨였다. 이씨는 한국에서 불법체류자로 살다가 2008년 5월 중국으로 돌아갔다. 그가 제보한 살인사건의 피해자는 바로 3년 전 실종된 조씨였다. 어떻게 된 사정일까?

이씨는 한국에 있을 때 굴삭기 운전사 박태호(가명, 당시 43세) 씨와 동거했다. 그런데 박씨가 2008년 4월 말 갑자기 중국에 가서 살자고 말했다. 불법체류자인 이씨는 중국으로 가면 다시 돌아올 수 없는 처지여서 망설일 수밖에 없었다.

"태호 씨, 저 한국에 더 있고 싶어요. 왜 그래요?"

"사실은 내가 사람을 죽였어. 불안해서 안 되겠어."

박씨의 끈질긴 설득으로 이씨는 할 수 없이 중국행을 택하게 된다. 출국 준비는 번갯불에 콩 구워 먹듯 진행됐다. 여권을 만들고 자동차를 팔고 전세보증금을 빼고 13일 만에 중국으로 갔다. 너무 급박하다보니 박씨 아들은 전학 절차조차 밟지 못해 며칠 후에 데리러 와야 했다.

함께 살던 이씨와 박씨는 2010년 헤어졌다. 그리고 2011년, 이씨가 중국에서 한국 경찰로 제보를 해온 것이다. 이씨의 얘기는 이랬다.

"한국에서 있을 때 태호 씨가 어느 날 갑자기 어두운 표정으로 집에 와선 중국으로 가자고 했어요. 저는 못 간다고 했죠. 그러자 며칠 뒤 자기와 함께 일하던 사람을 죽였다고 그래요. 조문상이라던가? 하여간 조아무개란 사람이 나이는 자기보다 몇 살 어린데 이혼했고 애가 3명 있다고 들었어요. 둘이 동업을 하는데 조씨가 돈을 안 돌려주면 경찰에 고소하겠다고 했대요. 그래서 화도 나고 겁도 나서 땅에 묻어서 죽였다는 거예요. 그 말 듣고 같이 정리해서 중국으로 가게 된 거죠."

경찰은 사실관계를 확인했다. 대부분 사실이었다. 특히 조씨는 가족의 실종신고 이후로 아무런 행적도 확인되지 않았다. 경찰은 박씨를 불러 조사했다. 그는 "내가 조씨를 죽였다"고 자백했다. 그리고 범행동기와 살인방법까지 진술했다. 2012년 검찰은 박씨를 살인죄로 기소한다.

시체도, 사망 증거도 없다

하지만 막상 재판에 들어가자 박씨는 태도를 바꿔 살인 혐의를 전면 부인했다. 박씨는 "자백하면 15일간 자유를 주겠다는 수사기관의 약속을 믿고 거짓말을 했다"고 주장했다.

검찰과 피고인 박씨는 사사건건 치열한 공방을 벌였다. 조씨의 사망을 놓고 검찰은 '여러 증거로 비춰볼 때 박씨가 조씨를 살해했다'고 단정했지만, 박씨는 '시신이 발견되지 않았고 내가 죽이지 않았으며 사망 여부도 알 수 없다'고 맞섰다. 검찰이 동거녀 이씨의 진술을 제시하자 박씨는 '위자료를 주지 않자 이씨가 거짓 제보를 한 것'이라고 주장했다. 검찰은 "살인 후 범행발각이 두려워 중국으로 도망간 것"이라고 하자 박씨는 "계획대로 가족과 이주를 하였을 뿐"이라고 강변했다.

결정적인 문제는 박씨가 살인했다는 직접적인 증거는 물론, 더 나아가 조씨가 사망했다는 증거조차 전혀 없다는 데 있었다. 살인사건에서 피해자의 시체도 없고 사망했다는 직접증거도 없는데 기소하거나 유무죄를 판단할 수 있을까? 판례로 볼 때 간접증거만으로도 유죄를 인정할 수 있다는 점은 앞서 설명했다. 시체가 발견되지 않은 사건에서도 마찬가지다. 다만 대법원은 "시체가 발견되지 아니한 상황에서 범행 전체를 부인하는 피고인에 대하여 살인죄의 죄책을 인정하기 위해서는 피해자의 사망사실이 추가적·선결적으로 증명되어야 함을 물론, 그러한 피해자의 사망이 살해의사를 가진 피고인의 행위로 인한 것임이 합리적인 의심의 여지가 없을 정도로 증명되어야 한다"(대법원 2008. 3. 13. 선고 2007도10754 판결)며 신중한 판단을 요구하고 있다.

다시 사건을 살펴보자. 유무죄를 판가름할 유력한 증거는 이씨의 진술이었다. 그런데 난점이 있었으니, 이씨의 진술이 바로 전문증거傳聞證據라는 점이다. 전문증거란 자신이 직접 체험한 것이 아니고 다른 사람으로부터 전해 들은 사실을 진술한 증거를 말한다. 이러한 전문증거는 원칙적으로 유죄의 증거로 사용할 수 없다. 단, 예외는 있다. 형사소송법(316조 1항)에 따르면, 피고인에게서 전해 들은 내용이 "특히 신빙할 수 있는 상태"에서 나왔을 때는 증거로 사용할 수 있다. 법원은 "두 사람이 동거할 당시 아들을 재우고 난 뒤 박씨가 이씨에게 고백한 점을 볼 때 신빙성이 있다"고 보았다. 다행히도 이씨의 진술은 이 관문을 통과해서 증거로 쓸 수 있었다.

하지만 증거로 쓸 수 있다고 해서 그 증거를 법원이 신뢰한 다는 보장은 없었다. 그렇다면 이씨의 증언은 믿을 만한가. 1심 법원(제25형사부 재판장 최동렬)은 '그렇다'고 답했다. 법원은 이씨가 6시간 동안 법정에서 증언했고, 신고 경위나 내용으로 보아 꾸몄을 가능성이 매우 낮으며, 박씨가 이씨의 중국행을 설득하기 위해 고백을 한 점이나 박씨가 밝힌 범행동기로 볼 때 납득할 만하다고 판단했다. 법원이 분석하고 추론한 결과는 다음과 같다.

조씨는 고등학교 졸업 후 줄곧 포크레인 기사로만 일하면서 처와 3명의 자녀를 부양해왔다. 조씨는 전과도 없고 외국에 나가본 적도 없었다. 그런데 매일 함께 일하던 박씨가 위조여권 판매사업 등 동업을 제안해 800만 원을 투자하고 차량도 매각했다. 심지어는 이혼까지 하고 여관방에서 생활해왔다. 사업이 어려움을 겪자 조씨는 돈을 돌려달라고 요구했을 가능성이 높다. 당시 박씨는 감옥에서 나온 지 얼마 안 되고 집행유예 상태여서 조씨의 고소가 두려웠고, 자신을 따르던 조씨가 돌변하자 분노를 느껴 살해를 결심했음직하다.

살인을 뒷받침하는 수상한 행적

이어서 법원은 살해 사실을 뒷받침하는, 박씨의 수상한 행적 3가지를 제시한다. 첫째, 불과 100미터 이내에 사는 동료의 소지품을 왜 불태웠나. 이씨는 박씨가 조씨의 휴대폰·지갑·신분증을 태우는 것을 보았다고 진술했는데 박씨는 "옷가지만 태웠다"고 했다. 어쨌거나 이것은 "실종된 후 다시 돌아오지 않음을 알지 못하고는 할 수 없는 행위"라는 것이다.

둘째, 매일 만나는 동료가 갑자기 사라졌는데도 왜 찾지 않았나. 박씨는 "내가 만들어준 위조여권으로 중국을 간 것으로 알고, 조씨를 찾지 않았다"고 진술했다. 하지만 조씨가 자기 여권을 두고 위조여권을 사용할 이유가 없었고, 혼자 중국에서 위조여권 판매사업을 할 능력이 전혀 없었다는 게 법원의 판단이다.

마지막으로, 왜 돌연 중국으로 떠났나. 박씨는 동거녀에게 말을 꺼낸 지 13일 만에 출국했다. 그 사이 구입한 지 보름밖에 안 된 차량을 되팔고, 전세계약을 중도해지한 뒤 보증금을 정산했으며, 보호관찰기간인데도 당국에 알리지 않은 채 떠났다. 그리고 아무 일도 하지 않고 지내다가 한 달 뒤 다시 한국으로 들어왔다. '피해자를 살해하여 불안하니 중국으로 가자고 하여 가게 되었다'는 이씨의 진술에 믿음이 가는 대목이라고 보았다.

법원은 "박씨가 굴삭기를 이용하여 이씨를 구덩이에 묻어 살해했다는 공소사실은 합리적 의심 없이 인정된다"고 결론지었다. 법원은 파일을 맞추듯 사실을 추려냈지만, 살인 날짜와 장소는 끝내 밝혀내지 못하고 '4월 28일경부터 4월 30일경까지, 용인시 또는 평택시 물류창고'에서 죽였다고 추정할 수밖에 없었다.

법원은 징역 13년 형을 선고했다. 이 사건은 국민참여재판으로 진행되었는데 배심원 9명도 만장일치로 유죄 평결을 했고, 양형의견은 13~15년이었다. 박씨는 "이씨의 진술은 거짓이고, 자연사나 자살 가능성도 있다"고 주장했지만 믿어주지 않았다. 오히려 재판부는 "유족들의 고통은 이루 말할 수 없을 정도인데도 처벌만 모면하려는 태도로 일관하였다"며 "자신을 믿고 따르던 친한 후배에게 은혜를 원수로 갚았다"고 꾸짖었다.

박씨는 2심과 3심에서도 "사망날짜나 장소도 확인되지 않은 위법이 있다"며 결백을 주장했다. 이에 대해 법원은 "범죄의 성격에 비추어 부득이하며 피고인의 방어권 행사에 지장이 없다"며 배척하고 살인죄를 확정했다.

경찰은 수사 도중 박씨가 이씨의 소지품을 태운 장소에 갔을 때 담배에 불을 붙여 꽂았다고 밝혔다. 이것이 고인을 추모하는 행동임을 감안할 때 박씨가 일말의 죄책감을 느꼈다고 수사기관은 판단했다. 그런데도 박씨의 침묵으로 조씨가 실종된 날짜나 장소 등은 끝내 확인되지 않았다. 억울함을 호소하는 박씨는 모든 진실을 알고 있으리라.

형사사건은 한정된 증거와 증언만을 토대로 진실을 찾아가는 과정이다. 따라서 실제 일어난 사건을 완벽히 복원하기란 불가능하다. 특히나 이 두 사건처럼 시신을 직접 확인할 수도 없고, 피고인은 범행을 전면 부인하는 상황에서 간접증거만으로 실체적 진실을 밝히는 건 결코 쉽지 않다. 판사로서는 마치 망망대해에서 나침반 하나로 목적지를 찾아가는 돛단배와 같은 심정 아닐까. 그래서 유죄가 무죄가 되기도 하고, 무죄가 다시 뒤집어지기도 한다. 판사의 역할이 얼마나 막중한지 깨닫게 해주는 사건들이다.

성폭행이냐 화간이냐, 그것이 문제로다

나이트클럽 부킹 원나잇 ——VS—— **윗집 아랫집 주거침입 강간**

남녀가 하룻밤을 함께 보내며 성관계를 맺었다. 하지만 다음날 여자는 성폭행을 당했다며 신고했고, 남자는 '화간'이라고 항변했다. 둘 사이에서 무슨 일이 있었났는지는 단 둘만 아는 상황. 유죄의 증거라곤 피해자의 진술뿐.

남자의 운명은 둘 중 하나다. 성폭행범이 되어 징역살이를 하든지, 아니면 무죄로 풀려나든지. 천당과 지옥을 오가는 재판에서 판사는 무엇을 보고 어떻게 판단할까. 같은 사건에서도 유무죄로 엇갈리는 이유는 무엇 때문일까.

성폭력 사건은 대부분 두 사람만의 은밀한 공간에서 이루어진다. 무슨 일이 있었는지는 두 사람만이 안다. 이 때문에 가해자와 피해자의 주장이 첨예하게 대립되는 경우가 많다. 법원으로서도 난감할 수밖에 없다. 합의에 의한 성관계였는지, 성폭행인지 어떻게 판단해야 할까? 재판에서 유죄가 무죄로, 무죄가 유죄로 자주 뒤바뀌는 현상도 성폭력 사건 재판이 얼마나 어려운지를 방증한다.

나이트클럽 부킹 원나잇 사건과 윗집 아랫집 주거침입 강간 사건을 통해 법원이 성범죄를 어떻게 재판했는지 알아보자.

나이트클럽 '원나잇', 그 이후

"그날 밤 저는 술에 취해서 의식이 거의 없었어요. 아침에 눈을 떠보니 글쎄 제 옷이 전부 벗겨져 있고……. 분명 저 사람이 제 옷을 벗기고 성폭행을 했어요. 저를 능욕한 저 남자, 죗값을 받게 해주세요. 제발 부탁드릴게요!"

"아닙니다. 저 여자는 거짓말을 하고 있습니다. 분명히 저는 동의를 구하고 잠자리를 했습니다. '괜찮다'는 답변까지 똑똑히 들었다니까요. 만일 제 말이 거짓이라면 제 목숨이라도 내놓겠습니다. 재판장님, 믿어주세요."

성폭행을 당했다는 고유라(가명) 씨와 그런 적이 없다는 안대근(가명) 씨. 두 사람 모두 확신에 차 있었다. 하지만 둘 중 한 사람은 거짓말을 하고 있는 셈이다. 두 사람이 법원에까지 오게 된 과정을 되짚어보자. 발단은 나이트클럽 부킹이었다. 검사가 밝힌 안씨의 범죄 행각(?)은 다음과 같다.

"안대근 씨는 2012년 9월 청주시 나이트클럽에서 친구들과 술을 마셨습니다. 그러다가 새벽 3시경 고유라 씨 일행과 부킹을 하게 되었지요. 양쪽 다 20대 초반이라 마음이 잘 통했는지 다들 술을 많이 마셨습니다. 일행은 맥줏집으로 자리를 옮겨 폭탄주까지 마셨지요. 술기운 속에서도 안씨는 고씨를 파트너로 점찍어 두고 있었는데, 마침 과음을 한 고씨가 술에 취해서 제대로 몸을 가누지 못하게 되었습니다. 안씨는 흑심을 품고 고씨를 모텔로 데리고 갑니다. 그때가 새벽 5시경입니다. 모텔방에 들어간 안씨는 술에 취해 의식이 없는 고씨의 옷을 벗기고 성관계를 가졌습니다. 이건 명백한 범죄행위입니다."

1심(청주지법 12형사부 재판장 김도형)은 안씨에게 유죄를 선고했다. 그것도 징역 2년6월의 중형. 안씨는 구속되고 말았다. 안씨는 "고씨와 마음이 통해서 성관계를 가졌을 뿐"이라고 항변했으나 법원은 믿어주지 않았다. 그보다 "맥줏집에서 폭탄주를 마신 뒤 전혀 기억이 나지 않고 아침에 옷이 벗겨져 있었다"는 피해자의 진술이 믿을 만하다고 판단했다.

안씨에게 적용된 죄는 준강간죄다. 준강간이란 심신상실 또는 항거불능 상태를 이용하여 간음하는 것으로 강간과 같은 법정형으로 처벌을 받는다. 심신상실 상태는 대표적인 예로 술에 취했거나 잠이 들었을 때를 생각해볼 수 있다. 1심 재판부는 고씨가 술에 취해서 몸을 가누지 못한 상태를 이용하여 안씨가 성관계를 가졌다고 보았다.

안씨는 억울함을 호소하며 항소했다. 항소심(대전고법 청주

제1형사부 재판장 김시철)은 조금 다른 양상으로 전개되었다. 법원은 관련 법리부터 전개하면서 사건에 접근했다.

피고인이 공소사실을 부인하고 있고 공소사실을 뒷받침할 객관적 물증이 없는 경우, 피해를 입었다는 사람의 진술만으로 유죄를 인정하기 위해서는 그 사람의 진술이 증거능력이 있어야 함은 물론 합리적인 의심을 배제할 만한 신빙성이 있어야 하고, 신빙성이 있는지 여부를 판단할 때에는 그 진술 내용 자체의 합리성, 객관적 상당성, 전후의 일관성뿐만 아니라 그의 인간됨, 그 진술로 얻게 되는 이해관계 유무 등도 아울러 살펴보아야 한다.

고씨와 안씨의 말이 엇갈리고 있으므로 어디부터 진실이고 어디까지 거짓인지 찾아내는 것이 법원의 역할이다. 어느 한쪽이 전적으로 진실만을 말한다고 단정할 수는 없기 때문이다.

사람의 기억은 주관적이다

사람의 기억은 언제나 의심의 여지없이 확실할까. 피해자는 항상 진실만을 얘기할까. 이건 어쩌면 환상일 수 있다.

라쇼몽* 효과라는 것이 있다. 같은 사건이라도 사람마다 주

---

* 구로사와 아키라 감독의 1950년작 일본 영화. 살인사건을 놓고 사건 당사자들이 모두 소환되어 증언을 하는 내용을 줄거리로 한다. 각자 자신이 경험하고 본 것을 그대로 진술했지만, 동일한 상황이 각자의 입장에 따라 다르게 진술된다.

관적인 관점으로 바라보고 기억하기 때문에 저마다 해석이 달라지는 현상을 말한다. 즉 기억에는 주관성이 개입한다는 것이다. 2000년 제작된 한국 영화 〈오! 수정〉 역시 남녀관계에서 여자와 남자의 기억이 어떻게 다를 수 있는지 여실히 보여준다. 영화의 전반부는 남자의 기억, 후반부는 여자의 기억을 바탕으로 같은 장면을 보여준다. 그런데 아주 미묘한 차이 때문에 내용은 확연하게 달라진다.

2심 재판부는 피해자의 주장만 믿어서는 안 되고 피고인의 주장에도 귀를 기울여야 한다고 강조했다.

> 법원은 공평하고 공정해야 한다. 검사의 공소사실과 이를 뒷받침하는 증거들에서 보이는 여러 불일치·모순·의문에는 애써 눈감으면서, 피고인의 주장과 증거는 못 믿을 것으로 전제하고 현미경처럼 세밀하게 엄격한 증명을 요구하는 것은 형사법원이 취할 태도가 아니다. 형사법원은 심리과정에서 선입견 없는 태도로 검사와 피고인 양편의 주장을 경청하고 증거를 조사해야 하며, 그 결과를 바탕으로 무죄추정의 원칙에 따라 유무죄를 판단하여야 한다.

재판부는 피해자 고씨의 진술이 진실과 일치하는지 하나하나 따져간다. 먼저 고씨가 "폭탄주를 마신 뒤 기억을 잃었다"는 진술에 의문을 제기한다. 증인으로 나온 고씨가 "폭탄주를 마신 뒤 편의점에서 우유와 담배를 사러 갔고 아는 남자를 만났다"고 말했기 때문이다. 또한 "필름이 끊겨서 전혀 기억이 안 난다"는 시점 이후에도 고씨는 휴대전화로 아는 남자와 여러 차례 문자 메시지를 주고받았다. 법원은 성관계 과정이 기억나지 않는다는 이유만으로 고씨가 '항거불능' 상태였다고 단정하기는 어렵다고 밝혔다. 고씨는 "술에 취해도 겉으론 멀쩡해 보인다는 말을 많이 듣는다"고 했는데, 이 점을 감안하면 안씨가 만취한 상태의 고씨를 성폭행했다고 단정하기는 어렵다는 의견이었다.

또한 고씨는 성관계를 한 다음날에도 2시간 동안 옷을 벗은 채로 안씨와 모텔에 함께 있었다. 게다가 안씨의 목에 키스자국을 남기기도 했다. 이에 대해 고씨는 "창피를 주기 위해서 그랬다"고 말을 했지만, 항소심은 "성폭행 당한 사람이 벌거벗은 상태에서 한 행동으로 납득하기 어렵다"고 판단했다.

법원은 안씨의 얘기를 더 들어보았다. "나이트클럽에서 처음 만났을 때부터 서로 호감이 있었죠. 서로 스킨십을 하면서 술을 같이 마셨고요. 다들 파트너를 정해서 모텔로 가는 분위기였어요. 제가 돈이 없어서 저 여자에게 모텔비를 내달라고 했어요. 잠시 생각하더니 계산을 하더라고요. 우린 다정하게 방으로 들어갔어요. 침대에 누워서 제가 '해도 되냐'고 물었어요. 그랬더니 '된다'고 하더라고요. 전 동의를 받았다고요."

증거는 "성폭행 당했다"는 피해자 진술뿐

재판부는 객관적인 반박 자료가 나오지 않는 이상, 안씨의 진술이 전혀 근거 없다고 할 수는 없다는 신중론을 폈다. 그리고 수사기관에 아쉬움을 표했다. "피고인의 진술과 피해자의 진술에 서로 어긋나는 부분이 존재한다면 수사기관에서는 당연히 피고인과 피해자 등의 진술에 신빙성이 있는지 여부 등을 검증하기 위하여 필요한 객관적인 자료들을 충분히 확보했어야 한다." 그런데도 수사기관은 ①모텔의 CCTV를 확보하지 못했고, ②두 사람의 통화내역·문자내용·카메라 촬영 내용 ③편의점 CCTV 영상자료 ④피해자의 체크카드 사용내역 등을 조사하지 않았다는 것이다.

수사기관이 확실한 입증에 실패하면 피고인의 주장이 다소 모순되거나 석연치 않은 측면이 있더라도, 피고인에게 불리하게 판단할 수는 없다. 게다가 항소심은 사건의 전후 사정으로 볼 때 피해자 고씨보다 피고인 안씨의 진술이 더 믿음이 간다고 보았다. 2심에서 피고인은 무죄. 대법원도 상고기각 판결을 함으로써 이 사건은 무죄로 확정되었다.

사실 고씨가 안씨에게 명시적으로 성관계 동의 의사를 밝혔는지 확인할 길은 없다. 하지만 고씨가 술에 취한 상태에서 동의의사를 밝히고도 기억하지 못할 가능성도 배제할 수 없다. 술을 많이 마셔서 이른바 '필름이 끊기는' 블랙아웃 상태였을 수

성범죄에서는 일반적으로 피해를 호소하는 여성의 증언에 더 무게가 실리며, 그쪽으로 여론이 기운다. 그 때문에 정말 죄 없는 용의자가 유죄가 되는 경우도 생긴다. 일본 영화 〈그래도 내가 하지 않았어〉는 선량한 한 청년이 여중생 성추행 누명을 쓰고 인생이 망가지는 과정을 보여준다.

있기 때문이다. 만일 그랬다면, 고씨가 진심이 아니었다 하더라도 안씨 입장에선 충분히 동의로 받아들일 수 있다. 최근에는 여성이 성폭력 피해를 호소했지만, 여성이 블랙아웃 상태였을 가능성이 있다는 이유로 무죄가 선고된 사례가 종종 있다. 필름이 끊겼더라도 겉으로 보기에 멀쩡했고, 이런 상황에서 동의를 구했다면 성폭행으로 보기 어렵다는 이유에서다. 물론 성범죄 사건에서 한쪽의 주장만 받아들이는 건 위험할 수 있다. 다음 사례도 남자와 여자의 말이 전혀 다르다. 누구의 말이 믿을 만한지 귀 기울여보자.

주거침입 강간이냐 화간이냐

이 사건은 주거침입 강간으로 유무죄가 오간 사건이다. 내용은 간단했다. 윗집 남자가 아랫집 여자의 집에 들어가서 성폭행했다는 것이다. 사실이라면 엄벌에 처해 마땅하다. 하지만 이 사건도 여성의 진술이 유일한 증거였다. 윗집 남자는 30대 구남기(가명) 씨, 아랫집 여자는 20대 박은경(가명) 씨다. 누구의 이야기가 진실에 가까울까. 먼저 박씨의 말이다.

"그날, 집에 남자친구 오철수(가명)가 찾아왔어요. 둘이 음식도 나눠 먹고 얘기하면서 시간을 보내다가 갑자기 의견 충돌이 생겼어요. 지금 보면 별것도 아닌데 자존심 때문이었나봐요. 서로 고함을 지르면서 싸우게 되었어요. 새벽 2시쯤인가, 철수가 화가 났는지 갑자기 집에 가버리더라고요. 혼자 남겨진 저는 무섭고 기분도 우울해서 친구하고 새벽까지 전화 통화를 했어요. 4시 정도까지요. 그 뒤 저도 모르게 잠이 들었는데 인기척 때문에 눈을 번쩍 떴어요. 그때가 아마 새벽 5시쯤 되었을 거예요. 근데 방에 어떤 남자가 들어와 있더라고요. 그 남자가 '소리 지르지 말고 엎드려!' 이러더라고요. 전 어찌나 무서운지 손으로 입을 막고 엎드렸는데 남자가 제 손을 뒤로 묶으려고 했어요. 제가 '묶지 마세요' 그러니까 그냥, 강제로 저를……. 나중에 알고 보니 바로 저 사람, 윗집 남자였어요."

1심은 박씨의 진술을 토대로 유죄를 인정했다. 구남기 씨는 징역 3년형을 선고받고 옥살이까지 하게 되었다. 그러나 2심 법정에 수의를 입고 나타난 구씨는 여전히 무죄를 주장했다. 이번엔 구씨의 하소연이다.

"성폭행이라고요? 제가요? 휴우, 제 말 좀 들어보세요. 박은경 씨와는 아래윗집에 살면서 오다가다 마주쳐 안면이 있는 사이입니다. 가끔 인사도 했으니 저 분도 절 알겠죠. 사건이 일어난 날이었어요. 밤늦게 아랫집에서 은경 씨가 남자와 심하게 다투는 소리를 저도 들었어요. 두 시간쯤 싸웠나? 새벽녘에 남자가 집을 나가는 것 같더라고요. 그런데 한참이 지나도록 그 집에서 아무런 소리가 안 나더군요. 혹시 싸우다가 불상사라도 생겼나, 슬슬 걱정이 되는 겁니다. 그래서 제가 아랫집으로 내려갔죠. 집 현관문을 열어 방안을 들여다보니 침대 위에 은경 씨가 앉아 있더군요. 제가 들어가도 되냐고 물었는데 대답이 없기에 일단 방안으로 들어갔습니다. 그리고 각자 신세타령을 늘어놓았지요. 저도 요즘 힘든 일이 많았거든요. 그렇게 얘기를 주고받던 중 마음이 맞아 자연스레 성관계를 하게 된 겁니다. 강간이라뇨?"

항소심은 이번엔 구씨의 말에 더 믿음이 간다며 무죄판결을 내렸다. 당시 정황으로 볼 때 피해자 박씨의 진술에 신빙성이 없다고 판단한 것이다. 그 근거는 다음과 같았다.

①강간당한 후 경찰에 신고하거나 도움을 청하는 행동을 전혀 하지 않았다.

②사건 직후 도착한 오철수 씨가 "여자친구가 성폭행당한 모습이 아니었다"고 얘기했다.

③박씨가 구씨의 누나를 자신의 다단계사업장에 끌어들였는데, 이것을 강간 피해자의 행동으로 보기엔 무리가 있다.

④박씨는 법정에서 "구씨에게 합의금만 받았다"고 했으나 실제로는 유리하게 증언해주는 대가로 추가로 돈을 받았다.

⑤구씨가 어떻게 침입했는지, 모자나 마스크를 썼는지, 어떻게 입을 막았는지 등에 대해 수사기관, 1심, 2심 법정에서 다 다르게 진술했다.

유죄에서 무죄로, 다시 유죄로

무죄가 나오자 이번엔 검사가 상고했다. 대법원(제3부 주심 차한성 대법관)에서 사건은 다시 뒤집어진다. 대법원은 2심이 무죄의 근거로 삼은 5가지 의심은 '합리적 의심'으로 볼 수 없다고 반박했다. 대법원 판결을 요약해보면 이렇다.

사건 직후 박씨가 오씨에게 바로 연락하여 30분 후에 도착한 점에 비추어 ①은 사실이 아니다. ②의 주장은 오씨의 주관적인 판단에 불과하다. 또한 ③과 ④가 사실이라 할지라도 그러한 정황만으로 성폭행당했다는 박씨의 말을 거짓으로 몰아가서는 안 된다. ⑤의 경우처럼 말이 바뀌는 것은 기억력의 한계 때문에 자연스러운 일이다. 시간이 흘렀는데도 당시의 모든 상황

담당 판사들 "솔직히 재판하기 너무 어렵다"

성범죄 사건은 목격자나 물증이 없는 경우가 대부분으로 거의 간접 증거로만 유무죄를 판단해야 한다. 성관계 자체는 사실이라도 강제성을 입증하기란 쉽지 않다. 그래서 판사들도 성범죄 판결을 힘들어한다. 성범죄에 대해 유독 엄격한 여론도 판결에 부담을 주는 요인이다.(경향신문, 2012년 11월 26일)

을 정확히 기억하는 것이 오히려 부자연스럽다.

대법원은 박씨의 진술이 일관되고 객관적 상황과 모순되는 부분이 별로 없다고 보았다. 반면 구씨의 주장은 믿기 어렵다고 했다. 대법원은 결정적으로 '새벽녘 별다른 친분이 없는 여성의 집에 들어갔고, 박씨 역시 구씨를 별다른 거부감 없이 받아들이고 합의하에 성관계까지 맺었다는 것은 상식으로 쉽게 납득하기 어렵다'고 의견을 밝혔다. 구씨는 그렇게 유죄가 확정되었다.

성범죄는 속성상 은밀할 수밖에 없다. 그러나 뚜렷한 증거가 없는 상태라도 법원은 어느 한쪽의 손을 들어줄 수밖에 없다. 성범죄에서 피해자가 받게 될 상처를 생각하면 쉽사리 무죄를 선고할 수는 없다. 그렇다고 눈물로 호소하는 피해자의 말만 믿고 피고인을 단죄할 수는 없다. 유죄냐 무죄냐. 직접 보지 않은 판사로서는 어렵고 또 어려운 일일 수밖에 없다. 재판도 사람이 하는 일이기 때문이다.

미성년자와의 잠자리, 사랑인가 범죄인가

40대 남성과 여중생의 동거 ──VS── 양부와의 강압 없는 성관계

사랑할 자유는 누구에게나 있다. 사람이면 누구나 자신이 사랑하는 상대를 선택할 수 있고, 더 나아가 잠자리를 할 권리도 있다. 그런데 청소년이나 미성년자는 어떤가. 그들이 누군가와 사귀고 성관계를 가지겠다고 하는 선택도 존중해야 할까, 아니면 판단능력이 떨어지니 법으로 막아서 보호해야 할까, 그렇다면 몇 살부터 어느 정도나 보호해주어야 할까? 청소년의 정신적인 사랑은 허용하되 육체적인 사랑은 금지해야 할까. 의문은 끝이 없다.

하지만 법에서 고민은 이론에 그칠 수 없다. 법은 현실에 잣대를 들이대야 하고, 법원은 판단을 내려야 하기 때문이다.

본론에 들어가기에 앞서 미성년자의 성과 관련된 법률상식부터 알아보자. 폭행 또는 협박과 같은 수단으로 강제로 미성년

자와 성적인 행위를 하면 당연히 처벌을 받는다. 문제는 합의나 동의를 한 성행위의 경우다. 미성년자와 합의하에 성관계를 했다면 어떻게 될까. 이건 나이에 따라 차이가 있다.

우선, 13세 미만 청소년과의 성관계는 합의에 관계없이 처벌받는다. 12살까지는 성적 자기결정권을 인정하지 않고 동의했더라도 사실상 강간으로 본다. 쉽게 말해 성인 남성이 12살 소녀와 합의하여 성관계를 했다면 강간과 같은 수준으로 처벌을 받는다. 이것을 '의제강간'이라고 한다.

다음으로, 13~18세 청소년과의 성적 접촉이다. 이때는 동의가 있다면 원칙적으로 처벌할 수 없다. 청소년에게도 성적 자기결정권을 인정하기 때문이다. 다만 대가가 있었거나 위계·위력이 동원되었을 경우엔 처벌된다. 예컨대 청소년에게 돈을 주거나 선물을 주겠다고 하는 방식으로 성관계를 맺으면 청소년 성매매로 형사처벌이 된다. 또한 직접적인 폭력을 쓰지 않더라도 속임수를 써서 착각을 일으키게 하거나 겁을 주는 방식으로 성적인 접촉을 하는 것도 처벌대상이다.

법은 이렇지만 현실은 더 복잡하다. 어른과 성관계를 한 청소년의 판단과 선택은 법적으로 존중되어야 하는가. 사랑인지 범죄인지 고민하게 만드는 미성년자와 성인 사이의 애정(?)사건을 살펴보자.

40대 남성, 여중생과 동거해 출산까지

　나진영(가명, 당시 42세) 씨는 2011년 8월 아들이 입원한 병원
에 자주 들렀다. 그는 입원치료 중이던 박수지(가명, 당시 15세)
양을 병원 엘리베이터에서 우연히 보게 됐다. 나씨는 키도 크고
예쁘장하게 생긴 박양에게 호감을 갖고 말을 건넸다. "너, 연예
인 해도 되겠다. 아저씨가 아는 사람 많은데 다리 놔줄게. 번호
좀 알려줄래?" 몇 시간 뒤 나씨는 전화를 걸어 박양을 불러냈다.
"아는 기획사에 연예인이 많다. 바람 좀 쐬자"고 했다. 나씨는 승
용차 안에서 키스를 하려 했지만 박양이 거부해 실패했다.

　나씨는 다시 며칠 뒤 박양을 불러내 차에 태웠다. 그리고 드
라이브를 하다가 주차장에서 성관계를 가졌다. 그 뒤 두 사람은
여러 차례 만남을 가졌고 수시로 문자를 주고받았다. 그러다 몇
달 뒤 박양이 임신을 하게 된다. 당시 박양의 아버지는 뇌종양
으로 정상적인 생활이 불가능했고, 어머니 역시 건강이 좋지 않
았다. 가정형편도 넉넉지 않아서 부모님이 박양을 신경 쓰기 어
려웠다. 박양은 임신 사실을 알고 가출한다. 그리고 나씨의 집에
머무르면서 사실상 동거생활이 시작됐다.

　박양이 나씨의 집에 온 지 3주 정도 지났을 즈음 나씨는 다
른 형사사건에 휘말려 구속된다. 그때부터 박양은 거의 매일 나
씨에게 면회를 가고, 수시로 '사랑한다'는 편지를 보냈다. 박양
은 아이를 낳을 때까지 그 집에 머물렀다.

박양이 출산한 뒤 부모와 주위 사람들은 박양을 설득하여 나씨를 고소하게 했다. 나씨는 미성년자 성폭행 등의 혐의로 기소되었다. 그는 "서로 사랑하는 사이였고 가출도 박양이 스스로 결정했다"고 주장했지만 주변 상황은 나씨에게 불리했다. 게다가 박양은 "나씨와의 만남은 강압에 의한 것이었다"고 진술했다. 두 사람의 나이차는 무려 27년, 박양은 나씨의 아들보다 겨우 두 살 많았다. 어느 누구에게나 일반적인 관계로는 보이지 않는다. 나씨는 파렴치범이었을까.

나씨를 향해 "딸 같은 소녀에게 용서 못할 짓을 했다"고 비난하는 마음은 충분히 이해할 수 있겠다. 하지만 냉정하게 법의 잣대만을 들이대보자. 관건은 성관계가 반강제적이었는지, 서로 동의를 했는지이다. 당시 박양의 나이는 15살이었다. 두 사람이 실제 연인관계였다면 처벌할 수 없다. 성관계 당시 서로 합의했다면 연인관계가 아니었더라도 마찬가지로 죄가 아니다.

1심 법원(서울남부지법 제11형사부 재판장 김기영)은 나씨의 주장을 전부 배척했다. 우선 처음 성관계를 갖게 된 상황을 생각해볼 때 박양이 동의했다고 보기 어렵다고 했다. 15세 소녀가 불과 며칠 만에 중년 남성을 사랑하게 된다? 상식적으로 믿을 수 없다는 게 법원의 판단이다. "자신의 부모 또래이자 병원에서 우연히 알게 된 남성을 며칠 만에 이성으로 좋아하게 되어 원만하게 성관계를 가졌다는 것은 일반인의 상식에 비추어 당시 상황을 보건대 도저히 믿을 수 없다." 법원은 "나씨의 갑작스런 강간

시도에 제대로 저항을 하지도 못하고 그대로 피해를 입은 것으로 봄이 타당하다"고 밝혔다.

법원은 "박양이 부모에게 거짓말을 하고 가출하도록 종용하였다"고 지적하면서 나씨를 비난했다. 나씨의 태도로 볼 때 순수한 사랑도 아니라고 했다. "나씨는, 자신이 그토록 사랑하였다는 박 양이 자신의 아이를 임신하여 가출할 당시 길거리에서 알게 된 여자들을 상대로 지속적으로 이성관계를 시도하고 있었다."

그렇다면 구속된 나씨를 위해 박양이 면회를 가고, 편지를 보낸 일은 어떻게 이해해야 할까. 1심은 공포심리 때문이라고 해석했다. "박양은 원치 않는 임신을 한 상황을 벗어나고 싶었고, 편지를 쓰지 않으면 나씨가 화를 내기 때문에 어쩔 수 없이 썼다. 면회와 편지만으로 연인관계라고 볼 수는 없다. 설사 성관계 후 애정과 같은 감정이 있었더라도 정상적인 것은 아니다."

재판부는 "성폭행을 당했다"는 박양의 말을 유력한 증거로 삼아 나씨에게 징역 12년과 전자발찌 부착명령을 내리면서 다음과 같이 양형이유를 밝혔다.

"나씨는 이혼도 하지 않고 자식도 있던 상황에서 자신의 딸뻘인 박양에게 접근하였다. 그리고 쉽게 관심가질 법한 연예인 이야기를 건네 경계심을 누그러뜨린 후, 박양을 추행하고 강간하였다. 나씨는 자신의 행위가 사랑이었다고 주장하나 실은 일방적인 정욕의 해소 수단에 불과하였다. 나씨의 범죄로 박양은 출산까지 하게 되었고 아이는 돌볼 형편이 되지 않아 현재 시설에 있다. 나씨의 범죄로 박양의 육체와 영혼뿐만 아니라 박양의 가정은 사실상 파괴되었다. 나씨는 자신의 죄에 맞는 엄한 형을 피할 수 없다."

항소심(서울고법 제12형사부 재판장 민유숙)도 대동소이했다. 미성년자 강간과 미성년자 유인죄를 적용해 징역 9년을 선고했다. 그나마 1심보다 3년이 줄어든 것은 나씨에게 성범죄 전과가 없었기 때문이다.

그것은 사랑일까, 범죄일까

형이 이대로 확정되는가 싶었지만 2014년 11월 대법원(주심 김신 대법관)은 정반대의 결론을 내린다. 나씨와 박양의 진술이 엇갈린 상황에서 1심과 2심은 박양의 진술을 믿었지만 대법원은 박양의 말에 의심적은 구석이 있다고 보았다. 왜 어린 피해자의 말을 의심했을까.

첫째, 박양이 나씨에게 보낸 편지의 내용 때문이다. 나씨가 구속되었을 때 박양은 거의 매일 면회를 가고 자주 '사랑한다'는 내용의 편지를 보냈다. 박양은 "편지를 안 쓰거나 사랑한다는 내용을 적지 않으면 나씨가 화를 낼 것으로 짐작하고 거짓 감정을 편지에 적었다"고 말했다. 하지만 대법원은 "면회나 편지의 횟수나 내용, 형식에 비춰보면 허위의 감정표현보다는 솔직한 감정을 표현한 것으로 보인다"고 지적했다. 편지가 형형색색의 펜과 스티커, 하트 표시로 예쁘게 꾸며져 있다는 점에도 주목했다.

둘째, 두 사람이 주고받은 문자메시지 때문이다. 두 사람은 첫 만남부터 나씨가 구속될 때까지 하루에도 수백 건씩 문자를 주고받았다. 박양은 나씨를 '오빠' '자기' '남편'으로 불렀고 연인 사이에나 주고받을 법한 '사랑한다' '보고 싶다' '절대 헤어지지 말자'는 내용이 문자에 자주 등장했다. 대법원은 비위를 맞추기 위해서나 강요로 보낸 문자로 보기 어렵다고 했다.

다음은 박양이 나씨 면회를 갔다가 직접 써준 편지 내용이다.

어젯밤 오빠 많이 생각나더라고요. 솔직히 저 오빠 차 탔을 때 반했어요. 아무한테도 뛰지 않던 심장이 오빠 옆에 있으니까 막 뛰더라구요. 정말 16년 만에 뛴 심장인데, 첫사랑인데, 그래서 지금까지도 오빠 안 놓고 있잖아요. 앞으로도 안 놓을 거구 오빠만 평생 영원히 사랑할 거예요.

만난 지 1주년 기념으로 박양이 보낸 편지에는 나씨에 대한 첫인상도 담겨 있다.

오빠 그때 모자 쓰구 크로스백 검은 거 매구, 7부 바지에 반팔!

완전 귀여웠어요. 첨엔 경계했지만 가면 갈수록 좋아졌어요. 제 심장이 빠르게 뛰었어요. 보기만 해두 행복하고 그런 사람^^~

대법원은 첫 만남 때 옷차림까지 상세히 기억하고, 두근거리는 감정까지 표현한 박양이 이때 성폭력을 당했다는 진술은 믿기 어렵다고 보았다. 대법원의 판단 근거를 요약하면 다음과 같다. '자기보다 27살이나 많은 남성이 처음 만나서 새벽에 승용차에 태워 키스하려고 했다면 주위에 알리는 게 정상이다. 그런데 박양은 알리지 않았고 또다시 만났다. 그날 성관계까지 맺었는데도 누구에게도 말하지 않았다. 나씨가 박양에게 폭력을 행사하거나 성관계 사실을 알리면 보복하겠다는 협박을 한 사실도 없었다.'

가출을 강요했다는 혐의에 대해서도 대법원은 다르게 봤다. 가출 전에 박양이 "가출이 겁나지만 아이를 버릴 수 없으므로 후회 없는 선택" "오빠가 나를 지켜줘요" 등의 메시지를 나씨에게 보낸 점을 보면 강요로 보기 어렵다는 것이다.

동거 중 나씨가 구속된 뒤에도 박양은 집으로 돌아가지 않았다. 경찰이 찾아와서 집으로 돌아가라고 권유까지 했는데도 그랬다. 오히려 박양은 홀로 남은 나씨의 아들을 돌보고 일을 대신 처리해주기도 했다. "이런 사정을 보면 나씨가 박양을 기망 또는 유혹하여 자신의 지배관계에 두었다고 단정하기 어렵다"고 대법원은 밝혔다. 대법원은 사건을 다시 재판하라고 2심으로

대법, 15세 여중생·40대 남성 '연인관계' 인정

性的 자기결정권 13세 옳나

최근 대법원이 15세 여중생을 상습적으로 강간하고 임신시킨 40대 남성에 대해 실형을 선고한 원심을 파기하고 '연인관계였다'는 이유로 무죄 취지의 파기환송 판결을 내려 논란이 일고 있다.

이번 판결은 미성년자와 성관계를 맺는 것만으로 처벌해야 마땅하다는 일부 국민정서와 배치돼 13세 이상 청소년의 '성적 자기결정권'을 인정하는 게 옳은지에 대한 논쟁을 불러일으켰다.

◇왜 13세? 초등학생은 안 되고 중학생은 되는 이유?

대법원의 판결은 피해자가 13세라 가능했다. 현행법상 13세 미만 미성년자를 간음하거나 추행했을 경우 동의 여부와 상관없이 처벌된다(의제강간죄). 반면 13세 이상 19세 미만 미성년자의 경우 강간을 당해도 대가가 강요·폭력이 있었음을 증명하지 못하면 형사처벌할 수 없다.

의제강간죄의 기준연령을 16세로 높여야 한다는 의견은 시민단체를 중심으로 제기돼왔다. 서울해바라기여성아동센터 상담팀장인 "13세 이상도 아직 성적 주체성에 대한 판단이 미숙하고 대인관계에서 상대방이 자신을 이용하는지 예방해주는 것이지 헷닥칠 수 있다"며 "이를테면 청소년기에 학교 선생님을 존경하는 듯 사랑하는지 헷갈리는 건 자연스러운 감정인데 성인은 이를 악용할 수 있다"고 지적했다.

그러나 법조계에서 개정은 논의되지 않고 있다. 2012년 미성년자 의제강간의 연령을 16세로 높이는 형법 일부개정법률안이 발의됐지만 법제사법위원회는 △ 청소년의 성의식 수준이 발달했고 △ 15세 청소년끼리 서로 동의하여 키스를 해도 무조건 처벌해야 하는 등 실무적 부작용이 발생한다는 점을 들어 반대했다.

◇아동의 성적 자기결정권 몇 세부터? 사회적 논의 필요

아동의 성적 경험과 발달정도, 판단능력은 개인·사회마다 다르기 때문에 절대적 의제연령 기준은 없다. 전문가들은 아동의 성적 자기결정권을 적절히 보호할 수 있는 기준연령에 대한 사회적 논의가 이뤄져야 한다고 지적했다.

남부지법의 한 국선변호사는 "정상적인 이성교제를 하는 청소년들, 심지어 초등학생 일부도 성관계를 갖는데 의제강간 연령을 높이면 초등학생이 죄인이 되는 난감한 상황이 생길 수도 있다"며 "극소수지만 14세 청소년이 가출해서 어른과 교제하면 오해를 고소하는 등 악용되는 사례가 있어 연령을 높이는 게 능사는 아니다"라고 말했다. 이수정 경기대 범죄심리학과 교수는 "형식적인 상한선을 높이는 것보다 나이를 최소한으로 규정하되 엄격히 적용하는 게 중요하다"고 말했다. 박소연 기자 soyunp@

성인과 미성년자의 성행위는 사회의 지탄을 받지만 다 처벌 대상은 아니다. 현행법은 만 13세 이상은 성행위를 스스로 선택할 수 있는 주체적 존재로 본다. 미성년자 보호를 위해 기준연령을 올려야 할지를 놓고 의견이 분분하다.(머니투데이, 2014년 11월 24일)

돌려보냈다. 나씨의 강압이나 폭력이 없었다면 범죄라 할 수 없고, 박양의 성적 자기결정권을 존중해야 한다는 취지로 보인다.

여중생이 가출하여 40대 중년 남성의 집에서 거주하고 아이를 낳았다. 사랑해서였을까, 아닐까. 사랑이 아니라면 처벌해야 할까. 둘 사이엔 도대체 무슨 일이 있었던 걸까. 법원도 쉽사리 답을 내리지 못할 정도로 어려운 문제이다. 2015년 6월 현재, 재판은 아직 계속되고 있다.

부녀인가 연인인가, '이상한' 커플 이야기

이번엔 무려 31살차가 나는 특이한 커플(?)의 이야기다. 이들은 무슨 관계이고 어떤 일로 법정까지 오게 되었을까. 스토리는

1994년부터 시작된다.

송수진(가명) 씨는 1994년 친아버지와 호형호제하는 관계인 정낙훈(가명) 씨 집에 보내졌다. 이때 송씨의 나이는 15살이었다. 송씨의 아버지는 양육비만 보낼 뿐이었고 실제로는 정씨가 아버지 노릇을 해왔다. 송씨도 실제로 정씨를 아버지라고 불렀고, 정씨도 송씨를 딸처럼 대했다. 그런데 두 사람은 그냥 평범한 부녀관계가 아니었다. 둘은 성관계를 하고 있었기 때문이다. 이런 특수한 관계는 16년간 유지돼왔다.

하지만 바깥에서 볼 때 두 사람의 사이는 다정한 부녀지간일 뿐이었다. 정씨는 송씨가 어릴 때부터 직장인이 될 때까지 용돈과 생활비를 충분히 대주었다. 송씨가 외출해서 집에 오지 않고 있으면 그때까지 잠을 자지 않고 기다렸다. 정씨는 "내가 죽으면 송수진에게 아파트를 넘겨준다"는 각서를 써서 송씨에게 건네기도 했다.

송씨도 정씨를 따랐다. 송씨는 어버이날에 잊지 않고 선물을 했고 함께 공연을 관람하러 다녔다. 송씨는 "사랑한다"는 표현이 들어 있는 편지도 여러 차례 썼다. 그러면서도 두 사람은 가끔씩 잠자리를 함께 했다.

그런데 서른 살이 될 무렵 송씨는 돌연 정씨를 고소했다. 정씨가 어릴 때부터 자신에게 성관계를 강요했다는 내용이었다. 검찰은 수사를 벌인 결과 정씨를 피보호자간음 등으로 기소했다. 요약하면, 정씨가 우월한 지위를 이용해 딸처럼 보호해야 할 송씨를 성폭행했다는 혐의다.

형법(303조)에는 "업무, 고용 기타 관계로 인하여 자기의 보호 또는 감독을 받는 부녀에 대하여 위계 또는 위력으로써 간음한 자"를 처벌할 수 있다고 적혀 있다. 판례에 따르면 위계란 '상대방에게 기망·유혹 등의 방법으로 오인·착각·부지不知를 일으키게 하고 그런 심적 상태를 이용하여 목적을 달성하는 것'을 말한다. 위력이란 '피해자의 자유의사를 제압하기에 충분한 세력을 말하고 폭행·협박뿐 아니라 행위자의 사회적·경제적·정치적인 지위나 권세를 이용하는 것도 가능하다'고 보고 있다. 쉽게 말해, 강간 정도의 폭행이 아니더라도 보호자의 지위를 남용해 성관계를 맺었다면 처벌이 가능하다는 소리다.

정씨는 성관계를 맺은 사실 자체는 인정했지만 강압적인 방법을 쓴 적이 없다고 부인했다. 다시 법으로 따져보는 수밖에 없다.

일단, 처음 성관계할 때 송씨가 13살이 넘었으므로 의제강간죄는 성립되지 않는다. 그렇다면 위계나 위력이 있었는지를 따져야 한다. 두 사람의 관계는 분명 보통 연인간의 관계와는 다르다. 그렇더라도 재판은 자유로운 의사로 성관계를 맺었는지에 초점을 맞출 수밖에 없었다.

검찰은 정씨가 써준 각서를 위계의 증거로 제시했다. 유혹의 수단이라는 것이다. 정씨가 송씨를 유혹하여 성관계를 계속하기 위해 각서를 써줬다는 게 검찰의 주장이다. 하지만 정씨의 이야기는 달랐다. 송씨가 "아버지 돌아가시면 나는 어떡해요?"하고 걱정하기에 "내가 이거 적어줄게. 갖고 있으면 든든할 거야"라고 하면서 써주었을 뿐 다른 의도는 없었다고 말했다. 송씨조차 "성관계와 각서는 관련이 없다"고 진술하는 바람에 검찰은 체면을 구겼다.

정씨가 강압적인 방법을 썼는지도 밝혀지지 않았다. 16년 동안 정씨는 송씨를 한 번도 폭행한 적이 없었다. 송씨가 학생일 때는 하루도 빠짐없이 자동차로 학교에 태워다 주었고, 성인이 된 이후까지 경제적인 지원을 해주었다.

정씨는 성관계 전에 임신주기를 철저하게 확인했고 임신 가능 시기에는 성관계를 하지 않았다. 송씨도 법정에서 "내가 거부 의사를 분명히 하면 성관계를 하지 않았다"고 말했다. 성관계를 거부했다고 해서 용돈을 안 주거나 불이익을 주지도 않았다.

송씨는 정씨에게 애정 어린 편지를 여러 차례 보냈다. "제 인생의 위기 때마다 저를 구해주셨듯이 아버지의 위기 때는 제가 손을 잡아드릴 게요. 항상 드리는 말씀이지만 아버지 사랑해요."

법으로 가리기 너무 어려운 사랑과 성

이렇게 애틋한 사이인데 송씨는 왜 고소를 했을까. 송씨가 고소를 한 결정적인 계기가 재판에서 밝혀졌다. 바로 여자문제였다. 정씨의 집에 한 여성이 잠깐 머문 적이 있었다. 그런데 정씨가 그 여자와 몇 달간 불륜관계를 유지했다는 사실을 뒤늦게 송씨가 안 것이다. 배신감을 느꼈다. 송씨는 법정에서 이렇게 말했다. "아버지(정낙훈 씨)가 그 여자하고 그런 일이 있었다는 얘기를 다른 사람에게 듣지 않았으면 고소를 하지 않았을 거예요."

법원(서울동부지법 김창형 판사)은 여러 사정을 따져 다음과 같이 결론을 정리한다.

두 사람이 오랫동안 사실상 부녀지간으로 지내온 건 사실이다. 그렇더라도 정신과 신체 모두 건강한 송씨가 성관계를 이해 못하거나 착오에 빠져 성관계를 했다고 보기 어렵다. 정씨가 물리력을 동원하거나 위계 또는 위력을 사용했다고 볼 수도 없다. 또한 성인이 되어 직장생활까지 하는 송씨가 정씨의 보호를 받는다는 것도 의문이다. 정씨는 무죄이다.

사건은 대법원(제2부 주심 이상훈 대법관)까지 모두 무죄로 판가름났다. 두 사람의 특수한 관계는 도덕적인 잣대로는 어떤 비난과 부정적인 평가를 받을지는 몰라도, 적어도 법적으로는 처벌 대상이 아니었다.

다시 미성년자의 사랑과 성을 생각해본다. 자식뻘인 여학생과 잠자리를 하고 임신까지 하게 만든 나씨를 향한 비난의 목소리는 높다. 재판 결과를 떠나 부적절한 처신이라고 볼 수밖에 없다. 딸처럼 보호하던 송씨와 성관계를 맺어온 정씨도 곱게 보이지는 않는다. 이런 사건이 세상에 알려질 때마다 사람들은 법이 더 엄격하게 청소년의 성을 보호해야 한다고 목소리를 높인다.

그러나 청소년의 성적 자기결정권이 중요한지 아니면 청소년보호가 우선인지 판단하기란 쉽지 않다. 현행법은 13세 미만 청소년만 판단 능력과 무관하게 보호대상으로 보고 있다. 최근 의제강간을 적용하는 청소년 나이를 15세, 16세 정도로 올려야 한다는 의견이 대두된다. 하지만 그렇게 되면 그 나이대의 청소년끼리 좋아서 성관계를 하는 것도 단죄해야 한다. 고전 속에 등장하는 로미오와 줄리엣, 성춘향과 이몽룡의 뜨거운 사랑이 범죄가 되는 격이다.

또 다른 대안으로 성관계를 하는 남녀간의 나이차가 몇 살 이상 나면 범죄로 보자는 의견도 있다. 그것도 적절한 기준은 아니다. 나이차가 많다고 해서 반드시 한쪽이 우월한 지위에 있다고 보기 어렵고 미성년자라고 해서 성인에게 연정을 품지 말란 법이 없지 않은가. 나이차는 너무 자의적이다. 이래저래 사랑과 성에 법이 개입하는 일은 어려운 문제이다.

'품위 있게 죽을 권리'를 재판하다

뇌암 말기 아버지 살인 ————VS———— 세브란스 병원 존엄사

    한 사람이 식물인간 상태로 병원 침대에 누워 있다. 인공호흡기에 의지해 겨우 목숨만 유지중이다. 신체 기능은 극도로 저하됐고 회복될 가망은 없다. 인공호흡기를 떼면 숨을 거둘 가능성이 높다. 이 사람이 당신의 가족이라면 어떻게 하겠는가. 아니 바로 당신이 그런 처지라면?

    사람 목숨은 어떤 경우에도 소중하기 때문에 계속 연명치료를 해야 할까, 아니면 무의미한 생명 유지를 멈추고 죽음을 받아들여야 할까. 기계에 의지해야만 목숨을 겨우 부지하는 식물인간 상태와 사망의 차이는 얼마나 될까? 식물인간 상태로 살아 있는 것도 죽음보다는 더 낫다고 말할 수 있을까? 삶과 죽음의 문제는 간단하지 않다. 최근에는 살 권리뿐 아니라 편안하게 죽을 권리도 강조되고 있다. 이 '죽을 권리'를 놓고 환자 가

족과 의사, 법원 사이에서 서로 치열한 공방이 벌어지기도 한다.

이 문제가 가장 먼저 대두된 것은 1976년 미국 뉴저지 주 대법원에서였다. 1954년 뉴저지에 살던 퀸란 부부는 카렌 앤이라는 여자아이를 입양한다. 부부의 사랑 속에서 카렌은 자랐다. 그러다 21살이 되던 1975년, 불행이 찾아왔다. 친구 생일파티에 간 카렌이 상당한 양의 신경안정제를 복용한 상태에서 술을 마시고 혼수상태에 빠진 것이다. 카렌은 다시는 깨어나지 못했다. 그녀는 여생을 식물인간 상태에서 코에 삽입된 튜브로 영양을 공급받으면서 인공호흡기를 달고 살아가야 한다는 진단을 받았다.

퀸란 부부는 딸이 자연스러운 죽음을 맞이하기를 원했다. 부부는 '비정상적인 수단'인 인공호흡기를 떼게 해달라고 병원 측에 요구했으나, 병원은 민형사상 책임 문제를 들어 이를 거부했다.

뉴저지 주 고등법원은 병원 측의 손을 들어줬다. 부모의 의견에 따라 호흡기를 제거하는 것은 살인행위에 해당한다고 본 것이다. 그러나 1976년 11월 뉴저지 주 대법원은 카렌이 생명유지 장치 없이 자연스럽게 죽을 권리를 인정한다. "식물인간의 상태에 있는 환자의 연명치료 거부권은 헌법상 보장된 프라이버시권에 해당한다"고 판시하면서 인공호흡기를 떼도록 해주었다. 물론 생명유지장치를 제거하는 엄격한 전제조건도 덧붙였다. 미국은 그 무렵 연명치료 중단의 법적 근거가 되는 '자연사법'이 만들어졌다. 카렌은 이 판결로 인공호흡기를 제거했으나 10년을 더 살았다. 1985년 6월 11일 카렌은 어머니의 품에서 31세를 일기로 영원히 잠들었다.

그러면 이제 우리가 발 딛고 사는 한국으로 관심을 돌려보자. 한국도 '죽을 권리'가 인정되고 있을까.

가망 없는 환자 가족의 '잘못된' 선택

"무슨 말로 포장해도 이건 살인입니다. 그것도, 의식이 없는 아버지를 죽인 패륜 범죄입니다. 재판장님, 그리고 배심원 여러분, 피고인들에게 법이 얼마나 엄중한지를 일깨워주시기 바랍니다."

2014년 3월 3일 의정부지방법원 제1호 법정. 날이 선 목소리에 단호한 어조, 검사는 마치 철퇴라도 내리치는 듯했다. 잔뜩 위축된 채로 고개를 푹 숙이고 있는 피고인들과 대조적이었다. 배심원들은 수군거리기 시작했다. 저 사람들이 아버지를 죽였다고? 저렇게 선량하게 생긴 사람들이?

여기서 '아버지'는 박진석(가명) 씨다. 박씨에겐 아내 나순자(가명) 씨와 2녀1남이 있었다. 자식들은 차례로 맏딸 현미(가명), 둘째 딸 현희(가명), 아들 현승(가명) 씨였다.

이 중에서 아내 나씨와 현미, 현승 씨 세 사람이 법정에 섰다. 세 사람은 이전까지 경찰서 한 번 가본 적이 없다. 그런 이들이 왜 아버지와 남편을 죽이는 끔찍한 범죄를 저질렀을까? 돈 때문에? 가정폭력에 못 이겨서? 그것도 아니면 누명이라도 썼을까?

"판사님, 억울합니다. 어쩔 수 없었어요. 아버지를 위해서 우리가 할 수 있는 일은 그것밖에 없었습니다." 현미 씨의 호소였다. "차라리 나를 감옥에 넣으세요. 얘들은 죄가 없어요." 이번엔 나순자 씨의 절규가 이어졌다. 도대체 무슨 일이 있었던 걸까. 2013년 1월로 돌아가보자.

박씨 가족은 경제적으로 어려웠지만 단란하게 살고 있었다. 그러던 어느 날 박씨는 머리가 어지러워 병원을 찾았다가 청천벽력 같은 소식을 들었다. 뇌암, 그것도 말기. 의사는 길어야 8개월이라고 했다. 이제 50대 후반에 말기암이라니 믿어지지 않았다. 충격은 가족들도 마찬가지였다.

맏딸 현미 씨는 마음을 추스르고 아버지를 집으로 모시고 왔다. 그리고 병수발을 도맡았다. 생활력이 강한 현미 씨는 월 150만 원의 수입으로 아버지 병원비, 어머니와 동생 생활비까지 감당해야 했다. 긴병에 효자 없다고 했던가. 반년이 지나자 현미 씨와 가족들은 지쳐갔다. 박씨는 차도도 없이 고통과 신음만 늘어갔다. 진통제도 더 이상 듣지 않았다. 그런데도 박씨는 시한부 판정을 받은 8개월을 넘어 9개월째 목숨을 부지하고 있었다. 입원치료를 받으려니 돈이 문제였다. 아버지를 지켜만 보자니 고통스럽고, 그렇다고 병원에 입원시킬 형편은 안 되고. 대체 어떻게 해야 하나. 사실상 가장이 된 현미 씨의 시름은 깊어만 갔다.

뾰족한 해결책이 없었다. 현미 씨는 안방에서 아버지를 근심 어린 눈빛으로 지켜보던 어머니 나씨와 동생 현승 씨 앞에서 어렵게 입을 열었다.

"우리, 할 만큼 했어. 나도 힘들고 아버지도 힘들어. 아버지, 그냥, 우리가, 이제…… 보내드렸으면 좋겠어." 나씨와 현승 씨는 고개를 저었다. 한동안 침묵이 흘렀다. "현승아, 이제 보내드리자." 떨리는 현미 씨의 목소리 뒤로 작심한 듯 나씨가 나지막이 말했다. "이왕 할 거면 빨리 해라. 그리고 너희 아버지 아프지 않게……."

두려웠다. 하지만 달리 방법이 없었다. 적어도 그땐 그렇게 여겨졌다. '아버지, 죄송해요. 해드릴 수 있는 게 이것밖에 없네요. 편히 가세요.' 현승 씨는 큰누나와 어머니가 지켜보는 가운데 아버지의 목을 졸랐다. 그리고 눈을 질끈 감았다. 의식이 없는 듯했던 박진석 씨가 몸부림치기 시작했다. 그것도 잠시, 이내 박씨의 몸이 축 늘어졌다. 이제 그는 고통에서 벗어나게 되었을까. 가족들은 가난과 아버지의 마지막 모습에 소리 내어 울었다.

내막을 알고 있는 사람들은 단 세 명뿐. 사람들은 투병생활을 오래했던 박씨의 죽음을 병사로 알고 있었다. 심지어는 둘째 딸 현희 씨도. 가족들은 박씨를 화장하고 장례를 치렀다.

장례식을 마치고 가족들이 모두 모였다. 현승 씨가 눈물을 흘리기 시작했다. 슬픔 때문만이 아니었다. 죄책감에 견딜 수가 없었다. 현승 씨는 "나도 죽겠다"며 집을 뛰쳐나갔다. 영문을 모르던 현희 씨가 동생을 달랬다. 현승 씨는 자기가 한 일을 작은 누나에게 털어놨다. "사실은 아버지, 내가 그랬어. 내가 돌아가시게 했다고! 너무 괴로워, 죽고 싶어."

양심의 가책에 시달리던 현승 씨의 고백으로 결국 수사기관까지 진실을 알게 되었고 가족들은 법의 심판대에 선 것이었다.

안락사인가 살인인가

다시 법정. 검사의 목소리가 법정에 울린다. "누군가 살날이 하루 남았다고 칩시다. 그렇다고 어느 누가 그 사람 목숨을 앗아갈 권리가 있습니까. 이건 명백한 살인입니다. 피고인들, 할 말 있으면 해보세요."

"아버지가 계속 괴롭다고, 보내달라고 하셨어요. 너무 아프다면서……." 현미 씨가 흐느끼기 시작했다. 변호인이 말을 받아서 이어갔다.

"맞습니다. 피고인들, 잘못했습니다. 하지만 박씨는 거듭 현미 씨에게 고통을 호소하면서 죽여달라고 했습니다. 가족들로서도 더 이상 치료할 길도 가망도 없는 아버지를 어떻게 해드려야 했을까요. 이들의 수입은 고작 월 150만 원입니다. 그 돈으로 다섯이 겨우 살았습니다. 게다가 아버지 병원비까지 고스란히 책임져야 했습니다. 이들이 무엇을 할 수 있었을까요. 아버지 고통을 줄이기 위해 어쩔 수 없이 한 행동이었습니다. 이건 안락사나 다름없습니다. 재판장님, 법의 눈물을 보여주십시오."

상황을 정리해보자. 극심한 고통에 시달리는 말기암 환자가 있다. 아내와 딸이 지켜보는 가운데 아들이 환자의 목을 졸라 숨지게 했다. 검찰은 존속살해죄로 세 사람을 기소했다. 세 사람은 "죽음이 임박한 환자의 고통을 가족들이 지켜볼 수 없어서 고통에서 벗어나게 죽여달라는 환자의 부탁에 따른 것"이라고 토로했다.

이들의 행위는 정당행위인가. 관건은 이것이었다. 법에는 사회상규(사회통념)에 비추어 허용될 수 있는 행위를 정당행위라고 하여 처벌하지 않는다. 예컨대 치료 목적으로 의사가 환자 몸에 칼을 대는 것은 상해가 아니며, 권투 선수가 시합에서 상대에게 주먹을 날리는 일도 폭력이 아니다.

그렇다면 아버지 고통을 없애기 위해 목을 조른 행위는 어떨까? 법에서 정당행위가 되기 위해서는 행위의 동기나 목적의 정당성, 행위의 수단이나 방법의 상당성, 보호이익과 침해이익의 법익法益 균형성, 긴급성, 다른 수단이나 방법이 없다는 보충성 등의 요건이 필요하다.

법원(의정부지법 제12형사부 재판장 한정훈)은 현승 씨의 행동이 이런 요건을 갖추지 못했다고 보았다. 박씨가 죽여달라고 했다는 증거도 없었고, 설사 그랬더라도 그것이 진심으로 나온 의사인지 불확실하다는 것이다. 또한 의사와 상의도 없이 일방적으로 감행한 행동은 안락사가 아니라 살인으로 볼 수밖에 없었다.

법원은 치료법을 더 찾아볼 수도 있었고, 설사 회복이 불가능하더라도 진통제 투여로 고통을 줄여주는 방식으로 임종을 맞게 하는 길도 있었다고 지적했다. 치료비가 더 필요했다면 가족들이 십시일반 모으거나 친인척들로부터 도움을 구할 수도 있었다며 아쉬워했다.

재판 결과 세 사람은 살인 공범이 되었다. 1심은 현승 씨에게 징역 7년, 현미 씨에게 징역 5년을 선고했다. 법원은 회복 가능성이 없다는 이유로 아버지의 목을 조른 것은 비난받아 마땅하나 병간호를 해왔고 잘못을 뉘우치고 있는 점을 참작했다고 밝혔다. 아내 나순자 씨는 자식들을 말리지 않고 남편의 죽음을 지켜본 죄(존속살인방조죄)로 징역 2년을 선고받았으나 집행유예로 실형은 면했다. 배심원들의 다수의견도 판결과 거의 일치했다.

현미 씨와 현승 씨는 항소심(서울고법 제7형사부 재판장 김홍준)에서 징역 3년 6월로 형이 줄었다. 이들이 전과가 없었고 경제적 궁핍으로 제대로 된 치료를 해줄 수 없는 상황에서 현명하지 못한 판단을 한 점을 고려한 것이다.

이 사건의 쟁점은 고통을 호소하고 임종을 앞둔 불치병 환자를 가족들이 목 졸라 죽인 것이 법적으로 허용될 수 있느냐, 즉 안락사로 인정할 수 있느냐였다. 법원은 아니라고 했다. 그

것은 살인이라고 답했다.

말기암 환자가 편안하게 죽음을 맞는 것은 아직 우리 사회에서는 아무나 누릴 수 없는 사치에 가깝다. 사회적으로 호스피스 제도의 활성화가 절실한 시점이다. 그런 사정을 감안하더라도 현승 씨와 가족들의 행동은 법으로도 용납할 수 없었다. 법원은 안락사의 요건을 갖추지 못했다고도 했다. 그렇다면 우리나라에서 안락사 혹은 존엄사가 허용된 경우도 있었을까.

법원이 인정한 존엄사

존엄사 사건을 다루기 전에 1997년에 있었던 일명 '보라매병원 사건'을 살펴보자. 이 사건은 인공호흡기를 부착한 채 생명을 유지하던 환자의 아내가 치료비 부담 등의 이유로 퇴원을 요구하면서 벌어졌다. 아내가 수차례 퇴원을 요구하자 담당의사는 '퇴원 뒤 사고가 발생하면 이의를 제기하지 않겠다'는 서약서를 받고서 퇴원을 허락했다. 집으로 돌아간 환자는 인공호흡기를 뗀 지 5분 만에 호흡곤란으로 숨지고 말았다.

검찰은 아내와 의사들을 모두 살인죄로 기소했다. 법원의 입장은 단호했다. 법원은 "치료가 필요한 남편을 보호할 의무가 있는데도 방치해 사망에 이르게 했다"며 살인죄를 인정했다.

의사들 역시 살인방조죄로 처벌받았다. 인공호흡기를 떼면 환자가 죽을 수도 있다는 사실을 알았기 때문에 환자의 죽음에 대한 책임으로부터 자유로울 수 없었다. 법원은 비록 보호자의 퇴원 요구가 있었더라도 "생존 가능성이 있는 피해자의 치료행위의 중지를 초래케 한 행위에 대해서 단순한 윤리적 책임뿐 아니라 현행법에 의한 책임을 묻지 않을 수 없다"고 판시했다.

그로부터 몇 년 후 존엄사와 안락사 문제를 정면으로 다루는 사건이 등장한다. 바로 2009년 이른바 '세브란스 병원사건'이다. 서두에 소개한 카렌의 경우처럼 지속적 식물인간 상태persistent vegetative state, PVS에 있는 환자의 가족들이 무의미한 연명치료 장치를 제거해달라고 요구한 소송이었다. 이 사건을 계기로 우리나라 법원은 본격적으로 존엄사에 대해 기준을 세우게 된다.

1932년생인 김 아무개 할머니는 2008년 폐종양 조직검사를 받기 위해 병원을 찾았다. 그런데 할머니는 검사 도중 과다출혈 등으로 저산소성 뇌손상을 입게 됐고 인공호흡기를 부착한 상태로 생명을 유지해왔다. 이때부터 할머니는 지속적 식물인간 상태에서 항생제 투여, 인공영양 및 수액 공급 등의 치료를 받아왔다. 의사들은 인공호흡기를 제거하면 할머니가 숨을 거둘 것이라고 진단했다.

가족들은 할머니가 평소 무의미한 생명연장을 거부하고 자연스런 죽음을 원한다는 의사를 밝혀왔다면서 병원 측에 치료 중단을 요청했다. 하지만 병원 측은 환자에 대한 진료를 포기할 수 없다며 거부했다. 가족들은 할머니의 인공호흡기를 빼달라며 소송을 내기에 이르렀다. '사람이 최소한의 품위를 지키면서 생을 마감할 권리'와 '환자의 생명을 보호할 의무'가 법정에서 맞선 격이다.

존엄사 인정하는 법적 근거와 요건

1, 2심을 거친 이 사건은 대법원까지 올라갔다. 대법원은 공개변론을 열고 대법관들의 치열한 논쟁을 거쳤다. 그리고 전원합의체 판결로 가족들의 손을 들어줬다. 환자가 의식을 회복할 가능성이 없을 때는 연명치료 중단에 관한 환자의 의사를 추정할 수 있는데, 할머니의 평소 가치관 등으로 볼 때 연명치료를 중단하고자 했을 것이라고 판단했다. 회복 불가능한 사망의 단계에서 환자의 자기결정권을 최초로 인정해준 판결이다.

대법원은 생명권이 가장 중요한 기본권임을 부정하지 않았다. 하지만 "인간의 생명은 인간으로서의 존엄성이라는 근원 가치에 부합하는 방식으로 보호되어야 한다"며, 이미 의식이 없고 회복이 불가능한 상황에서는 연명치료가 오히려 인간의 존엄과 가치를 해친다고 설명했다. 법원은 "모든 국민은 인간으로서의 존엄과 가치를 가지며, 행복을 추구할 권리를 가진다"는 헌법(10조) 조문에서 존엄사를 인정하는 근거를 찾았다. 인간의 존엄성과 행복추구권에는 자기운명결정권이 전제되어 있으며, 여기에는 자기의 생명과 신체의 기능을 어떻게 유지할지 스스로 결정할 권리가 포함되어 있다는 것이다.

그렇지만 모든 경우에 이런 권리가 허용될 수는 없다. 대법원은 "진료 중단은 극히 제한적으로 신중하게 판단해야 한다"며 연명치료 중단을 허용하기 위한 몇 가지 기준을 제시했다.

● '회복 불가능한 사망 단계'에 진입한 환자에 대해 진료중단을 허용해야 한다.

● 미리 의료인에게 자신의 연명치료 거부·중단에 관한 의사(사전의료지시)를 밝힌 경우여야 한다.

● 사전의료지시가 없는 경우에는 환자의 평소 가치관이나 신념 등에 비추어 연명치료 중단을 선택했을 것이라고 볼 수 있는 경우에만 가능하다.

● '회복 불가능한 사망 단계'는 전문 의사 등으로 구성된 위원회의 판단을 거쳐야 한다.

대법원은 '회복 불가능한 사망 단계'를 "의학적으로 환자가 의식의 회복 가능성이 없고 생명과 관련된 중요한 생체기능의 상실을 회복할 수 없으며, 환자의 신체 상태에 비추어 짧은 시간 내에 사망에 이를 수 있음이 명백한 경우"로 정의했다. 또한 '연명치료'는 "회복 불가능한 사망의 단계에서 이루어지는 진료 행위로서, 원인이 되는 질병의 호전을 목적으로 하는 것이 아니라 질병의 호전을 사실상 포기한 상태에서 오로지 현 상태를 유지하기 위해 이루어지는 치료"로 봤다. 대법원 판결은 최초로 연명치료 중단의 일반적 요건과 절차를 제시하고, 환자의 자기결정권을 인정했다는 점, 병원위원회를 분쟁해결기구로 제시했다

존엄사法, 논의 18년 만에 입법화된다

가족 의견 갈릴땐 "연명치료 안받겠다"는 환자 뜻 확인해야

오는 7월부터 호스피스(완화의료)에 건강보험이 적용되는 데 이어 존엄사 절차도 법제화된다. 논란이 많았던 연명치료 중단 과정에 대한 기준이 정해졌다. 불필요한 연명치료를 막아 '웰다잉 (well-dying)' 문화를 자리 잡게 하자는 취지다.

◆대리결정권 인정

보건복지부 관계자는 "회생 가능성이 없는 환자가 연명치료 중단을 선택할 수 있도록 하되 환자의 뜻을 알 수 없을 땐 가족 전원의 동의로 결정할 수 있도록 하는 내용의 연명의료 결정법(존엄사법)을 이달 국회에 제출한 뒤 올해 통과시켜 이른 시일 안에 시행하도록 할 계획"이라고 밝혔다.

1997년 서울 보라매병원에서 환자가 부인의 요구로 퇴원했다가 숨진 뒤 환자의 동생이 의료진을 살인죄로 고발, 존엄사가 사회 이슈로 떠오른 지 18년 만의 제도화다. 존엄사는 죽음을 앞둔 환자에게 심폐소생술이나 인공호흡, 항암제 투여 등을 하지 않는 것을 말한다. 존엄사법을 만드는 것은 안락사와는 다르다.

복지부, 법안 국회 제출

회생 불가능한 임종기 환자 의사 불명일 경우엔 유언장 SNS 등에 써 놓은 의사 추정 자료로 결정

환자 뜻 추정하는 기준 전문가案보다 까다로워져

존엄사 뜻을 직접 묻기 어려울 때는 미리 작성해놓은 사전의료의향서나 편지, 유언장, 일기장, 페이스북 등 소셜네트워크서비스(SNS) 등이 의사 추정의 근거가 된다. 연명치료 중단에 대한 평소의 뜻을 추정할 수 있는 자료가 있어야 한다는 얘기다. 다만 이 같은 추정 자료가 없더라도 배우자와 직계존비속(부모와 자식) 등 가족 전원이 합의하면 연명치료를 중단할 수 있다.

◆까다로워진 기준

존엄사법이 오히려 의사들의 연명치료 중단 선택을 어렵게 할 수 있다는 지적도 나온다. 환자의 뜻을 추정하는 기준이 전문가 권고안보다 까다로워질 것으로 보이기 때문이다. 2013년 국가생명윤리심의위원회가 낸 권고안에서는 가족 2명이 "환자가 평소에 연명치료를 원하지 않았다"고 증언하면 연명치료가 가능하도록 했다. 하지만 정부가 준비 중인 안에서는 유언장이나 SNS 자료 등 증거가 있어야 가능하다. 자료도 없고, 가족간 합의도 안 될 경우 결정권은 병원윤리위원회로 넘어간다.

존엄사란?
죽음을 앞둔 환자에게 심폐소생술이나 인공호흡, 항암제 투여 등을 하지 않는 것

허대석 서울대병원 교수는 "유산 늘 노린 가족의 거짓말 등 부작용을 걱정하는 것은 알겠지만 어떻게 기준을 까다롭게 하면 오히려 만들지 못한 셈이 된다"고 지적했다.

존엄사 논의 일지
1997년 인공호흡기 생명 유지하던 퇴원시킨 보라매병원 의사, 살인혐의로 고발됨
2004년 보라매병원 의사 살인방조죄로 유죄판결
2009년 대법원, 식물인간 상태 김모 할머니 연명치료 중단 인정
2010년 인공호흡기 뗀 후에도 6개월 넘게 생존했던 김 할머니 사망

가족의 뜻으로 인공호흡기로 생명이 유지되고 있던 환자를 퇴원시킨 의사가 처벌받은 '보라매병원' 사건 18년 만에 존엄사를 법제화하는 법안이 국회에 제출되었다. 무의미한 연명 치료보다 아름다운 마무리를 더 중시하게 된 인식 변화의 결과다.(한국경제, 2015년 4월 2일)

는 점에서 의미를 갖는다.

대법원 판결 뒤 할머니는 인공호흡기를 뗄 수 있었다. 그 뒤로도 할머니는 약 200일 동안 살아 있다가 세상을 떠났다.

어떻게 품위 있게 죽을 것인가

'세브란스 병원 사건' 판결 이후 종교·의학·법학계와 시민단체에서는 존엄사 혹은 안락사와 관련해 논쟁이 활발히 벌어졌다. 국회에서도 입법이 추진되고 있지만 아직 가시적인 진전은 없다. 그만큼 사람의 생명과 관련된 문제는 답을 내리기 어

렵다는 방증일까.

　사실 누군가 마음대로 재단하고 예측하여 생명을 포기한다면 그건 위험한 일이다. 사람의 생명과 관련된 진단은 오류 가능성을 배제할 수 없기 때문에 신중해야 한다. 하지만 더 이상 회복될 가능성이 전혀 없는 환자를 기계에 의존하여 생명을 이어가게 하는 것도 바람직한 일은 아니지 않을까. 더구나 평소 연명장치에 의존하지 않겠다는 소신을 밝힌 환자라면 본인의 의사를 존중해줄 필요가 있다.

우리 사회에 잘 먹고 잘 살자는 웰빙well-being 열풍이 번진 바 있지만 이제는 품위 있게 생을 마감하려는 웰다잉well-dying에도 관심을 가질 시기가 되었다. 앞서 소개한 박진석 씨 가족의 안타까운 사례에서 확인할 수 있듯, 아름답게 인생을 마감하는 일을 전적으로 개인에게만 미뤄서는 곤란하다. 말기암 환자가 통증과 심리적 고통을 덜고 가족들도 경제적 부담을 줄일 수 있는 의료서비스가 절실하다. 법원이 매번 답을 내리기에는 너무 어려운 사안이다. 어떻게 품위 있게 죽을 것인가. 국가나 사회가 나서서 좋은 방안을 고민할 때다.

자살로 내몰린 사람들

아파트 경비원 자살 ————VS———— 왕따 중학생 자살

1년에 1만4427명, 하루 평균 약 40명. 대한민국의 자살 사망자 수치(2013년 통계청 기준)다. 한국의 자살률은 2000년대 들어 가파르게 상승했는데 2013년 현재 인구 10만 명당 자살자 수는 28.5명이다. 전체 사망원인 가운데 암, 심장질환, 뇌혈관질환에 이어 자살이 4번째를 차지했는데, OECD 국가들 중에서 자살률이 가장 높다는 오명을 쓰고 있다.

이처럼 자살률이 높은 까닭은 무엇일까. 경제적 어려움, 사회안전망의 미비, 공동체의 해체, 가족 붕괴……. 자살의 원인은 여러 가지가 복합적으로 작용하기에 한두 가지로 요약할 수는 없지만, 자살을 전적으로 개인의 책임으로 돌려서는 안 된다. 한국이 지금보다 타인을 배려하는 사회, 함께 나누는 사회였더라면 막을 수 있었을 안타까운 죽음도 적지 않다.

여기서 소개할 두 사건도 마찬가지다. 아파트 경비원이 주민에게 모욕을 당한 억울함에 목숨을 끊었고, 동급생들에게 괴롭힘 당하던 중학생도 같은 선택을 했다. 어떤 이유로 비극이 벌어졌는지, 가해자나 관련자들은 어떤 법적 책임을 지게 되었는지 살펴본다.

모욕당한 아파트 경비원의 자살

주민께 용서를 빕니다. 아무 잘못 없이 폭력을 당하고 보니 머리가 아파 도저히 살 수가 없어 이런 결정을 하게 되었습니다. 아무 잘못이 없는 나에게 경비가 무엇 하는 경비냐는 말과 폭력을 당하고 보니 내가 왜 그런 폭력을 당해야만 하는지 머리가 돌 지경입니다. 언어폭력과 폭행을 당해본 본인은 어디 가서 하소연합니까. 주민 여러분, 내 잘못이 있다면 나를 용서하시고 아파트 경비가 언어폭력과 폭행당하지 않게 해주세요.

2010년 10월 창원시 어느 아파트에서 아파트 경비원 서현명(가명, 66세) 씨가 스스로 목숨을 끊었다. 그는 2통의 유서를 남겼는데 그중 한 통은 그런 내용이었다. 서씨는 대체 무슨 일을 당한 걸까?

참극이 있기 1주일 전이었다. "야이, 씨발. 경비가 뭐하는 기고, 니가 하는 게 뭐 있나?" 아파트 주민인 50대 남성 오만규(가명) 씨가 다짜고짜 서씨에게 험한 욕설을 퍼부었다. 그래도 분이 안 풀렸는지 급기야 손으로 서씨의 가슴을 치고, 다시 멱살을 잡고 경비실로 끌고 갔다. 오씨는 계속해서 "경비가 뭐하노" 하면서 연신 주먹질을 해댔다. 그러고선 멱살을 잡고 관리소장에게 끌고 갔다.

무슨 이유로 50대 주민이 60대 경비원에게 손찌검을 하고 모욕을 주는 걸까. 어이없게도 이유는 단순했다. 아파트 놀이터에서 아이들이 시끄럽게 하는데도 경비원이 말리지 않았다는 것이다. 오씨는 평소에도 아이들이 떠들 때마다 애먼 경비원들을 닦달했다.

아파트 주민 앞에서 항상 '을'일 수밖에 없는 서씨에겐 별다른 대응방법이 없었다. 그저 묵묵히 당하며 분을 삭일 뿐이었다. 그전부터 오씨의 폭력이 두려워 근무지를 옮겨 달라고 여러 차례 관리소장을 찾아갔지만 안 된다는 대답만 돌아왔다. 폭행을 당한 뒤 병원치료까지 받은 서씨는 몸의 상처보다도 마음의 상처가 너무 깊었다. 화를 풀 곳도, 하소연할 사람도 없었다.

서씨를 비롯한 경비원들은 최저임금에도 못 미치는 급여를 받고서 경비 업무 말고도 다양한 일을 한다. 예산 절감 차원에서 경비원을 줄이는 곳도 적지 않아 노동 강도도 높다. 단지 내 청소나 택배 보관, 재활용품 분리수거, 화단관리, 주차관리, 음식물쓰레기 처리 등 잡무를 도맡는다. 아파트 경비는 주민들로부터 민원이 제기되면 해고될 수도 있기 때문에 주민들의 요청을 거절할 수 없고, 불만이 있어도 어디 호소할 데가 없었다. 서씨도 마찬가지였다. 자신보다 나이가 적은 오씨에게 욕설과 폭행을 당했지만 어쩔 도리가 없었다. 결국 서씨는 유서를 남긴 채 아파트 옥상에 올라 생을 마감한다.

폭행과 자살 사이 인과관계

서씨가 죽음을 택한 뒤에야 법은 뒤늦게 개입한다. 오씨는 사실상 서씨의 죽음에 결정적인 원인을 제공했다. 그렇다면 살인이나 상해치사, 폭행치사죄가 적용될 수 있을까. 현행법과 판례론 어렵다. 법적으로는 오씨의 폭행과 자살 사이에 상당인과관계가 없다고 보기 때문이다. 쉽게 얘기해서, 어떤 행위(폭행)를 했을 때 일반적인 경험에 비추어 그에 따른 결과(자살)가 나올 것으로 인정될 경우에만 법적책임을 물을 수 있다는 뜻이다.

오씨는 서씨에게 폭력을 행사한 사실, 즉 상해죄로만 기소되었다. 그마저도 오씨는 부인했다. 법정에선 "욕을 하거나 때린 적이 없다"고 항변했다. 하지만 거짓말은 곧 탄로났다. 아파트 주민과 경비반장, 관리소장이 차례로 폭행 사실을 증언했다. 1심 법원(창원지법 마산지원 김희수 판사)은 유죄를 인정해 오씨에게 징역 6월에 집행유예 2년과 사회봉사 40시간을 선고했다. 법원은 "오씨가 범행을 부인하며 진심으로 반성하고 있지 않아 죄질이 불량하고, 폭행 사건 이후 서씨가 자살까지 하게 된 점에 비추어 엄히 처벌해야 한다"면서도 상해 정도가 가볍다며 실형 대신 집행유예를 선고했다.

그럼에도 오씨는 억울함을 호소하며 변호사를 통해 상소했다. 하지만 2심도 3심도 "1심의 형이 부당하지 않다"고 판결했다. 사건이 발생한 지 2년 반 만에 오씨는 유죄가 확정되었다. 인정된 죄명은 상해, 형량은 징역형의 집행유예였다. 서씨와 유족들의 고통에 비하면 결코 무겁다고 할 수 없다. 법이 할 수 있는 한계는 여기까지였을까.

서씨의 유족들은 민사소송도 제기했다. 오씨를 다시 법정에 세워 안타까운 죽음의 책임을 추궁하기 위해서였다. 유족들은 "오씨가 그동안 폭행과 모멸감을 주는 언행을 함으로써 자살하게 된 것"이라며 위자료를 청구했다.

1심 법원(창원지법 제5민사부 재판장 노갑식)은 오씨의 폭언과 폭행 때문에 서씨가 자신의 처지를 비관하여 자살에 이르게 된 점은 인정했다. 하지만 "오씨의 폭행 등이 서씨에게 정신적 충격이나 육체적 고통을 주었다고 하더라도 나아가 자살을 결의하고 실행에 옮기도록 한다는 것은 통상적으로 예측하기 어렵다"고 판단했다. 폭력과 자살 사이에 '상당인과관계'는 없다는 이야기다.

그러나 법원은 "오씨가 평소 별다른 근무상 잘못이 없는 서씨에게 잦은 항의를 해왔고, 육체적, 정신적 고통을 줌으로써 서씨뿐만 아니라 유족들에게 상당한 정신적 고통을 주었다"며 정

경비가 노비?

'비인간적 처우'에 멍드는 아파트 경비 노동자

서울의 한 아파트단지 경비원 A씨는 최근 한 입주민으로부터 차량을 대리주차하다 파손했다는 문책을 들었다. 그러나 그 차량은 이미 차주가 외부에서 사고를 낸 상태였다. 다른 경비원 B씨는 한 입주민이 준 음식이 먹다 남긴 음식이라는 것을 알고 씁쓸함을 감추지 못했다. 하지만 거뭇한 곰팡이가 슨 음식을 남기고 간 경우도 있던 것을 떠올리며 이 정도는 약과라고 생각하기로 했다.

아파트 경비노동자들의 근무환경이 매우 열악한 것으로

구실장은 "잃어버린 택배를 찾아 달라거나 물건을 옮길 때 경비노동자가 먼저 나서 도와주지 않으면 짜증을 내는 등 비상식적 입주자가 적지 않다"며 "특히 소득수준이 높은 지역에서 일부 계급의식에 사로잡힌 입주자들이 경비노동자를 무시하는 경우가 많다"고 설명했다. 이어 "이 같은 의식은 쉽게 개선되지

입주민, 먹던 음식 던져주고 사고책임 전가
24시간 2교대 격무도 '밥줄' 끊길까 걱정만
"내년 최저임금 100% 적용땐 대량해고 우려"

간은 대부분 1조2교대 24시간으로 정상적 생체리듬과 맞지 않다"며 "특히 노조가 없는 아파트단지에서 일하는 경비노동자는 대부분 최저시급 이하 수준의 임금을 수용할 수밖에 없는 입장"이라고 강조했다.

고용안정에서도 경비노동자들은 약자다. 경비노동자들은 보통 1년 단위로 계약이 갱신돼 항상 '밥줄'을 걱정해야 한다. 여기에 내년 관련법 개정으로 시급이 최저임금의 100% 수준으로 오르면 다수 경비노동자가 일자리를 잃을 것이라는 우려도

아파트 경비원에 대한 모멸과 폭력은 서씨의 경우만이 아니다. 온갖 수모를 견디다 못한 경비원들이 스스로 목숨을 끊으며 그들의 열악한 상황이 알려졌다. 아파트 주민들의 '갑질' 또한 제재되어야 하지 않을까.(머니투데이, 2013 10월 14일)

신적 손해(위자료)를 배상할 책임이 있다고 판시했다. 민사재판에서 법원은 서씨의 사망에 대해서 오씨에게 직접적인 잘못이 있다고 인정하지는 않았지만, "결국 오씨의 폭행 등이 원인이 되어 고인이 자살에 이르게 되었다"며 사망의 책임을 일부 인정했다.

법원은 원고일부승소 판결을 내렸다. 유족들의 정신적 고통에 따른 위자료 액수는 생각보다 많지 않았다. 오씨는 이 판결

에 불복해 항소를 제기했다. 사건은 2심 재판부가 제시한 조정안을 양쪽이 수용하면서 끝이 났다.

이 재판은 아파트 경비로 일하며 모욕적인 대우를 받으면서도 하소연조차 못한 채 쓸쓸하게 세상을 떠난 서씨의 억울한 심정을 달래줄 수 있었을까. 서씨는 어쩌면 돈보다 오씨의 진심어린 반성과 사과를 원했을지도 모른다. 서씨가 남긴 다른 한 통의 유서는 자식들에게 다음과 같이 당부하고 있다.

아들, 딸 내 말 잘 듣고 생활하는 데 지장이 없도록 하라. 세상을 살다보면 좋은 일 나쁜 일 많다. 아빠가 아무것도 하지 못하고 세상을 떠난다 해도 모든 것을 용서하고 살아라. 아빠가 언어폭력과 폭력을 당해 머리가 아파 살 수가 없다. 경비가 무엇 하는 경비냐는 말이 내 머리를 떠나지 않는구나. 내 머리가 터지기 전에 먼저 저리 가고 싶구나. 마지막 엄마 잘 모시고 잘 살기 바란다.

서씨의 죽음 이후에도 아파트 입주민들의 '갑질'과 폭력은 멈추지 않았다. 그 뒤에도 비슷한 사건은 또 발생했다. 2014년 10월 서울 압구정동 한 아파트에서 50대 경비원 이 아무개 씨가 자신의 몸에 기름을 붓고 분신했다. 그는 병원으로 옮겨졌으나 한 달 만에 숨졌다. 그는 유서에 "여보 날 찾지 마요, 먼저 세상 떠나요, 아들들 미안"이라고 적었다. 유족과 동료들은 일부 주민의 지속적인 언어폭력과 멸시가 자살의 원인이라고 분개했다. 하지만 누구 하나 책임을 지는 사람은 없었다. 돈이 사람을 지배하는 세상이 만든 죽음 앞에 법은 무력할 뿐이었다.

학교폭력으로 자살, 법적 책임은 누가?

이번에는 학교로 가본다. 우리나라에서 벌어지는 비극 중 하나는 학교폭력 때문에 피해 학생이 스스로 목숨을 끊는 일이다. 이 자살은 누가 어떻게 책임져야 할까. 친구들의 괴롭힘을 참다 못해 세상과 등진 소년. 법원은 어떻게 재판했을까.

정민(가명, 14세) 군은 같은 중학교 동급생 강혁(가명) 군, 선표(가명) 군과 친구였다. 정민 군은 두 사람의 온라인게임 캐릭터 레벨을 올려주면서 가까워졌다. 하지만 두 친구와 정민 군의 관계는 친구에서 '주종관계'로 점점 변질되기 시작했다. "너, 오늘까지 캐릭터 레벨 올려와. 안 그러면 죽어." 정민 군이 게임을 열심히 하지 않는 날엔 주먹질과 발길질이 이어졌다. 그뿐 아니었다. 두 사람의 반성문이나 숙제도 모두 정민 군의 몫이었다. 거절하거나 싫은 표정을 지으면 곧바로 '보복'이 이어졌다.

더 기막힌 건 폭행의 대부분이 정민 군의 집에서 이뤄졌다는 사실이다. 이들은 정민 군의 부모가 낮 동안에 집에 없다는 사실을 알고 집으로 찾아와서 괴롭혔다. 둘은 정민 군의 집에서 과자나 라면을 먹으면서 캐릭터를 키우라고 시켰다. 성이 차지

않으면 "무릎 꿇고 손 들고 있어라"며 벌을 세웠다. 폭행은 상습적인 범죄 행위가 되어갔다. 심지어는 커터칼로 손목을 긋고, 라이터의 가스를 들이마시게 하는 가혹행위까지 일삼았다. 강혁 군 등은 돈이나 패딩점퍼를 뺏기도 했다.

활달한 성격이던 정민 군은 여덟 달 동안 가혹행위를 당한 뒤 점점 내성적으로 변

학교폭력을 당한 학생들은 자살이나 복수 같은 극단적인 생각을 품기 쉽다. 자신의 분노를 자신에게나 다른 이에게 퍼붓는 것이다. 그렇게 발생하는 비극적 사건은 누구에게 책임을 물어야 할까. © 미디어카툰(www.metoon.co.kr) 장재혁 작가

해갔다. 저녁에 집으로 돌아온 부모는 친구들이 집에 오고 음식이 없어지는 일이 잦자 아들을 나무랐다. 그리고 담임교사에게 "정민이가 요즘 부쩍 돈을 많이 쓰고 게임을 많이 한다"며 상담을 권유했다. 담임교사는 면담을 마친 뒤 "스트레스를 많이 받았다고 합니다. 잘 타일러서 보냈습니다"라고 문자를 보내줬다.

하지만 정민 군은 이미 한계에 부딪쳤다. 친구들에게 "너무 힘들어서 자살하고 싶다"는 말을 공공연하게 했다. 폭행과 가혹

행위를 견디다 못한 정민 군은 결국 스스로 목숨을 끊는 선택을 하고 만다. 그 전날까지도 정민 군은 캐릭터를 열심히 키우지 않는다는 이유로 전선줄에 목이 감긴 채 방바닥에 던져주는 과자를 주워 먹어야 했다.

불행한 자살? 사회적 타살이다

아들이 떠난 뒤에야 이런 내막을 알게 된 정민 군의 부모는 통곡했다. 그들은 억울한 죽음에 법적 책임을 묻겠다며 가해학생 부모 등을 상대로 손해배상 소송을 제기했다.

법원(대구지법 제11민사부 재판장 권순탁)은 우선 "가까운 친구들에게 가해행위 사실을 털어놓으며 자살을 암시하는 등 불안해하다가 급기야 자살에까지 이르게 되었다"며 가해행위와 정민 군의 죽음 사이에는 인과관계가 인정된다고 전제했다.

그렇다면 손해배상 책임은 누구에게 있을까. 우선 강혁과 선표의 부모다. 미성년자의 부모는 자녀를 감독할 의무가 있기 때문에 이를 제대로 못했다면 손해를 배상할 의무가 있다. 다음으로 정민 군이 다니던 사립중학교와 교장, 담임교사도 책임이 있다. 법원은 "가해행위는 대부분 학교 밖에서 이루어지기는 했지만, 학교에서의 교육활동과 불가분의 관계에 있으므로" 학교에도 일정한 책임이 있다고 지적했다.

게다가 정민 군이 친구들에게 자살충동을 호소할 정도였는데 담임교사가 주의를 기울였다면 일이 터지기 전에 뭔가 할 수 있지 않았을까? 법원은 교장과 담임교사에게는 자살을 예방하기 위해 조치를 취해야 할 의무, 부모를 대신해 가해 학생들을 감독할 의무가 있으므로 사망에 책임이 있다고 판단했다.

다만 정민 군이 부모나 교사에게 자신의 고통을 적극적으로 알려서 해결방안을 찾지 않은 점, 담임교사 면담에서도 피해사실을 숨긴 점, 정민 군 부모가 문제를 해결하기 위해 좀 더 노력을 기울이지 못한 점 등을 들어 책임을 제한했다. 강혁과 선표의 부모, 학교와 교장·담임교사의 책임비율은 40%로 정해졌다.

여기서 정민 군이 왜 주위에 손을 내밀지 않았는지 의문이 들 법하다. 정민 군이라고 그러고 싶지 않았을까? 그러나 공포와 고통 속에서 어린 소년은 더 이상 버티기 힘들었으리라. 불과 열다섯에 세상과 작별해야 하는 심정은 어땠겠는가. 정민 군은 유서를 통해 이렇게 마지막 말을 남겼다.

제가 그동안 말을 못했지만 먹을 것이 없어지고 갖가지가 없어진 이유가 있어요. 제 친구들이라고 했는데 선표와 강혁이가 매일 우리집에 와서 저를 괴롭혔어요. 계속 돈을 달라고 해서 엄마한테 매일 돈을 달라고 했어요. 시간이 지날수록 제 몸은 성치 않아서 피곤했고, 상처도 잘 낫지 않았고 병도 잘 낫지 않았어요.

저는 부모님한테나 선생님, 경찰에게 도움을 구하려고 했지만, 걔들의 보복이 너무 두려웠어요. 저는 매일매일 가족들 몰래 제 몸의 수많은 멍들을 보면서 한탄했어요. 나에게 잘 대해주던 내 친구들, 고마워. 또 저를 격려해주시던 선생님들, 감사합니다.

아파트 경비원의 죽음, 그리고 폭력에 견디다 못한 학생의 죽음. 이것을 두고 한 개인이 극단적인 선택을 했다고만 치부할 수 있을까. 사회가 좀 더 나은 노동환경을 제공했더라면, 학교가 좀 더 세심하게 학생을 배려하고 학교폭력에 적극적으로 대처했더라면 안타까운 죽음은 막을 수 있었으리라. 그런 점에서 두 사건에서 스스로 목숨을 끊은 이들의 죽음은 자살이 아니라 사회적 타살이라고 할 수도 있지 않을까.

2부
재판대에 오른 판결

강기훈, 24년 만의 무죄

1991년 유서대필 유죄 ————VS———— 2015년 재심 무죄

1991년 5월, 서울의 한 대학 본관 옥상에서 한 청년이 분신한다. 현장에서 발견된 유서에는 '정권 퇴진'을 요구하는 절절한 문구가 담겨 있었다. 그런데 검찰은 수사 결과 이 유서를 누군가 대필했다고 주장했다. 유서까지 대신 써주면서 자살을 부추긴 이로 지목된 사람은 사회운동가 강기훈 씨였다.

강씨는 '동료의 분신을 부추긴 사회운동가'로 매도당해 법정에 섰다. 강씨 개인만이 아니라 당시 사회운동 진영 전체가 도덕성에 의심을 받았다. 법원은 억울함을 호소하는 강기훈의 목소리에 귀 기울이는 대신 엄벌을 택했다. 그런데 유죄를 선고하게된 가장 유력한 근거는 그 신뢰성이 의심되는 필적감정뿐이었다.

강기훈 사건은 한 세기 전 프랑스에서 일어난 드레퓌스 사

건과도 종종 비교된다. 프랑스군 소속이었던 알프레드 드레퓌스Alfred Dreyfus 대위는 적대국 독일에 군사기밀을 넘기려 했다는 혐의로 종신유배형 판결을 받았다. 이 사건에서도 의심스러운 필적감정이 유력한 증거였다. 드레퓌스가 유대인 출신이라는 배경도 불리하게 작용했다. 그는 13년간 법정 투쟁 끝에 무죄를 선고받고 군에 복귀하면서 명예를 되찾았다. 그의 곁에는 소설가 에밀 졸라를 비롯한 양심적인 지식인들이 있었다. 드레퓌스 사건은 프랑스의 인권에 대한 각성을 이끌어냈다.

그로부터 100년 뒤 유서대필 의혹을 받은 강기훈은 어떻게 되었을까. 우선 1991년 5월 대한민국으로 돌아가보자.

초유의 유서대필 의혹 사건

1991년 5월 8일 오전 8시경, 서울 서강대학교 본관 옥상에서 한 청년이 "정권 퇴진"을 외치며 몸에 불을 붙이고 투신한다. 그는 사회운동 단체들의 통합 조직인 전국민족민주운동연합(전민련)의 사회부장 김기설 씨였다. 그는 유서 2통을 남겼다.

단순하게 변혁운동의 도화선이 되고자 함이 아닙니다. 역사의 이정표가 되고자 함은 더욱이 아닙니다. 아름답고 맑은 현실과는 다르게, 슬프게, 아프게, 살아가는 이 땅의 민중을 위해 무엇을 해야 할까 하는 고민 속에 얻은 결론이겠지요. (…) 이제 우리들은 모두 하나가 되어 죄악스러운 행위만을 일삼아온 노태우정권을 향해 전면전을 선포하고 민중권력 쟁취를 위한 행진을 위해 모두가 하나 되어야 합니다. -김기설-

그는 왜 극단적인 방법을 택했을까. 시대적 배경부터 들여다보자. 당시는 노태우정부 말기였다. 여소야대 정국에서 수세에 몰린 여당은 1990년 3당 합당으로 다수당이 됐으나 여전히 무능했고, 공안통치 속에서 각종 권력형 비리가 밝혀지면서 대중들의 불만은 높아만 갔다. 그러던 중 정권의 폭력성이 드러나는 사건이 일어난다. 4월 26일 한 대학생이 시위 도중 경찰의 쇠파이프에 맞아 목숨을 잃은 것이다. 그는 명지대 1학년생 강경대. 교문 앞 시위 도중 백골단(사복체포조)의 폭력진압에 희생되고 말았다. 이 사건을 계기로 온 나라에서 연일 대학생과 시민 수십만 명이 정권 규탄 시위를 벌였다.

불행하게도 죽음의 행렬은 계속됐다. 그해 4월부터 6월까지 총 13명의 희생자가 나왔다. 대부분은 청년들로 분신·투신 등 스스로 목숨을 끊는 방식으로 정권에 항거했다. 김기설도 그중 한 명이었다. 이른바 '분신 정국'이었다. 시민운동 원로들이 청년들을 향해 "제발 살아서 싸우자"고 호소하는 일이 잦아질 정도였다.

그 와중에 시인 김지하는 "죽음의 굿판을 당장 걷어치우라"고 운동세력에게 호통 치는 글을 『조선일보』에 기고한다. 서강대 총장 박홍은 김씨가 분신한 직후 기자회견을 열어 "죽음을 선동하는 어둠의 배후 세력이 있다"고 주장했다. 이에 호응하듯 검찰은 '분신 배후 세력을 찾겠다'고 수사에 나선다. 도덕성을 생명으로 여기는 운동진영에서 동료에게 자살을 권유하거나 유도하는 일은 그 이전에도, 이후에도 없었다. 이때까지만 해도 유서대필 논란은 수세에 몰린 정권의 국면전환용 물타기나 운동권 흠집내기 정도로 여기는 사람들이 대다수였다.

그러나 황당해 보이던 검찰 수사는 이내 현실을 지배해갔다. 서울지검 강력부는 5월 18일 유서대필 의혹을 제기했다. 강신욱 부장검사는 "유서의 필적이 김씨 친필이 아니라고 확신하고 주변 인물들을 상대로 수사를 편 결과, 유서를 대신 써준 용의자를 1명으로 압축했다"고 발표했다. 한 신문은 '용의자가 전민련 동료 K'라는 특종보도를 냈다. K는 바로 총무부장 강기훈 씨(당시 27세)였다.

이 신문이 나온 날 강씨는 강경대 추모 노제가 열리는 서울 신촌에 있었다. 후배가 내민 신문기사를 보고서야 이런 사실을 처음 알게 되었다. 강씨는 검찰 발표에 웃음이 나왔다. '이젠 별짓 다하는구나' 싶었다. 이때까지 강씨는 이 사건이 자신의 인생을 송두리째 바꿔놓을 줄은 꿈에도 생각 못했다.

강씨는 결백을 주장하며 명동성당에서 농성을 시작했다. 검찰은 연일 자료를 쏟아내며 자진출두를 압박했다. 사실 유서대필 의혹은 초기에 해프닝 정도로 마무리될 조짐이 있었다. 단적인 예로 5월 25일 『동아일보』의 1면 머리기사 제목은 「김기설 씨 유서 자필 확실」이었다. 기사는 "김기설 씨의 유서 대필 여부에 결정적인 단서가 될 김씨 수첩의 필적이 감정결과 김씨의 유서와 거의 동일한 것으로 25일 전해졌다"며 "그동안 검찰과 전민련 사이에 벌어진 대필, 자필 공방전은 일단락될 것으로 보인다"고 전망했다.

그런데 '김씨 수첩이 조작되었다'고 검찰이 반박하면서 사건은 새로운 국면을 맞는다. 검찰은 전민련이 서류를 위조했다고 주장하면서, 검찰에 유리하게 증언한 김씨 여자친구의 진술과 사건 직후 강씨의 행적이 수상하다는 점을 내세워 다시 반격에 나선다.

강씨는 6월 24일 한 달 넘게 진행한 농성을 접고 검찰에 자진출두하기로 결심한다. 이때까지만 해도 "법정에 가서 진술을 하고, 이성적인 판단을 하는 재판부가 있다면 금방 석방될 것"이라고 믿었다.

명동성당을 나서는 그에게 차가운 수갑이 채워졌다. 그는 곧장 구속되었고, 바람과는 달리 '금방 석방'되지 않았다. 검찰은 국립과학수사연구소(국과수, 2010년 국립과학수사연구원으로 승격)의 필적감정 결과를 유력한 증거로 내세운다. 그리고 "유서는 강기훈이 대필했다"고 7월 강씨를 기소한다. 검찰이 강씨의 죄목을 적은 공소장의 요지는 다음과 같다.

'피고인 강기훈은 김기설이 반정부 투쟁 분위기를 더욱 확산시키기 위해 분신 자살을 하겠다는 생각을 갖고 있음을 알고 있었다. 피고인은 결행을 용이하게 할 의도로 4월 27일부터 5월 8일 사이에 서울 모처에서 2장의 유서를 작성하여 줌으로써 분신 자살 결심과 결행을 용이하게 도와주어 자살을 방조하였다.'

공소장엔 강씨가 유서를 써줬다는 날짜와 장소도 정확히 알 수 없다고 나와 있다. 심지어 김씨가 고등학교를 중퇴해 "지식과 문장력이 부족"하기 때문에 "피고인의 지식과 문장력을 이용"해서 유서를 썼다는 상식 밖의 언급도 있다. 그렇지만 기소 자체가 민주화 운동에 미친 타격은 컸다. 운동가들은 목적을 위해서라면 동료의 목숨도 버릴 수 있다? 생각만 해도 끔찍한 일이었다.

법원, 확신 없이 유죄를 내리다

"유서를 대필하고 자살을 배후 조종했다"는 사상 초유의 사건은 어떻게 진행됐을까. 1심에서만 12차례 재판이 열렸고, 21명이 증인으로 나올 만큼 유무죄 공방은 치열했다. 강씨는 "정권의 부도덕과 불의를 심판하는 자리가 될 것"이라고 장담했지만, 재판은 검찰의 완승으로 끝난다. 1심인 서울형사지법(제25부 재판장 노원욱)은 자살방조와 국가보안법위반(이적단체 가입) 혐의를 인정해 강씨에게 징역 3년에 자격정지 1년6월을 선고한다. 재판부는 국과수의 필적감정 결과를 받아들여 유서를 강씨가 대필했다고 판단했다. 하지만 언제 어디서 어떤 방식으로 대필했는지는 검찰도, 법원도 밝히지 못했다. 아니 밝힐 수 없었는지도 모른다.

강씨의 변호인단은 "국과수가 검찰의 뜻에 따라 감정을 진행했다"고 반박했지만 법원은 받아들이지 않았다. 그러면서 강씨와 변호인이 법정에 낸 필적감정 결과는 믿지 않았다.(강기훈의 변호인단은 1991년 일본의 오니오 요시오라는 필적감정전문가를 통해 유서와 강씨의 필적이 다르다는 감정결과를 제출했지만, 법원은 한글을 전혀 모르는 사람이 신원불상의 재일교포의 도움을 받아 감정을 한 것이라 믿을 수 없다고 평가했다.)

당시 언론보도를 보면 재판부는 종종 확신 없는 태도를 보였다. 『동아일보』(12월 20일자)에 따르면 재판부는 판결선고를 앞두고 "확실한 심증을 형성하지 못했다"며 초초해했다. 같은 날 노원욱 부장판사는 "유죄를 선고했을 경우 제3자가 나타나 내가 유서를 썼다고 양심선언을 하면 어떻게 하느냐"는 우려를 표했다.(『한겨레』 12월 21일자) 『경향신문』(12월 20일자)도 "재판부는 마지막까지 3명의 소속 법관 사이에서도 의견이 대립, 마찰을 빚은 것으로 알려져 재판부의 고충이 어떠했는지를 보여주기도 했다"고 분위기를 전했다.

이러한 태도는 선고에서도 이어졌다. 재판부는 "이번 판결이 객관적으로 절대적 진실에 부합하는지 여부는 알 수 없으나 현재까지의 증거로 볼 때 피고인이 유서를 대신 썼다고 인정할 수밖에 없다"면서 "대필사실이 인정되는 이상 엄벌에 처해 마땅하지만 유서대필 경위가 적극적이었는지 여부가 불분명해 양형을 조정했다"고 밝혔다. 재판부는 "신이 아닌 인간의 판결임을 이해해달라"는 당부도 덧붙였다.

유죄를 확신을 하지 못했다면 '의심스러울 때는 피고인의 이익으로'라는 원칙에 따라 무죄를 선고해야 마땅했다. 하지만 재판부는 그 의심을 국과수에 대한 무한 신뢰로 지우려 했다. 한편으론 시국사건이 무죄로 판결됐을 때의 파장도 무시할 수 없었던 시대였다. 당시 『경향신문』은 "1심 재판부의 이번 유죄선고는 재판부의 절대적인 신념이나 판단에서 나온 것이라기보다는 무죄가 선고됐을 경우 사회 전반에 미칠 엄청난 파문과 부작용을 고려한 '차선의 선택'으로 보여진다"고 분석했다.

직접증거는 오직 필적감정뿐

이 사건의 유일한 직접증거는 필적감정 결과였다. 필적감정은 지문이나 혈흔감정, DNA 감정과 같은 수준의 정확성을 담보할 수 없다. 눈으로 식별하는 감정의 특성상 아무리 주의를 기울인다고 해도 오류가 발생할 가능성이 높다. 이런 한계를 감안하면 법원은 필적감정 결과를 증거로 채택하는 데 신중해야 하고, 그 외 다른 보강증거도 살필 필요가 있었다. 확신이 부족하면 여러 군데서 감정을 받아 오류 가능성을 줄이는 노력을 해야 한다.

당시 형사재판의 필적감정은 국과수가 도맡아했다. 한 해에 맡는 감정이 수천 건에 달했는데 법원의 신뢰는 절대적이었다. 국과수 감정결과에 따라 피고인의 운명이 결정된다 해도 과언 이 아니었다. 나중에 밝혀진 일이지만, 1991년 5차례에 걸친 유서 필적감정은 명의만 국과수였을 뿐 사실은 문서분석실장 김 형영 씨 혼자서 도맡아했다. 김씨는 증인으로 법정에 나와 "유 사비율이 70% 이상이면 동일 필적이 원칙"이라고 하면서도 "강기훈 씨 필적이 (유서와) 몇 퍼센트 이상 유사한지 구체적 수치 자료는 없다"고 진술했다. 전문가 진술치고는 너무 허술하다. '유사비율' 판단은 감정인의 전문성이나 개인 능력, 주관에 따라 좌우될 소지가 커 보인다.

그뿐 아니다. 감정인이 외부의 영향을 받아 감정결과가 왜곡 될 가능성도 있다. 실제로 항소심 진행 도중에 김형영 씨가 뇌 물수수에 연루되어 구속되는 일이 발생했다. 그렇지만 달라진 건 없었다. 항소심은 "김형영 씨가 구속돼 그의 감정에 의심이 있을 수 있으나 유서대필 사건과는 별개의 문제"라고 잘라 말 했다. 국과수의 신뢰도가 흔들렸지만 법원의 유죄판결은 견고 했다. 2심 판결(서울고법 제1형사부 재판장 임대화)과 대법원 판결 (제3부 주심 박만호 대법관)도 1심과 별다르지 않았다. 대법원은 1992년 7월 24일 유죄를 확정한다. 전적으로 국과수 감정결과 에 기댄 판결이었다.

또 한 가지 의문이 남는다. 백번 양보하여 정말로 유서를 대필했다고 가정해보자. 유서대필이 곧바로 범죄가 되는가? 자살방조죄는 자살하려는 사람의 자살행위를 도와주어 용이하게 실행하도록 함으로써 성립하는 죄다. 판례는 자살방조의 방법으로 "적극적·소극적, 물질적·정신적 방법이 모두 포함된다"고 했다. 법원은 강기훈이 유서를 대필하는 방식, 다시 말해 "적극적, 정신적 방법"으로 김기설의 자살을 도왔다고 판단했다.

일부 학자는 자살과 유서대필 사이에 인과관계가 있어야 죄가 성립한다는 의견을 제시하기도 했다. 유서대필이 없어도 적극적으로 타인의 자살을 부추겼다면 자살방조가 된다. 역으로 유서를 대필했어도 단순히 자살을 결심한 자가 불러주는 대로 받아 적기만 했을 뿐 적극적으로 자살을 부추기거나 도와주지 않았다면 자살방조로 보기도 어렵다. 유서대필 여부를 떠나서도 이런 입증이 충분했는지 의심스럽다는 것이다.

진실을 밝힐 기회가 오다

강씨는 형기 3년을 채우고 만기출소한다. 그는 이후에도 정상적인 사회생활을 할 수 없었다. 취직도 제대로 안 되었고 설사 되더라도 적응을 못하고 나오기 일쑤였다. 어렵사리 취직하면 언론사 기자들이 카메라를 들고 직장에 찾아오곤 했다. 작은 회사를 차려도 봤지만 성과는 변변찮았다. 사람들은 그를 유서대필로 유명했던 사람, 감옥에서 고생한 사람 정도로 바라봤다. 어떤 이들은 그에게 호기심 어린 눈빛으로 "유서는 왜 써주신 건가요?"라고 묻기도 했다. 그때의 고통은 이루 말할 수 없었다.

강씨는 1991년의 기억을 과거의 불행으로 치부하고 잊고 싶었다. 하지만 단 한순간도 그때의 기억에서 자유로울 수 없었다. 아들의 억울함을 호소하던 아버지와 어머니도 2008년과 2010년 세상을 떠났고, 본인도 가슴속에 쌓인 상처와 분노로 힘겨운 삶을 살다가 간암에까지 걸렸다.

유서대필자, 자살방조자라는 낙인은 쉬이 지워지지 않았다. 법적으로 진실을 밝힐 수 있는 절차도 없는 듯 보였다. 사건은 의혹 속에 끝이 나는가 싶었지만, 2006년 길이 보이기 시작했다. 진실·화해를 위한 과거사정리위원회(진실화해위)가 '유서대필 의혹 사건'을 재조사하기로 의결했다. 이후 필적 재감정과 관련자 증언 등의 조사가 1년여간 이뤄졌다.

진실화해위는 전대협 노트와 낙서장 등 김기설 씨의 필적이 담긴 자료를 새로 발견하고 감정대상에 추가했다. 또 1991년 국과수의 감정결과와는 별도로, 2006~2007년에 7곳의 사설감정 기관에 감정을 의뢰하고 2007년에는 국과수로부터 다시 한 번 감정결과를 통보받았다. 감정결과가 어땠을까? 1991년과 딴판이었다. 특히 1991년에 유서가 강씨의 필적이라고 감정한 국과수는, 2007년 재감정에서는 유서와 고인의 필적이 동일하다고 인정했다.

2007년 11월 진실화해위는 "강기훈이 유서대필을 하지 않았다"고 최종 발표한다. 아울러 "필적감정 및 정황에 의거 기소하고, 유죄판결을 한 것은 합리적 의심이 없을 정도로 증명을 요구하는 증거재판주의의 원칙에 위반했다"며 국가의 사과와 재심 조치 등을 권고한다.

강씨는 이에 힘입어 2008년 법원에 재심을 청구했다. 서울고법은 새로운 감정결과들이 "무죄를 인정할 명백한 증거"에 해당한다면서 2009년 9월 재심개시결정을 내렸다. 하지만 검찰이 이에 불복해 항고함으로써 대법원이 다시 재심사유를 판단했다. 대법원은 재심사유를 인정하면서도 "진실화해위의 감정결과가 종전(1991년)의 국과수 감정결과보다 객관적으로 현저히 우월한 지위에 있다고 볼 수 없다"고 했다. 다시 3년이 흘러갔다.

우여곡절 끝에 재심은 2013년 시작되었다. 쟁점은 여전히 유서가 강기훈의 필적인지 아닌지였다. 재판부(서울고법 제10형사부 재판장 권기훈)는 1991년 감정에서 심각한 오류를 찾아냈다. "유서의 필적에 나타난 희소성"만을 근거로 유서가 강씨의 필적이라고 본 부분이다. 재판부는 "희소성만으로는 부족하고 유서의 필적에 일관되고 반복적으로 나타나는 '항상성'이 있는 특징이 있어야 한다"고 지적했다. 필적 감정에서 희소성이란 다른 사람의 필적과 구분되는 개인의 독특한 개성을 뜻하며, 항상성은 오랜 시간 동안 지속적으로 형성된 한 개인의 고유한 특성을 말한다.

또한 유서와 김기설의 필적이 다르다는 1991년 감정결과도 재판부는 믿지 않았다. 유서는 속필체인 반면 증거로 제시된 김씨의 필적은 정자체였다. "이 문서들을 단순비교하는 것은 필적감정의 일반원칙에 어긋나고, 대조자료로도 부적합하다"는 것이다. 재판부는 2013년 국과수에 다시 감정을 의뢰했다. 그 결과 "유서와 김기설의 필적이 동일필적일 가능성을 배제할 수 없다"는 회신을 받았다. 재판부는 1991년 감정결과 대신 진실화해위와 2013년 국과수 감정결과 등을 토대로 유서와 강씨의 필적은 서로 다르다고 결론지었다.

"우리가 원하는 것은 건전한 상식의 승리"

재판부는 전민련 수첩, 업무일지도 "조작되었다고 단정하기 어렵고, 설사 조작되었더라도 적어도 강씨는 조작자가 아니다"는 점을 분명히 했다. 당시 강씨의 행적과 발언이 수상했다는 검찰의 지적에 대해선 "유서와 피고인의 필적이 다른 이상, 일부 의혹만으로 유서를 작성하였다고 단정하기에는 부족하다"고 일축했다.

그렇다면 유서는 김기설 씨가 썼을까. 법원은 "단정할 수는 없다"면서도 동일필적일 가능성이 있다고 보았다. 재판부는 김기설 씨가 문장력이 부족했다는 지적도 받아들이지 않고 "유서는 김씨가 직접 작성했을 가능성도 배제할 수 없다"고 판시했

'강기훈 유서대필' 발단에서 무죄까지

1991년 4월26일 명지대생 강경대씨 시위 도중 사망, '열사 정국' 조성	1991년 12월20일 서울형사지법, 강씨에게 징역 3년형
5월8일 전민련 간부 김기설씨, 노태우 정권 퇴진하라며 분신사망 ❶	1992년 4월20일 서울고법, 1심과 같은 형량 선고 ❷
5월18일 검찰, "(유서 필적과) 김기설씨 필적이 다르다"	7월24일 대법원, 상고 기각─판결 확정
7월12일 서울지검, "강기훈씨가 유서대필" 자살방조혐의 기소	1994년 8월17일 강씨, 만기 출소 ❸
	2005년 12월16일 경찰청 과거사위원회, 국과수 필적감

강기훈 씨는 24년 만에 결국 무죄가 되었지만, 그는 그동안 청춘을 잃어버리고 뒤틀린 인생을 살았다. 반면 사건을 담당한 사람들은 승승장구하며 높은 자리에 올랐다. 이제 그에게 필요한 건 잘못된 판결에 대한 진심 어린 사죄가 아닐까.(한겨레, 2015년 5월 15일)

다.

"강기훈의 자살방조는 무죄." 재판부는 유죄의 근거가 된 감정결과는 믿기 어렵고, 나머지 증거로는 자살방조를 인정하기 어렵다고 결론 내렸다. 강씨의 결백이 밝혀진 걸까.

하지만 아직 끝이 아니었다. 검찰은 대법원에 상고했다. 강씨는 사과는커녕 무죄판결에 불복하는 검찰을 보고 절망했다. 강기훈의 삶은 이미 망가진 뒤였다. 그런데 강기훈을 단죄했던 검사와 판사들은 어떤가. 대다수는 대법관도 되고 고검장도 되고 변호사로도 승승장구했다. 이변이 없는 한 앞으로도 잘나갈 것이다. 유서대필 사건으로 피해를 본 사람은 강기훈뿐이다. 유죄

11월13일 진실화해위원회, 국과수 등 필적감정 결과
"유서 작성자는 김기설씨" 발표, 재심조처 권고
1월31일 강씨, 재심 청구
9월15일 서울고법, 재심 개시 결정
9월16일 검찰, 재심 개시 결정에 즉시 항고

2012년 10월19일 대법원, 재심 개시 결정
12월20일 서울고법, 재심 개시
12월11일 국과수, 김씨 필적과 전대협 노트 유사하다고 결론
2014년 2월13일 서울고법, 무죄 선고 ④
2015년 5월14일 대법원, 무죄 확정

가 무죄로 뒤집어져도 마찬가지다.

20세기 초 프랑스의 드레퓌스는 14년 만에 반역자의 누명을 벗고 군에 복귀했다. 하지만 강기훈에게 그런 명예회복은 멀기만 했다. 그래서인지 강씨는 자신을 드레퓌스와 연관 짓는 시각에 회의적이었다. 그는 "드레퓌스 사건이 오늘의 프랑스를 만든 이정표가 된 것은 맞"지만 "내 사건이 우리 사회에 무슨 영향을 줬나"라고 반문했다. 그의 곁에는 형사처벌을 감수하면서까지 불의를 고발하고, 진실을 대변해줄 '에밀 졸라'가 없었기 때문일까.

1991년 유서를 대필하고 죽음을 부추겼다고 유죄를 선고한 재판이 2014년 재심에서는 뒤집어졌다. 1991년 법원과 2014년 법원 사이에는 무슨 차이가 있기에, 이런 상반된 결과가 나왔을까. 만일 과거 수사기관과 법원의 실수였다면 바로잡고 사과를 해야 한다. 고의라면 더더욱 말할 나위가 없다.

강기훈은 2심에서 무죄판결이 나오자 "사법부가 과거 잘못을 바로잡을 수 있는 기회"이고 "검찰이 자기 잘못을 반성할 수 있는 기회로 삼아야 한다"고 힘주어 말했다. 하지만 검찰과 법원은 물론 관련자들 그 누구도 입을 열지 않았다. 재심까지 오는 과정이 검찰이나 법원의 자발적인 의지가 아니기에 더더욱 스스로 과오를 인정하기 어려웠을까.

이듬해인 2015년 5월 대법원(제2부 주심 이상훈 대법관)은 검사의 상고를 기각함으로써 무죄를 확정한다. 유서대필 의혹 사건이 발생한 지 24년, 재심신청을 낸 지 6년 만이다. 무죄가 확정된 5월 14일 '강기훈 쾌유와 명예회복을 위한 시민모임'은 정부의 정중한 사과를 촉구했다. 변호인단으로 참여했던 송상교 변호사는 "오늘부터 유서대필조작사건으로 공식 명명해달라"고 요구했다. 이제야 상식의 승리를 확인한 걸까. 1991년 1심 판결을 앞두고 절규하던 변호인의 외침이 24년이 지난 지금도 들리는 듯하다.

지금 우리가 원하는 것은 피고인 강기훈의 승리가 아니라 건전한 상식의 승리이다. 지금 저 피고인석에 앉아 있어야 할 사람은 강기훈이 아니라 '공권력의 남용'이다. 강기훈은 무죄이다.

KTX 여승무원, 10년 법정 싸움의 종착점

하급심 복직 승소 ——————VS—————— 대법원 복직 패소

"원심판결을 파기하고, 사건을 서울고등법원에 환송한다."

2015년 2월 26일 대법원 2호 법정. 한아름(가명, 34세) 씨는 직접 판결 선고를 듣고도 어리둥절했다. 이겼단 말인가, 졌단 말인가. 법은 직접 들어도 항상 이렇게 어려웠다.

대법원이 말한 '원심'이란 2심을 의미했다. 파기환송은 재판에 잘못된 부분이 있으니 돌려보낸다는 뜻이다. 2심은 '해고당한 KTX(고속철도) 여승무원들의 복직이 정당하다'고 판결했는데 대법원은 이게 잘못됐으니 재판을 다시 하라고 판시했다. 변호사의 설명을 듣고서야 한씨는 '아' 하는 짧은 탄성을 내질렀다. 이제 복직은 물 건너간 건가. 대법원이 1심과 2심에서 나온 복직판결을 뒤집는 데는 1분이 채 걸리지 않았다.

KTX 여승무원 1기 출신인 한씨의 눈에선 그 순간 참았

던 눈물이 흘렀다. 일터로 돌아가길 고대하며 9년간 싸워왔는데……. 1심 법원이 2년 만에, 다시 2심이 1년 만에 승소판결을 내렸을 때만 해도 복귀는 눈에 보이는 듯했다. 그러나 대법원은 다시 3년 반 만에 사실상 패소판결을 내렸다. 차라리 소송을 하지 말 걸. 대법원 재판이 끝난 뒤 어느 동료는 '씹다 버려진 껌이된 기분'이라고 탄식했다. 한씨가 꼭 그 심정이었다.

KTX 여승무원 복직 소송은 원고패소로 기울어졌다. 파기환송심이 남아 있다고는 하나 고등법원이 상급심인 대법원의 판단을 거스를 수는 없다. 지난한 싸움에서 가장 큰 쟁점은 한 가지였다. KTX 여승무원들은 한국철도공사(코레일)의 직원인가 아닌가. 1심과 2심은 직원이 맞다고 한 반면, 대법원은 아니라고 했다. 왜일까. 내막을 들여다보자.

KTX 여승무원의 고용주는 누구인가

'지상의 스튜어디스를 뽑습니다.' 2003년 항공사 스튜어디스를 준비하던 스물셋 한씨의 눈을 사로잡은 카피였다. 이듬해부터 운행하는 한국형 고속철도 KTX 여승무원 선발 광고였다. 그는 주저 없이 지원했다. 그리고 13대 1의 경쟁률을 뚫고 당당히 합격했다. 한씨는 항공사 승무원시험에도 동시에 합격한 상태였다. 하지만 아무래도 항공사보다는 철도청 소속이 더 안정적일 것이라는 생각에 KTX 여승무원을 택했다.

2004년 1월 한씨를 비롯한 합격자들은 철도청 경영연수원에 모여 승무교육을 받았다. 그해 봄, 멋진 제복을 입고 KTX 최초의 승무원으로 투입되었다. 그런데 한씨와 같은 초기 승무원들이 간과한 사실이 있었다. 그들의 소속은 당시 철도청이 아닌 홍익회라는 점이었다. 홍익회는 철도청 재직 중 부상을 당한 퇴직자와 순직한 직원의 유가족을 원호하는 목적으로 설립된 코레일 유관단체로, 승객서비스 업무와는 무관했다.

철도청은 정부의 철도공사화 방침에 따라 2004년 한국철도공사(코레일)로 바뀐다. 그리고 KTX 개통을 앞두고 기존의 업무 중 승객서비스 업무를 떼어내어 외주화하기로 하고, 홍익회에 넘긴다. 이런 배경으로 철도청은 홍익회와 업무위탁협약을 체결했고 홍익회는 한씨를 비롯한 KTX 여승무원을 공개모집했던 것이다.

홍익회는 또다시 2004년 12월 설립된 한국철도유통(홍익회에서 유통부분이 분리된 코레일의 자회사)에 승객서비스 업무를 넘겨준다. 이에 따라 코레일과 한국철도유통(이하 철도유통)이 다시 위탁협약을 체결하고, 여승무원들은 철도유통 소속이 된다.

승무원들은 자신들의 소속이 그다지 중요하지 않다고 생각했다. 선발할 때부터 자신들도 곧 코레일 직원으로 채용이 되고 정규직이 되리라는 믿음이 있었기 때문이다. KTX 여승무원은 처음부터 계약직으로만 채용되었지만, 코레일 관계자들은 공공연하게 "곧 코레일 직원 대우를 받게 될 것"이라는 말을 해왔던 것이다.

하지만 그건 오산이었다. 코레일은 2006년 5월 승객서비스 업무를 다시 'KTX 관광레저'로 위탁하기로 결정한다. 철도유통은 승무원들에게 또다시 이적을 요구했다. 한씨와 동료들은 이를 더 이상은 받아들일 수 없었다. 승무원으로 일한 지 2년이 지나도록 자신들을 고용하지 않는 코레일 측에 '직접 고용하라'고 요구하며, 여승무원 중 280명이 이적을 거부했다. 그러자 철도유통은 전원 해고라는 강수로 맞섰다.

이때부터 기나긴 싸움이 시작된다. 여승무원들은 2006년 서울역과 국회 점거농성, 2007년 20여 일간 서울역 단식농성, 2008년 서울역 근처 철탑 고공농성 등을 이어갔다. KTX 여승무원들의 주장은 단순했다. '실질적 사용자인 코레일이 우리를 직접 고용하라!' 800일 넘게 싸워왔지만 코레일은 눈 하나 깜박하지 않았다. 그 사이 동료들은 한 명 두 명 떠나갔다. 남은 자들도 지쳐갔다. 할 수 있는 일은 많지 않았다.

1심과 2심 "실제 사용자는 코레일"

이럴 때 떠올릴 수 있는 수단이 바로 법이다. 법의 정의에 호소할 수밖에 없었다. 2008년 11월 승무원 34명은 거리투쟁을 접고 법정투쟁을 시작한다. 코레일을 상대로 근로자지위확인과 임금지급 소송을 낸 것이다. 법은 그들의 편이 돼줬을까.

승무원들은 "우리는 형식적으로는 철도유통과 근로계약을 체결했지만 실제 사용자는 코레일이므로 철도유통과 코레일 간의 위탁협약은 '위장도급'에 해당한다"고 주장했다. 따라서 코레일 직원임을 인정하고 해고 이후 임금을 지급하라는 것이 승무원들의 요구였다. 코레일은 수긍하지 않았다. 철도유통은 독립적인 회사이고 코레일과는 정상적인 도급관계라고 맞섰다.

KTX 여승무원들은 코레일 직원일까, 아닐까. 관건은 '홍익회나 철도유통이 독자성과 독립성을 갖춘 회사냐 아니냐'에 있었다. 만일 독자성 없이 코레일에 종속된 회사라면 위장도급이 되고 여승무원들은 코레일과 '묵시적' 근로계약관계라고 볼 수 있다.

원래 도급이란 '당사자 한쪽이 어느 일을 완성해달라고 부탁하고 상대방이 그 일을 마치면 보수를 받는 것을 약정함으로써 발생하는 법률관계'를 말한다. 만일 코레일과 철도유통이 정상적인 도급관계라면 여승무원들은 철도유통 소속 직원이 맞다.

하지만 위장도급이라면 얘기가 달라진다. 최근 기업들은 실제로는 직원처럼 부리면서 사용자로서 책임을 지지 않기 위해 도급관계로 꾸미는 경우가 많다. 그것을 위장도급이라고 한다. 정상적인 도급과 위장도급을 구분하는 일은 쉽지 않다. 가짜와 진짜를 구별하는 방법이 있을까. 대법원 판례는 이렇다.

원고용주에게 고용되어 제3자의 사업장에서 제3자의 업무에 종사하는 자를 제3자의 근로자라고 할 수 있으려면, 원고용주는 사업주로서의 독자성이 없거나 독립성을 결하여 제3자의 노무대행기관과 동일시할 수 있는 등 그 존재가 형식적, 명목적인 것에 지나지 아니하고, 사실상 당해 피고용인은 제3자와 종속적인 관계에 있으며, 실질적으로 임금을 지급하는 자도 제3자이고, 또 근로제공의 상대방도 제3자이어서 당해 피고용인과 제3자 간에 묵시적 근로계약관계가 성립되어 있다고 평가될 수 있어야 한다.(대법원 2010. 7. 22. 선고 2008두4367 판결 등)

말이 어려우니 사례를 들어보자. A사와 도급계약을 맺은 B사가 있었다. B사의 역대 대표는 모두 A사 임원출신들이었고, B사 직원들은 A사의 업무만을 도맡아 처리해왔으며, A사가 직원들을 직접 지휘·감독했다. B사의 중요 결정사항도 A사가 처리해왔다. 이 정도면 B사는 독립된 회사로 볼 수 없다. 두 회사는 위장도급관계이며 B사 직원들은 A사의 직원으로 봐야 한다. 위에서 소개한 판례에 대입하면 A사는 '제3자', B사는 '원고용주'에 해당한다.

그렇다면 다시 판례에서 '원고용주'를 철도유통으로, '제3자'를 코레일로 대입해보자. 타당하다면 위장도급이고 그렇지 않다면 정상적인 도급관계이다. 어떤가? 여승무원들은 어느 회사의 직원으로 봐야 할까?

철도유통은 코레일의 '바지사장'인가

1심(서울중앙지법 제41민사부 재판장 최승욱)은 코레일이 실제 사용자고 철도유통은 '코레일의 일개 사업부서'나 '노무대행기관'에 불과했다고 평가했다. 왜 그럴까.

우선, 철도유통은 코레일의 자회사로 지분을 코레일이 전부 갖고 있었다. 철도유통의 임원진도 철도청 간부 출신으로 구성돼 있었다. 코레일은 KTX 여승무원 채용이나 면접에 관여하고, 수습교육과 교육평가도 주도했다. 또한 코레일 소속 열차팀장과 여승무원들이 함께 워크숍을 개최하기도 했다.

코레일은 여승무원들 중 우수 인원을 선발하여 해외연수를 보냈다. 코레일 소속인 열차팀장이 여승무원 업무수행을 확인하고 업무평가를 실시했다. 열차팀장은 해당 승무원이 업무에 문제가 있으면 철도유통 측에 시정요구서를 보내 시정결과 통보를 요구하기도 했다. 코레일은 여승무원들에게 인센티브로 수당을 지급했는데 열차팀장의 평가를 토대로 개인별로 차등 지급해왔다. 또한 수당·퇴직금·4대보험료도 코레일이 직접 부담했고, 피복비와 새해 선물도 코레일의 몫이었다.

그뿐 아니다. 코레일의 승무원 서비스 매뉴얼에는 여승무원들에 대한 부분도 포함되어 있었고, 코레일의 각종 행사에 여승무원들은 수시로 동원되었다. 반면 철도유통은 여승무원들의 업무를 위한 별도의 시설이나 장비를 갖추지 못해, 코레일이 직접 여승무원들에게 업무에 필요한 무전기·승차증·숙소를 제공했다. 이런 사정을 본다면 철도유통은 속된 말로 '바지사장'에 불과하다. 따라서 코레일과 여승무원들 사이에는 실제 고용관계와 다름없는 '묵시적 근로계약관계'가 성립한다고 본 것이다.

그렇다면 승무원들이 KTX 관광레저로 이적하지 않았다는 이유로 해고한 부분은 어떻게 될까. 법원은 "정당한 이유가 없어서 무효"라고 했다. 덕분에 승무원들이 그동안 받지 못한 임금을 지급받을 수도 있게 됐다. 실제 사용자는 코레일이고 해고는 무효이기 때문에, 근로계약관계가 여전히 유효한 걸로 봐서 승무원들이 해고되지 않았더라면 받을 수 있었던 임금 상당액을 지급하라는 판결이었다.

항소심(서울고법 제15민사부 재판장 김용빈)도 대동소이했다. 여승무원들의 손을 들어주었다. 이에 반발한 코레일은 "열차 승무원의 업무를 안전업무와 승객서비스 업무로 분리하여 승객서비스 업무만을 위탁하였으므로 정당하다"고 목소리를 높였다. 하지만 재판부는 승무원의 업무를 나누어 그중 일부만 도급을 줬다는 주장에 의문을 표시했다.

KTX에서는 열차팀장과 여승무원들이 팀을 이루어 안전을 책임진다. 법원은 이들의 업무내용을 명확히 나누기 어렵고 공통된 업무가 있기 때문에 "상호 공동업무수행자의 지위"라고 보았다. 따라서 "승객서비스 업무를 열차팀장의 업무에서 떼어내어 도급형식으로 위탁하는 것은 도급계약의 성질상 허용되지 아니한다"고 판단했다. 코레일이 정원조정을 위해 여승무원 업무를 외주화한 것은 일종의 '꼼수'라는 것이다. 여승무원들은 업무 중 30분마다 객실 순회, 민원요인 사전에 방지, 열차 내 질서 유지, 열차 내 화재예방, 구급약 지급 등 여객운송과 관련된 광범위한 활동을 한다. 그중에는 승객의 안전과 직결되는 일들도 포함되어 있었다. 또한 비상상황에서는 여승무원도 열차팀장의 지시를 받아 화재진압, 승객대피 보호에 참여하도록 되어 있다.

또한 홍익회나 철도유통은 승무업무와 관련이 없는 업체인 데다 회사의 독자성도 의심스러워서 "사실상 불법파견사업주로서 코레일의 노무대행기관"이라는 것이 항소심의 판단이었다. '코레일과 철도유통 사이의 업무위탁은 위장도급이다. 여승무원들의 사용자는 코레일이고, 부당해고는 무효다.' 이것이 1심과 2심의 결론이다. 다시 열차로 돌아가고 싶다는 한아름 씨의 바람은 현실이 되는 듯했다. 이때가 2011년 8월이다.

뒤바뀐 판결, 뒤바뀐 운명

하지만 코레일은 복직을 허용하는 대신 사건을 대법원까지 끌고 갔다. 대법원(제1부 주심 고영한 대법관)은 장고를 거듭했다. 그리고 무려 3년 반이 지난 2015년 2월 26일 대법원 판결은 모든 걸 다시 원점으로 돌려놨다. "KTX 여승무원은 철도공사 노동자로 볼 수 없다." 대법원은 여승무원과 철도공사 사이에 '묵

철도공사 KTX여승무원 해고는 무효

법원, 근로자 지위 인정·임금지급 판결
비정규직 간접고용 사업장 파장 예고

한국철도공사가 2006년 KTX 여승무원들을 해고한 것은 무효라는 법원의 판단이 나왔다. 법원은 "승무원들의 실질적 사용자는 한국철도공사"라고 판정했다. 승무원들이 파업을 시작한 지 4년5개월 만이다. KTX 여승무원 해고 문제는 간접고용 비정규직의 문제점을 드러낸 대표적 사례로 이번 판결은 유사 사업장에도 커다란 영향을 미칠 것으로 보인다.

서울중앙지법 민사41부(최승욱 부장판사)는 26일 KTX 전 승무원 오미선씨(31) 등 34명이 한국철도공사를 상대로 낸 근로자지위확인·임금지급 청구소송에서 이들 승소로 판결했다.

재판부는 "오씨 등이 한국철도공사의 근로자 지위에 있음을 확인한다"며 "공사는 이들의 복직할 때까지 지급 임금과 월급여를 지급하라"고 밝혔다.

이 사건은 KTX 여승무원 3500여명이 정규직 전환을 거부하고 파업에 돌입하면서 시작됐다. 1년 계약직의 승무원들을 정규직으로 전환시켜 준다는 것을 회사가 파업하지 하는지, 외부에서는 이해할 수 있...

다는 시선이 많았다.

승무원들은 사실상 공사 정규직으로 채용됐고 입사했지만, 자회사였던 고용계약은 형식적인 것으로 알았다. 실제 업무두 직접고용과 동일했기 때문에 직접계약이 성립한 것이나 다름없다고 생각한 것이다. 그러나 갑자기 공사가 계열사 자회로 위탁계약을 맺으면서 고용의 위탁계약을 맺으면 다시 또 어떤 업체로 계약이 넘어갈지 불안한 신분이 될 수밖에 없기 때문이다. 계약과정을 보면 승무원들은 '용역회사'는 재단법인의 철도유통'이였으나 KTX에서 일했다. 흥의회는 승무원들이 고용계약을 맺은 철도유통은 서울고법 판결에서 철도유통은 1년 KTX 관리에 따른 하청, 중기에서 고용하였을 인계하였던 것도 분명하지 못했다.고 밝혔다. 또 "공사가 여승무원들의 수당과 퇴직금 등 4대 보험료까지 부담했고 업무 평가도 공사가 했다"고 밝혔다. 재판부는 "철도유통은 실질적으로는 업무수행의 독자성을 갖추지 못했고 공사와 실제 사업부였다"며 "승무원들과 공사 사이에는 직접...

...한 교육을 수십교육을 시켰으며, 철도유통은 독자적으로는 승무원들의 출·퇴근 시간 등도 결정하지 못했다"고 밝혔다. 채용했던 것과 같은 묵시적 근로계약관계가 성립했다고 판단했다. 이에 채용화된 근무했던 동일을 볼 때 "승무원에게는 계약이기가 만료로 계약관계가 기획실무으로 종결되는 것이 아니라 특별한 문제가 없는 한 갱신될 것이라는 합리적으로 정당한 기대권에 인정된다"며 "합리적인 이유 없이 공사가 거부 약 갱신을 거절한 것은 실질적 해고로 정당한 이유가 없이 무효"하고 했다.

채용할 것과 같은 묵시적 근로계약관계가 성립했다고 판단했다. 법원은 이미 2008년 12월에도 가처분 결정을 통해 승무원들의 근로자성을 인정했다. 이번 소송은 해고된 승무원들을 임시로 우선 참여한 것이며, 다른 승무원들도 같은 취지로 법적 소송을 진행중이다.

철도공사는 "승무원들을 직접 고용한 것은 아니다"며 "항소할 뜻을 밝힌다고 알려졌다.

정은교 기자 indill@kyunghyang.com

반갑게 되찾은 웃음 KTX 해고 여승무원들이 26일 서울중앙지법에서 열린 근로자지위확인·임금지급 청구소송에서 승소한 뒤 환한 표정으로 웃음을 나타고 있다.
김영민 기자 viola@kyunghyang.com

대법 "철도공사 직원 아니다"··· KTX 여승무원 7년 싸움 물거품

'철도유통 측서 직접 고용·관리' 원심 파기 환송
승무원들 "코레일이 정규직 전환 약속 거짓말"

1심과 2심에서 KTX 여승무원은 철도공사에 직접 고용된 근로자 지위를 인정받고, '부당 해고' 판결을 받았다. 그러나 4년 뒤 3심에서 대법원은 KTX 여승무원을 철도공사의 직원으로 볼 수 없다며 원심을 뒤집는 결정을 내렸다. 1, 2심 판결에 환히 웃던 여승무원들은 3심 판결에 눈물을 떨굴 수밖에 없었다.(위: 경향신문, 2010년 8월 7일. 아래: 경향신문, 2015년 2월 27일)

시적 근로계약관계'가 있다고 본 2심 판결이 잘못됐다고 지적했다. 무엇이 문제였을까.

우선 대법원이 보기에 열차팀장과 여승무원의 담당 업무구분은 가능하다. 즉 출입문 개폐, 신호상태 확인, 제어안전장치 취급 등 안전 부분은 열차팀장이, 객실 온도와 조명 체크, 승객

인사, 노약자 승하차 보조, 안내방송, 승차권 확인 등 안전과 직결되지 않는 승객서비스 부분은 철도유통에 소속된 여승무원이 담당하고 있다는 것이다.

대법원은 "두 업무가 서로 협조할 여지가 전혀 없는 것은 아니"라면서도 기본적으로는 "업무의 내용과 영역이 구분되어 있고 독자적으로 업무를 담당한다"고 봤다. 그렇다면 비상사태가 생길 때 여승무원이 팀장과 함께 승객대피나 화재진압에 나서야 하는 건 어떻게 봐야 할까. 대법원은 "이례적인 상황에서 응당 필요한 조치에 불과하고 여승무원의 고유 업무에서 차지하는 비중도 낮다"고 평가했다.

또한 철도유통이 코레일의 유관단체나 자회사라는 사실도 "위탁협약의 진정성을 의심하게 하는 사유가 될 수도 있"다고 의심하면서도 "각자의 사업만큼은 독립하여 영위한 것"으로 평가했다.

대법원은 '철도유통은 코레일에 종속돼 독자성이 없다'는 부분도 부정했다. 철도유통도 자체 규정에 따라 KTX 여승무원의 채용·승진·직급체계를 결정했다는 것이다. 단순히 교육이나 선발 과정에 코레일이 참여한 것만으로는 "철도유통이 채용 및 교육의 주체라는 점을 부인하는 근거로 삼기에는 부족해 보인다"고 판시했다.

그 밖에 1심과 2심에서 위장도급의 근거로 제시했던 사항들에 대해 대법원은 "철도유통이 사용자가 아니라는 점을 뒤집을 근거로는 부족하다"는 한마디로 부정했다.

정리하자면 대법원은 열차팀장과 여승무원의 업무가 구분되어 있고, 철도유통은 위탁계약에 따라 KTX 승객서비스업을 독립적으로 경영했으며, 철도유통이 여승무원을 직접 고용하여 관리·감독하면서 인사권을 행사했으니 위장도급이 아니라고 보았다. 따라서 KTX 여승무원의 사용자는 철도유통이 맞으며, "코레일이 진정한 사용자"라는 2심 판결은 근거 부족한 의심에 불과하다는 것이 대법원의 결론이다.

노사관계, 법의 논리가 상책일까

KTX 열차에는 코레일에 소속된 열차팀장이 있고, 철도유통에 소속된 여승무원이 있다. 안전은 열차팀장이 책임지고 일반 서비스는 여승무원이 담당한다. 이들은 서로 독립된 업무를 한다. 따라서 안전사고가 나면 팀장이 해결해야 하고, 여승무원은 서비스만 담당한다. 이들은 소속도 다르고 업무도 다르다. 팀장은 코레일의 지휘를 받고 승무원은 철도유통의 지시를 받는다. 이것이 대법원의 시각이다.

하지만 이런 구분은 좀 비현실적이다. 현실에선 서비스와 안전업무가 딱 잘라 구분되기란 어렵다. 열차 출입문이 안 열려서 도와주면 서비스일까 안전일까, 승객이 아프다고 해서 도움을 주면 서비스일까 안전일까. 한씨는 이렇게 되묻는다. "한 열차당

1000명이 넘는 승객의 안전을 한 명이 책임질 수 있을까. 승무원들은 안전업무와 무관한가. 열차사고가 나도 승무원은 안전과 관계가 없으니 나 몰라라 해야 하는가."

법은 여승무원들의 소망을 들어주지 않았다. 10년이 다 되도록 복직투쟁에만 매달리는 동안 그들의 청춘은 상처로 얼룩졌다. 설상가상으로 오래전 법원의 임금지급 가처분 결정으로 4년 동안 임금을 받았던 이들은 이제 와서 1억 원 가까운 그 돈을 도로 반납해야 한다. 그 사이 20대 초반 꽃처럼 곱던 이들은 어느덧 30대 중반이 되었다. 파기환송심이 이들의 눈물을 닦아주리라 기대하기는 어려운 게 현실이다.

〈표〉 KTX 여승무원 복직 소송 요약

사건 개요		
2004년 4월 KTX 개통되면서 여승무원 채용-(홍익회를 거쳐 철도유통에 소속) 2006년 5월 KTX 관광레저로 이적 거부한 여승무원들 280명 해고 2008년 11월 해고 여승무원, 코레일 상대로 해고무효·복직 소송 제기		
1심과 2심	**쟁점**	**대법원**
코레일 노동자다. 코레일이 여승무원업무감독·교육·선발에 관여. 퇴직금·4대보험도 직접 지급	**여승무원들은 코레일 노동자인가**	코레일 노동자 아니다. 철도유통은 독립된 회사로 코레일과는 정상적인 서비스 업무 위탁 관계일 뿐
열차팀장과 승무원은 공동업무수행. 승무원도 사실상 안전업무 맡고 있어서 구분 어렵다	**승객업무 중 안전과 서비스업무 구분 가능한가**	열차팀장(코레일 직원)은 안전업무, 승무원(철도유통 소속)은 일반서비스 업무로 구분 가능
코레일과 철도유통 사이의 서비스 업무위탁은 불법파견이며 위장도급. 실질적 사용자는 코레일	**결론**	철도유통이 여승무원 직접 고용하고 관리했으므로 위장 도급 아니다. 사용자는 철도유통

재판에서 이기는 길 말고도 승무원들이 복직하는 길은 또 있다. 코레일이 이들의 복직을 허용하는 것이다. 하지만 이게 소송보다 더 힘들다는 건 누구나 안다. 그게 가능했다면 소송까지 오지도 않았으리라.

한국 노사간의 분쟁은 한 치 양보도 없이 대법원 판결까지 가야 끝나는 경우가 많다. 그러면 양쪽 모두에게 상처가 되지만 결국 치명타를 입는 건 노동자 쪽이다. 사측은 재판에서 지더라도 회사 돈으로 손해배상금 물어주면 그만이고, 복직시키면 그만이다. 하지만 노동자는 다르다. 승패에 생존이 걸려 있다. 무조건 이겨야 한다. 지면 벼랑 끝에 몰린다. 감당할 수 없는 돈을 물어주거나 인생을 망치거나 혹은 감옥에 가거나. 그러나 법정에서 노동자가 이기란 쉬운 일이 아니다. KTX 여승무원 재판도 그것을 여실히 보여준다.

유전무죄 무전유죄는 존재하는가

무직자의 15만 원 절도 ———VS— 재벌회장의 1500억대 배임

"돈으로 검사도 판사도 살 수 있는 세상! 죄 있어도 돈 있으면 무죄, 죄 없어도 돈 없으면 유죄. 유전무죄 무전유죄, 이게 우리 대한민국의 좆같은 법이야." 영화 〈홀리데이〉에서 교도소 탈주범 지강혁은 죽음을 앞두고 이렇게 절규한다.

이 영화의 모델이 된 실제 탈주극은 1988년 10월에 일어났다. 주동자는 서른네 살의 상습절도범 지강헌. 그는 500여만 원을 훔친 죄로 잡혀왔다. 전과 때문에 쉽사리 나가기 힘들다는 것쯤은 그도 잘 알고 있었다. 문제는 형량이었다. 1심 선고형은 징역 7년에 보호감호* 10년. 보호감호는 사실상 징역이나 진배없으니 17년을 꼬박 갇혀 있어야 한다. '500만 원에 17년이라니, 잘못돼

---

* 보호감호는 다시 죄를 저지를 우려가 큰 범죄자의 경우 형기를 다 마친 뒤에도 일정 기간 격리수용하도록 한 처분으로, 사회 적응과 복귀를 돕는다는 명분으로 1980년 도입했다. 보호감호 처분을 받은 사람은 징역과는 별도로 최대 7년간 격리수용되었다. 이중처벌·과잉처벌·인권침해 지적을 받아온 이 제도는 근거법령인 사회보호법이 2005년 폐지되면서 사라졌다.

도 한참 잘못됐어. 2심에서는 바로잡아줄 거야.' 이런 지강헌의 기대와 달리 현실은 냉혹했다. 항소심도 형량을 깎지 않았다. 상습절도범에게 법의 자비는 애초에 불가능했는지도 모른다.

지강헌을 더 절망하게 만든 건 비슷한 시기에 나온 전직 대통령 동생의 재판 결과였다. 5공화국 내내 대통령인 형 전두환의 위세와 재벌 후원을 등에 업고 각종 비리를 저지른 전경환. 그는 정권이 바뀌자 순식간에 범죄자로 전락한다. 공금 횡령과 탈세, 뇌물수수 등으로 수사기관이 밝혀낸 범죄 액수만 해도 수십억 원. 그런데 1988년 대법원 확정판결은 징역 7년이었다. 그마저도 형기를 다 채울 필요가 없었다. 전경환은 3년 만에 가석방으로 풀려난다. 이듬해 사면복권은 덤이었다.

불공평한 현실을 뼈저리게 느낀 지강헌은 법을 향한 기대를 접는다. 대신 스스로 감옥문을 열고 나가 자유를 얻겠다고 결심한다. 그는 뜻을 함께하는 재소자들과 호송버스 안에서 교도관들을 제압하고 탈출을 감행한다. 세상을 떠들썩하게 했던 이 탈주극은 그러나 오래 가지 못했다. 탈주범 12명 중 대부분은 자수나 검거로 며칠 만에 붙잡혔다. 탈옥한 지 여드레째 지강헌과 일행 3명은 서울 북가좌동 한 가정집에서 마지막으로 인질극을 벌였다. 경찰 병력 1000여 명에 둘러싸인 그들은 자유가 끝나가고 있음을 직감했다.

셋 중 한 명인 안광술이 먼저 스스로 목숨을 끊었다. 현장에서 남긴 유서는 이들의 심경을 대변했다. "권력에 의해서 법을 처리하는 법관들이 저주스럽고 죽이고 싶다. 이 사회는 돈이면 다 되는 세상이다. 돈에 판검사가 매수되다니 말이 되느냐. 모든 판검사를 죽이고 싶다." 경찰과 대치한 상황에서 법이 불평등하다고 절규하던 지강헌도 비지스의 노래 〈홀리데이〉를 들으며 진압 경찰의 총탄에 맞아 생을 마감한다. 1988년 어느 일요일 텔레비전으로 생중계된 탈주범들의 최후는 '유전무죄'라는 말과 함께 대중들의 뇌리에 각인되었다.

그렇다면, 유전무죄는 단지 과거의 일에 불과할까. 지금도 경제력이나 신분 차이에 따라 형이 달라질 수 있을까. 답변 대신 판결 2개를 비교해보자. 두 사건의 주인공은 60대 남성이라는 공통점이 있지만 살아온 길은 영 딴판이다. 한 사람은 집도 없이 떠돌아 다니며 근근히 하루하루 살아온 윤도훈(가명, 64세세) 씨이고, 또 한 사람은 40여 개의 계열사를 거느리고 있는 재계 10위권 그룹의 총수 김승연(63세) 한화그룹 회장이다.

두 사람은 법을 어겨 재판을 받았다. 그 결과 윤씨는 15만 원을 훔친 죄로 징역 3년을 선고받고 교도소에 복역 중인 반면, 김 회장은 회사에 1500억 원이 넘는 손해를 끼치고도 몇 달 만에 풀려났다. 왜 그랬을까. 먼저 윤씨의 사연을 보자.

60대 무직자, 15만 원 절도에 3년 실형선고

2013년 6월 초여름 서울 마포구 한 결혼식장에 60대 노인이

들어선다. 챙이 닳은 운동모자에 구겨진 남색 남방, 검은 양복 바지에 때가 전 회색 운동화. 하객이라 보기엔 너무 허름한 차림을 한 윤씨였다. 두 달 전 출소한 그는 찜질방을 전전하며 일자리를 찾고 있었다. 수중엔 축의금은커녕 설렁탕 한 그릇 감당할 돈도 없었다. 가족·친지들과 연락이 끊긴 지도 오래, 그를 결혼식에 초대할 사람도 없었다. 그런데 왜? 혹시 신랑, 신부와 인연이 있어서 몰래 축하라도 해주려고? 아니면 잔칫집에서 한 끼라도 해결하고 싶어서? 모두 아니었다.

사방을 두리번거리던 그는 축의금 접수대 쪽으로 발걸음을 옮겼다. 그러고는 신부 쪽 접수대 앞에 섰다. "신랑 쪽에 축의금을 내야 하는데, 잘못 냈네요." 떨리는 목소리였다. 하지만 이내 접수대 위에 있던 봉투 2개를 챙겼다. 이제 무사히 빠져나오기만 하면 된다. 예식장 출입문을 빠져 나오려는 순간 누군가 가로막았다. 아까부터 윤씨를 눈여겨본 하객이었다. "돈봉투, 내놓으시죠." 단호한 말투에 모든 걸 체념한 듯 윤씨는 고개를 숙인 채 순순히 봉투를 돌려줬다. 신고를 받고 온 경찰은 그의 손에 수갑을 채웠다.

훔친 축의금 봉투는 10만 원짜리와 5만 원짜리 한 개씩으로 총 15만 원이었다. 윤씨에게 15만 원은 이틀치 막노동 일당이자, 찜질방에 보름 정도 묵을 수 있는 큰돈이었다. 물론 있는 사람에겐 하루 술값으로도 모자란 돈이다. 이 돈 때문에 그는 또 감옥행! 상습범이라는 꼬리표에 주거가 일정하지 않다는 이유까지 더해진 탓이다. 그에겐 면회를 와줄 가족도 없었다. 하물며 변호사는 언감생심이리라. 그런데 구속 피고인은 변호사 없이 재판을 받을 수가 없다. 법원은 그에게 국선변호인을 붙여주었다.

재판 진행은 일사천리였다. 절도를 저지른 지 열흘 만에 기소되고 20일 만에 첫 공판이 열렸다. "피고인, 할 말이 있습니까?" 재판장의 말에 그는 법대를 향해 연신 고개를 조아리며 어렵게 입을 열었다. "죄를 모두 인정합니다. 죄송합니다." 그게 전부였다. 듣고 있던 국선변호인이 한마디 거들었을 뿐이다. "재판장님, 뉘우치는 피고인에게 법이 허용하는 최대한의 관용을 베풀어주시기 바랍니다." 재판은 이렇게 끝이 났다.

보름 뒤 법원은 판결을 내렸다. 징역 3년. 아무리 상습절도범이라도 너무 과했지만, 윤씨는 모든 걸 담담히 받아들였다. 항소도 포기했다. 하지만 어떻게 고작 15만 원에 이런 형이 나올 수 있었을까?

형법에 나오는 절도(329조)의 법정형은 '6년 이하의 징역 또는 1000만 원 이하의 벌금'이다. 수십만 원 수준의 소액을 훔친 경우라면 벌금형 선고가 일반적이다. 하지만 윤씨는 절도 전과가 많았기 때문에 벌금형은 애초에 불가능했다. 게다가 마지막 도둑질이 3년이 지나지 않아 누범* 조항에도 걸렸다.

---

* 누범이란 금고나 징역형을 받고 형의 집행 종료나 면제 후 3년 안에 금고 이상에 해당하는 죄를 범한 것을 말한다. 형법에 따르면 누범인 경우 법정형의 장기의 2배까지 가중한다. 예를 들어 3년 이상 10년 이하의 법정형이라면 3년 이상 20년 이하까지로 가중한다.

윤씨에겐 특정범죄가중처벌법(특가법)도 적용됐다. 특가법에 따르면, 상습적으로 (특수)절도를 저지르면 무기 또는 3년 이상 징역, 상습절도로 3번 이상 실형을 선고받고 3년 이내 범죄를 저지르면 단기의 2배까지 형이 높아진다. 이것이 이른바 '장발장법'이다. 소설『레미제라블』의 주인공 장발장은 겨우 빵 한 조각을 훔치고선 19년간 감옥살이를 한다. 이처럼 좀도둑질을 한 사람에게 상습성이 있다는 이유로 중형을 선고하게 만드는 법조항을 장발장의 처지에 빗댄 것이다. 윤씨도 장발장법을 피해갈 수 없었다.

법원은 "출소 후 근신하지 않고 또다시 범행을 저질렀다는 점에서 엄중히 책임을 묻지 않을 수 없다"고 설명했다. 다만 법원은 윤씨가 범행을 자백·반성했고, 피해액이 적으며 모두 돌려준 점, 출소 후 일자리를 구하던 중이었던 사정을 살펴 형을 낮췄다고 했다.

대법원 양형기준을 윤씨에게 적용해보니 징역 3~6년이 적절하다는 계산이 나온다. 그래서 징역 3년형은 법의 잣대로 보면 '관용'이자 '선처'이다. 하지만 현실에서 15만 원을 훔친 죄로 3년간 옥살이를 해야 한다면? 한마디로 가혹하다.

그는 2010년에도 비슷한 수법으로 축의금 봉투(총 10만 원)를 훔쳤다. 이때도 징역 3년이었다. 법조항과 양형 이유도 이번과 흡사했다.

윤씨는 1981년 절도로 징역 8월에 집행유예 2년 판결을 받은 것을 비롯하여 현재까지 절도전과가 14차례나 있었다. 판결도 처음에는 벌금형과 징역형의 집행유예가 나왔다. 하지만 횟수가 거듭되면서 실형을 피할수 없었다. 징역형만 9차례. 1994년 이후 윤씨의 형량(집행유예 제외)을 모두 더하니 14년2개월이나 되었다.

안타까운 사실은 윤씨의 범행이 대부분 좀도둑질이었다는 점이다. 눈에 띄는 범죄는 축의금 절도 외에도 성경책 절도다. 서점에서

무전유죄 유전무죄까지는 아닐지라도 부유층들이 더 관대한 판결을 받는 경향은 부인하기 힘들다. ⓒ 미디어카툰(www. metoon.co.kr) 장재혁 작가

성경책을 몇 권씩 들고 나오다가 걸려서 재판에 넘겨진 경우만 3건이 넘었다. 한 번에 훔친 성경책은 시가로 10만 원 정도였다. 윤씨는 성경책 절도가 죄가 되지 않거나 벌이 약하리라고 계산했는지도 모르겠다. 어떻든 윤씨의 도둑질에 흉기를 사용하거

나 사람에게 위해를 가한 사례는 없었다. 그런데도 상습도벽 때문에 번번이 감옥신세를 져야 했다. 하지만 법이, 국가가 그에게 해줄 수 있는 일이란 그저 감옥에 보내는 게 전부였을까?*

김승연 회장의 횡령 사건

"피고인을 징역 4년과 벌금 51억 원에 처한다."

2012년 8월, 재판장이 판결문을 읽자 법정엔 정적이 감돌았다. 누구도 짐작 못한 결과였기 때문이다. 여느 재벌회장 재판처럼 기껏해야 집행유예 정도를 예상했었던 탓일까, 피고인의 충격은 더 커 보였다. 그는 애써 태연한 표정을 지었지만 눈앞의 구속영장을 보고선 당황하는 빛이 뚜렷했다. 그는 법원 경위와 함께 구치감(피고인이 재판 전 대기하거나 재판 뒤 구치소로 돌아가기 전 머무르는 장소)으로 사라졌다. '전관'을 포함한 실력자들로 구성된 변호인단도 그의 초라한 뒷모습을 우두커니 바라볼 뿐 속수무책이었다. 2011년 한화그룹 비리 사건의 1심은 재벌총수 김승연 회장의 법정구속으로 막을 내렸다.

돈과 지위 어느 것도 남부럽지 않을 그는 뭐가 아쉬웠던 걸까? 한마디로 욕심이 지나쳐 범법자가 됐다. 범죄 사실은 크게

---

* 2015년 2월, 장발장법은 드디어 사라졌다. 헌법재판소가 상습절도죄를 가중 처벌하도록 한 특정범죄가중처벌법 5조 4항(상습으로 절도를 저지른 경우 무기 또는 3년 이상의 징역형)이 위헌이라고 결정했다. "특별히 형을 가중할 필요가 있는 경우라도 통상의 형사처벌과 비교해 현저히 균형을 잃은 것이 명백하다면 헌법의 기본원리에 위배된다"는 것이다. 형법상 상습절도죄의 법정형은 '9년 이하 징역 또는 1500만 원 이하 벌금'이다.

3가지다. 첫째, 부실 위장계열사의 빚을 다른 계열사가 대신 갚도록 해서 회사와 주주에게 1000억 원대의 손해를 끼쳤다. 둘째, 계열사 보유 주식을 친누나에게 헐값에 넘기면서 회사가 손실을 보게 했다. 셋째, 임직원 이름으로 차명계좌를 만들어 주식거래를 하면서 양도소득세를 빼돌렸다.

검찰은 업무상 횡령·배임·탈세로 기소했지만 그는 모두 부인했다. 답변은 '몰랐다' '아랫사람이 한 일이다' '합리적인 경영 판단이었다'가 전부였다. 재판부(서울서부지법 제12형사부 재판장 서경환 부장)의 입장은 달랐다. 김 회장이 높은 자리에서 부하직원으로 하여금 죄를 저지르게 지시했다고 보았다.

설득력 떨어지는 감형 사유

판결에 따르면 김 회장은 한화그룹 지배주주로서 계열사들을 동원하여 부실회사를 부당지원하게 했고, 상당한 규모의 차명계좌를 관리하면서 양도소득세를 포탈했으며, 범행의 최대 수혜자이면서도 모든 책임을 실무자에게 떠넘기면서 반성하지 않았다. 따라서 엄벌해야 한다고 법원은 강조했다. 징역 4년은 이렇게 나왔다.

여론은 법원 판결에 환호했다. 하지만 김 회장에겐 애먼 징역이자 생징역에 다름없었다. 하루하루 숨이 조여왔다. 다른 재벌은 다 풀려났는데 왜 하필 나만 실형인가. 나갈 수만 있다면 횡령한 돈이 얼마가 됐든 갑절이라도 못 내놓으랴. 발등에 불이 떨어진 김 회장은 잘 나가는 법무법인 2곳과 검사장급 변호사를 포함, 12명으로 호화 변호인단을 꾸린다. 곧바로 보석을 신청했지만 법원은 허락하지 않았다.

그러다가 수감 5개월째인 2013년 1월 김 회장은 항소심 도중 풀려난다. 건강악화를 이유로 낸 구속집행정지신청이 받아들여진 것이다. 그러나 마냥 기뻐할 수만은 없었다. 병원치료를 목적으로 임시 석방됐지만 언제 다시 갇힐지 알 수 없는 신세였기에.

병원침대에 실려 법정에 꼬박꼬박 출석한 그에게 항소심 법원(서울고법 제7형사부 재판장 윤성원)도 냉정했다. 선고형은 징역 3년에 벌금 51억 원. 배임 인정액이 1797억 원으로 1심(3024억 원)에 비해 절반으로 줄고 징역형도 1년 깎였다. 그래도 재벌총수 비리를 단죄할 수 있게 된다. 형이 확정되면 김 회장은 2년 반가량을 교도소에서 보내야 했다.

그런데 대법원(주심 고영한 대법관)은 파기환송을 선택했다. 사건을 서울고법으로 돌려보낸 것이다. 사건 중에서 유무죄가 불명확한 부분을 다시 따져보고, 금액 계산이 맞는지 다시 살펴보라는 취지에서였다. 이유야 어찌되었건 김 회장에겐 그야말로 기사회생이었다.

서울고법(제5형사부 재판장 김기정)은 다섯 달 만에 다시 판결을 내린다. 결론은 여전히 유죄였다. 배임액은 1585억 원으로 다시 줄어들었다. 하지만 중요한 건 그게 아니었다. 징역 3년에 집행유예(5년)가 따라붙었다. 대신 사회봉사명령 300시간이 내려 졌다. 2014년 2월 그는 드디어 자유의 몸이 되었다.

세간에서는 "법원의 '재벌 3·5법칙(재벌비리 재판에서 총수에 게 징역 3년에 집행유예 5년을 선고하는 것을 비꼬는 말)'이 어김없 이 적용됐다"는 비판이 쏟아졌다. 그렇다면 재판부가 한화그룹 의 수장인 김 회장에게 "엄중한 책임을 물을 필요가 있다"고 공 언하고도 '선처'를 해준 근거는 무엇일까?

판결문에는 유리한 양형 사유가 여럿 나온다. 즉 피해액이 전액 공탁되고 포탈세금이 전액 납부된 점, 개인적인 재산축적 을 위한 범죄가 아닌 점, 그룹 총수로서 경제건설에 이바지한 공로와 현재 건강이 좋지 못한 점 등을 참작했다는 설명이었다.

하지만 김 회장의 '화려한 전과'를 감안할 때 집행유예 판결 은 설득력이 떨어진다. 이미 여러 차례 법원의 선처 혜택을 본 그에게 또다시 면죄부를 준 게 아니냐는 비판도 제기됐다.

김 회장은 1992년 홍콩은행에 가명으로 분산 예치한 자금으 로 미국 LA에 있는 고급 주택을 사들였다. 이 때문에 1994년 서 울형사지방법원에서 외환관리법위반으로 처벌(집행유예)을 받은 이래 수차례 법정에 섰다.

2002년에는 당시 한나라당 대표 서청원에게 10억 원 상당의 불법정치자금을 건넨 사실이 드러났다. 1심에선 징역 8월에 집 행유예 2년형을 선고했지만 항소심은 벌금(3000만 원)으로 형 을 낮춰줬다. 법원은 김 회장이 유력한 정치인의 은밀한 지원 요

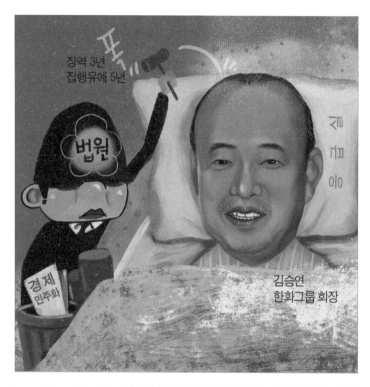

김승연 회장에게 3년 징역에 집행유예 5년의 판결이 내려지자 사람들은 이번에도 어김없이 재벌 봐주기 판결을 했다고 개탄했다. 사회의 유력자들일수록 더 낮은 형량을 받는 풍조가 법원에 대한 국민들의 신뢰를 떨어뜨리고 있다. ⓒ 미디어카툰(www.metoon.co.kr) 정태권 작가

청을 받고 기업 경영을 걱정하여 수동적으로 응했을 뿐이고, 동종·실형 전과가 없고 잘못을 깊이 반성한 점을 참작했다. 또한 비자금이 아닌 개인재산으로 돈을 마련했고, 국가경제와 사회발전에 크게 이바지한 점뿐 아니라, 심지어는 부실이 심했던 대한생명 대표이사로 취임하여 정상화를 위해 노력한 점까지 높게 샀다. 그러니까 불법정치자금은 정치인의 '갑질'에 회사를 살

리기 위해 어쩔 수 없이 주었고, 김 회장이 경제발전에 이바지한 점까지 고려하면 엄벌할 일이 아니라는 얘기다.

2007년엔 유명한 폭행사건의 가해자가 된다. 그는 자신의 차남이 술집에서 시비가 붙어 폭행당한 사실을 알게 되었다. 화가 난 김 회장은 경호원들을 대동하고서 직접 쇠파이프를 들고 보복에 나섰다. 이 사건으로 1심에서 징역 1년6월형을 선고받았다.

이때도 수감생활은 길지 않았다. 그에겐 항소심과 든든한 변호사가 있었기 때문이다. 피해자가 9명이나 되는데도 항소심은 '중상을 입은 사람이 없고 모두가 합의한 점'을 들어 집행유예를 선고했다. 폭력 전과가 없고 반성한 점도 높이 샀다. 그뿐 아니다. 심지어 재판부는 "아버지로서의 부정이 앞선 나머지 사리분별력을 잃고 범행에 이르게 되었"다고 김 회장의 심경을 헤아려주기까지 한다. 해외부동산 불법 구입, 불법 정치자금 제공, 아들 보복 쇠파이프 폭행, 탈세에 배임까지 전력이 화려한 그에게 법은 참으로 관대했다.

유전'집유' 무전'실형'

다시 유전무죄를 떠올려보게 된다. 대한민국 사법부를 향한 비판 중에 가장 흔하지만 가장 뼈아픈 비판이다. 법 적용이나 집행에서 불평등을 상징하는 이 말은 언제 처음 등장했을까?

1955년 『경향신문』(7월 22일자 '경향쌀롱')에는 죄수가 신세타령을 하며 "무전유죄 유전무죄라고 중얼거리면서 한숨을 푹 내어 쉽니다"라는 기사가 나온다. 1964년 『동아일보』 1면 칼럼의 제목은 「무전은 유죄 유전은 무죄」였다. 본문에는 김대중 의원이 "감옥에 가보면 무전이면 유죄고 유전이면 무죄라는 말이 있으니"라고 언급한 대목이 나온다. '유전무죄'라는 말이 나온 건 적어도 60년은 넘은 셈이다.

　사법부나 많은 법조인들은 유전무죄가 허상이라고 말한다. 오해이거나 상당히 부풀려졌다는 것이다. 사실 절대다수의 판사들은 무턱대고 가진 자들의 죄를 덮어줄 만큼 부도덕하지는 않다. 역시나, 가난하다고 해서 죄없는 사람을 무작정 가두는 판·검사들도 없다. 그런데도 왜 사람들은 '유전무죄'를 공공연한 사실로 받아들일까? 곰곰이 살펴보면 단순한 과장이나 오해 정도로 넘어갈 일이 아니다.

　이 말을, 돈이 있는 사람에겐 법이 관대하고 없는 사람에겐 가혹하다는 뜻으로 해석한다면 고개를 끄덕이는 사람들이 늘어난다. 어느 판사는 "돈이 많다고 해서 (죄를 지어놓고도) 법원에서 무죄를 받기는 힘들다"면서도 유전무죄 무전유죄의 의미를 "돈이 있는 자는 형이 가볍고, 돈 없는 자는 형이 무겁다는 뜻"이라면 받아들일 수 있다고 했다.

　형사사건의 양형을 범죄액수에 따라 단순비교하기는 어렵다. 하지만 빈자와 부자를 상징할 만한 두 사람의 재판 결과는 너무도 달랐다. 한 사람은 수십만 원 정도의 절도를 반복해서 14년간 징역을 산 반면, 또 한 사람은 사회적 물의를 빚은 큰 죄를 거듭 저지르고도 실형을 피해갔으니 말이다. 이를 두고 유전무죄 무전유죄라고 하면 과장일까? 아니, 최소한 '유전집유, 무전실형'이라는 비난은 피하기 어려우리라. 무직자의 15만 원 절도에는 징역 3년이, 재벌회장의 1500억대 배임에는 집행유예가 내려지는 현실을 정상이라고 할 수는 없다.

회장님의 하루 일당은 5억 원

일당 5억 원 '황제노역' ——VS—— 일당 5만 원 '평민노역'

법은 만인 앞에 평등해야 한다. 이건 당위다. 법률은 다수의 평등을 위해 존재하고, 누구에게나 같은 잣대로 차별 없이 적용되고 집행되어야 한다. 부자라고 더 가혹해서도 안 되지만, 더 관대해서도 안 된다. 마찬가지로 가난하다고 해서 처벌을 더 받거나 덜 받아서도 안 된다. 이건 누구나 공감하리라. 현실은 어떨까?

2015년 박근혜 대통령은 신년 기자회견에서 재벌의 가석방과 관련해서 이렇게 발언한 적이 있다. "기업인이라고 해서 어떤 특혜를 받는 것도 안 되겠지만 또 기업인이라고 해서 역차별을 받아서도 안 된다고 생각한다." 마치 역차별 때문에 기업인들이 가석방되지 못하고 있다는 뉘앙스가 풍긴다. 대통령의 우려와 달리, 적어도 법과 관련해서 재벌이 (역)차별을 받는 경우를 본적이 없다. 오히려 재벌과 부자들이 혜택을 보는 일이 부지기수 아닌가.

몇몇 나라에서는 우리나라와 달리 범죄자의 소득에 따라 벌금형에 차별을 두기도 한다. 이것이 진정한 평등을 실현하는 데 도움이 될 수 있다. 예를 들어보자. 재벌회장이 교통법규를 위반해서 10만 원 딱지를 끊었다. 10만 원은 재벌회장에게는 '벌'이 될 수 없다. 이번엔 택시기사가 같은 교통법규 위반으로 범칙금 10만 원을 부과받았다고 해보자. 이건 차원이 완전히 다르다. 택시기사로서는 하루 종일 일을 해야 벌 수 있는 돈이기 때문이다. 소득에 상관없이 동일하게 처벌하는 건 평등이 아닐 수 있다.

그런데 우리나라에서는 정반대의 상황이 자주 벌어진다. 법이 재벌에게 특혜(?)를 주거나 부자들의 벌을 가볍게 해주는 일이 있다. 단적인 예를 들어볼까. 선고받은 벌금을 내지 못할 경우 노동으로라도 대신해야 한다. 이때 재벌과 일반인 사이에 그 노동의 값어치인 일당의 격차가 심하다. 그것도 10배도, 100배도 아닌, 무려 1만 배에 달한다면 어떻겠는가. 실제로 일반인은 노역 일당을 5만 원으로 쳐준 데 반해 재벌 그룹 회장의 일당은 5억 원으로 계산한 경우도 있다.

이른바 '황제노역' 논란을 불러온 일당 5억 원짜리 판결과 어느 장애인 운동가의 일당 5만 원짜리 판결을 비교해보자.

재벌회장 일당은 교도소에서도 5억 원

500억 원대의 법인세 포탈, 100억 원대의 횡령으로 천문학적인 벌금형 판결을 받은 재벌회장이 벌금을 납부하는 대신 하루 5억 원짜리 노역을 하고 있다면? 2014년 이런 사실이 알려지면서 시민들은 '황제노역'이라며 분노했다. 어떻게 이런 일이 가능했을까. 재판 과정부터 살펴보자.

대주그룹 허재호 회장. 그는 1981년 대주건설을 창업하고 1998년부터 2008년 초까지는 계열사를 거느린 그룹회장을 맡게 된다. 그는 광주지역에서 건설업으로 시작하여 제조·금융·조선업을 넘어 언론으로까지 사업을 확장해나갔다. 그런데 2000년대 중반부터 크고 작은 악재가 겹치면서 사업에 어려움을 겪게 된다. 그러다 2007년 11월 검찰은 수백억 원대의 세금 포탈, 회사자금 횡령 혐의 등으로 허 회장과 그의 지시를 따른 그룹간부 2명을 함께 기소한다.

그는 특정범죄가중처벌법위반(조세), 특정경제범죄가중처벌법위반(횡령)으로 재판을 받았다. 법인세 부담을 피하기 위해 회계장부를 조작하는 방법으로 2005년 약 267억 원, 2006년 약 241억 원을 포탈하고, 회사자금을 개인 계좌에 분산입금시키는 방식으로 100억 원을 횡령했다. 1심인 광주지법(제2형사부 재판장 이재강)은 전부 유죄로 판결했다. 법원은 허 회장이 500억 원이 넘는 세금을 빼돌려 죄질이 아주 나쁘고, 다른 피고인인 대주건설 임원들을 회유하여 진술을 조작하려 하기까지 했다고 강도 높게 비난했다.

이쯤 되면 중형이 선고될 기세다. 허 회장이 대주그룹의 사실상 1인 주주로서 모든 의사결정을 내리고 감독해왔다는 점에서 중형을 면하기는 어려워 보였다. 특정범죄가중처벌법(8조)에 따르면, 포탈세액이 연간 10억 원 이상인 경우에는 무기 또는 5년 이상 징역에 처하고, 동시에 포탈세액의 2~5배를 벌금으로 매긴다. 특정경제범죄법(3조)도 횡령, 배임 등 이득액이 50억 원 이상일 때 무기 또는 5년 이상의 징역과 함께 벌금형을 내릴 수 있도록 되어 있다. 법대로라면 허 회장은 최소 1000억 원의 벌금을 물어야 한다.

그런데 판결 결과는 뜻밖이었다. 법정형보다 훨씬 낮은 형이 나왔다. 재판부는 허 회장이 그 범행으로써 개인이득을 취하지 않은 점과 세금을 모두 납부하고 횡령 피해액을 공탁한 점을 높게 샀다. 게다가 "횡령한 금액은 주주 배당절차를 거친다면 충분히 그 대부분이 피고인에게 배당될 수 있었다"면서 횡령 범행의 가벌성可罰性은 크지 않다고 했다. 어차피 자기에게 돌아갈 회사 돈을 횡령한 셈이니 죄가 무겁지 않다는 얘기다.

검찰도 이례적으로 벌금형에 대해선 선고유예(비교적 경미한 범죄를 저지른 범죄자에게 일정기간 동안 형의 선고를 유예하고, 2년을 경과하면 면소된 것으로 간주하는 제도)를 구형했다. 허 회장이 포탈한 법인세를 모두 납부하고 횡령한 돈도 다 물어냈으니 굳

아파트 값 벌었다

운석인가요?

하루일당 5억 (사백억원탈세 재벌노역)

벌금 납부 대신 노동으로 때울 때, 일당을 5억 원으로 쳐준다면 누가 납득할 수 있을까.(경향신문, 2014년 3월 21일)

이 벌금을 낼 필요가 있겠느냐는 논리였다.

재판부는 2008년 12월 30일 허 회장에게 징역 3년에 집행유예 5년, 벌금 508억 원을 선고한다. 법전에는 '5년 이상의 징역'이라고 되어 있었지만 형이 깎여서 집행유예까지 붙었고, 벌금액수도 법정형의 절반에 불과했다. 더구나 벌금을 납부하지 못할 경우를 대비한 환형유치換刑留置 1일 환산금액은 2억5000만 원이나 됐다.

이해를 돕기 위해 환형유치에 대해 알아보자. 벌금은 판결이 확정된 뒤 30일 내에 납부하는 것이 원칙이다. 이 기간이 지나도록 벌금을 내지 않는 사람은 교도소 노역장에서 작업을 하게 된다. 이때 벌금액에 충당할 노동의 대가, 즉 '일당'이 얼마인지를 법원이 판결에서 정하는데 이것을 환형유치라고 한다. 예컨대 환형유치의 1일 환산금액이 10만 원이라면 벌금 100만 원 미납시 10일을 교도소에서 작업을 해야 한다. 단, 환형유치 기간은 3년을 넘을 수 없다. 3년 상한 규정 때문에 수백억~수천억 원대의 천문학적인 벌금형을 받은 범죄자가 억대의 일당을 받게 되는 것이다. 허 회장은 어떨까. 1심 판결의 1일 환산금액이 2억 5000만 원이다. 벌금 508억 원을 이 액수로 나누면 204일을 교도소 노역장에서 일하면 된다.

그런데도 허 회장은 "형이 너무 높다"는 이유로 1심 판결에 불복하고 광주고법에 항소한다. 반면 검찰은 항소를 포기했다. 따라서 불이익변경금지원칙*에 따라 항소심에서 1심보다 높은 형량이 선고될 가능성은 없어졌다. 허 회장으로선 밑져야 본전이었다.

벌금액은 절반으로 일당은 2배로

그런데 2010년 1월 또 한 번 놀랄 일이 생긴다. 2심(광주고법 제1형사부 재판장 장병우)은 허 회장의 항소를 받아들여서 벌금액을 반으로 낮추고 일당을 2배로 올리는 '은전'을 베푼다. 광주고법은 집행유예형은 그대로 둔 채 벌금액을 254억 원으로 낮춰주고 1일 환산금액은 5억 원으로 높여주었다. 거액의 탈세범, 횡령범들에게 종종 억대 일당이 선고된 적은 있지만, 1일 환산 5억 원은 역대 최고액수다.

---

* 형사사건에서 피고인이 상소한 경우(검사가 피고인의 이익을 위해 상소한 경우 포함) 상소심이 원심보다 중한 형을 선고하지 못한다는 원칙. 예를 들어 1심에서 벌금 100만 원 판결을 내렸을 때 피고인만 항소했다면 2심에서는 벌금 100만 원보다 무거운 형(예를 들어 벌금 200만 원 등)을 선고할 수 없다.

이 판결로 허 회장이 벌금을 내지 않고 몸으로 때울 수 있는 날짜, 즉 환형유치 기간은 204일에서 51일로 줄었다. 1심과 비교할 때 속된 말로 '따따블' 효과가 났다.

2심은 형을 깎아주기 위해 유리한 사정을 11가지나 나열한다. 허 회장이 범죄를 시인하고 뉘우치는 점, 벌금형 외에 전과가 없는 점, 법인세·가산세를 납부한 점, 평소 사회복지활동을 꾸준히 해왔고 지역경제가 입을 피해를 최소화하기 위해 노력하고 있는 점, 질병을 앓고 있는 점 등이다. 심지어는 빼돌린 세금을 착복하지 않고 계열사 운영자금으로 사용한 점, 세금포탈 방법이 치밀하지 않은 점, 횡령한 돈을 성당 건축비용으로 기부한 점까지 유리한 양형사유로 등장했다.

허 회장은 여기서도 만족하지 않고 상고장까지 제출했으나 대법원은 상고기각으로 사건을 마무리했다. 특정경제범죄법과 특정범죄가중처벌법은 천문학적인 세금포탈과 횡령 행위 등에 대해 일반 형법보다 무거운 기준으로 엄격하게 처벌하기 위해 만들어진 법이다. 이쯤 되면 법의 제정 취지 자체가 무색해진다. 수백억 원대의 세금포탈과 업무상 횡령에 따른 실제 처벌이 결코 무겁지 않았으니 말이다. 그마저도 허 회장이 51일 동안만 노역을 하면 벌금도 납부할 필요가 없게 되었다.

대법원 판결 뒤 해외에 거주하던 허 회장은 2014년 3월 22일 귀국한다. 벌금 미납으로 수배중이던 그는 벌금 납부 대신 노역을 선택했다. 이때 허 회장의 일당이 5억 원이라는 사실이 알려지면서 '황제노역'에 대한 공분이 일기 시작했다. 비판 여론이 커지자 검찰은 닷새 뒤인 3월 26일 노역형 집행을 중단한다. 그 사이 허 회장은 30억 원을 탕감받았다. 영장실질심사시 수사기관 구금 1일과 노역장 유치 5일을 합한 6일간 신체의 자유를 제한받은 대가였다.

김용민의 그림마당
yongmin@kyunghyang.com

법원의 '황제노역' 판결이 대중의 공분을 사면서, 벌금형 제도가 바뀌게 되었다. 그러나 사람들은 다시 한 번 법의 불평등을 실감할 수 밖에 없었다.(경향신문, 2014년 3월 27일)

검찰은 허 회장의 재산을 추적해서 벌금을 강제집행하겠다고 공언했지만, 여론에 떠밀려 뒷북을 쳤다는 비판을 면할 수는 없었다. 그 후 허 회장은 남은 벌금을 완납한 것으로 알려졌지만 일반 시민들은 법의 불평등을 실감할 수밖에 없었다.

여론을 의식한 국회는 2014년 5월 14일 벌금액수에 따른 환형유치기간의 하한선을 못 박는 방식으로 법을 바꾸었다. 그 뒤로는 벌금액수가 1억 원 이상 5억 원 미만일 때는 300일 이상, 5억 원 이상 50억 원 미만일 때에는 500일 이상, 50억 원 이상인 때에는 1000일 이상 노역을 해야 한다. 만일 허 회장에게 개정안을 적용한다면 그는 일당을 2540만 원 이상 받지 못하며 노역장에서 1000일 넘게 있어야 한다.

어느 장애인운동가의 일당 5만 원 '평민노역'

이와 대비되는 사건이 있다. 황제노역과 짝을 맞춘다면 평민
노역이라고 해야 할까. 주인공은 장애인 운동가인 박경석 전국
장애인차별철폐연대(전장연) 대표이다. 1급 척수장애인인 그는
장애인인권운동을 하는 과정에서 수차례 전과를 얻었다. 2013년
에 받은 벌금 200만원 형이 여기서 이야기할 판결이다.

2012년 10월 26일 새벽, 뇌변병장애로 팔과 다리를 거의 움
직이지 못하는 장애인 김주영 씨가 화재로 질식사하는 사고가
일어났다. 큰 불이 아니었지만 중증장애인인 김씨는 대피할 수
없었다. 그는 활동보조인이 없으면 움직일 수가 없는데, 야간에
는 활동보조인 지원이 되지 않았다. 그날 참극도 활동보조인이
퇴근한 사이에 일어났다.

처음 불길을 발견했을 때 김씨는 "도와달라"고 외쳤지만 목
소리를 들을 수 있는 사람은 아무도 없었다. 간신히 119에 구조
요청을 했지만 소방차가 도착했을 때는 너무 늦은 시점이었다.

박경석 대표는 김씨의 죽음에 국가의 책임이 있다고 생각했
다. 그래서 광화문광장에서 보건복지부 건물까지 '고故 김주영
노제'를 진행한 뒤 영정사진과 깃발을 들고 행진하면서 구호를
외쳤다. 검찰은 신고 없이 집회를 열고, 행진시 차로를 점거했다

며 집시법위반과 일반교통방해죄로 2013년 8월 박 대표를 약식 기소했다.

박 대표가 벌금 200만 원의 약식명령문을 받고서 정식재판을 청구하지 않은 사이 벌금형이 확정되고 말았다. 2014년 뒤늦게 정식재판을 청구했지만 법원은 기간이 경과했다는 이유로 받아주지 않았다. 박 대표는 벌금을 내지 않겠다고 선언했다. 그는 검찰청 앞에서 "고故 김주영 노제'를 불법으로 규정한 정부에 반발하며 벌금형 납부 대신 자진구속을 결의한다"고 발표했다.

그는 검찰에 자진출두한 뒤 노역을 하기 위해 서울구치소로 들어갔다. 박 대표의 노역 일당은 5만 원이었다. 허 회장 일당의 1만분의 1 수준이다. 벌금 200만 원을 다 채우기 위해서는 40일의 노역을 해야 했다.

그는 휠체어에서 내려오면 움직일 수 없는 척수장애인이다. 일반인들처럼 딱딱한 바닥에 누울 수도 없고, 일반 화장실을 이용할 수도 없었다. 게다가 교도소에는 장애인이 노역을 할 수 있는 여건이 마련되지 않았다. 그는 닷새 만에 건강 악화로 노역을 중단할 수밖에 없었다. 그렇게 고생해서 탕감된 벌금액은 불과 25만 원, 허재호 회장의 5억 원에 비하면 티끌만큼도 안 된다. 그는 시민들이 모아준 성금으로 남은 벌금을 냈다.

박 대표는 노제 참석자들에게 내려진 벌금형 총액만 약 1500만 원이고, 2010년 이후 장애인권보장을 요구하며 집회와 시위에 참석한 활동가들이 이제까지 부과받은 벌금이 총 6845만 원에 달한다며, 정부의 탄압이라고 비판했다. 이 돈은 허 회장과 같은 거물들에게는 하루 일당도 되지 않는다.

일수벌금제, 집행유예 도입⋯ 벌금형 개선 시급

같은 벌금 액수라도 경제적 차이에 따라 느끼는 처벌의 정도는 확연하게 차이 난다. 벌금형의 맹점은 이런 점에서도 확인된다.

2009년부터 '벌금미납자의 사회봉사 집행에 관한 특례법'이 시행되고 있다. 이 법에 따라 경제적 어려움 때문에 벌금을 납입하지 못한 300만 원 이하 소액 벌금자들이 노역장 유치 대신 사회봉사명령을 할 수 있는 길이 열렸다. 하지만 요건이 까다로운 탓인지 많은 사람들이 혜택을 받지는 못하고 있다. 사회봉사로 벌금을 대체하는 인원은 연간 수천 명에 불과하며, 벌금 대신 노역장에 유치되는 사람이 아직도 연간 3~4만 명이나 된다.

따라서 벌금형의 획기적인 개선이 필요하다는 지적이 나온다. 특히 일수벌금제의 도입은 학계에서 활발한 논의가 진행되고 있다. 일수벌금제는 경제적 능력에 따라 벌금 액수에 차등을 두는 제도이다. 즉 범죄자의 재산상태를 고려하여 일당을 정하고 죄질에 따라서 일수를 정하는 방식이다. 일수벌금제는 국회에서도 입법이 추진되고 있으나 관련 기관간의 견해 차이와 부작용 때문에 도입 여부는 불투명하다.

그보다는 현재 징역·금고형에만 있는 집행유예 제도를 벌금형에도 도입하는 방안이 현실적이란 의견도 많다. 쉽게 말해 벌금형을 선고하되 일정 기간 죄를 짓지 않으면 벌금액 납부를 면제해주는 방식이다.

한편, 법원은 일반인에게 적용되는 노역 일당을 5만 원에서 10만 원으로 올렸다. 환형유치 일당을 법으로 정하는 것은 아니지만 2015년 현재 전국의 형사법원에서는 특별한 사정이 없는 한 벌금을 내지 않는 사람에게 하루를 10만 원으로 계산해서 노역을 하도록 판결을 내리고 있다.

노역장 유치는 교도소 생활과 별 차이가 없어서 경제적 능력이 없는 사람은 벌금형을 받고도 징역살이를 하는 셈이라는 비판도 있다. 가진 사람들에겐 하룻밤 술값도 안되는 수백만 원의 벌금이, 또 다른 누구에게는 가혹한 형벌이라면 불공평하지 않은가. 일당 5만 원과 일당 5억 원, 당신은 어느 쪽인가.

〈표〉 허재호 회장과 박경석 대표 환형유치 비교

구분	허재호 회장	박경석 대표
죄명	조세범처벌법 업무상 횡령	집시법 위반 일반교통 방해
벌금액	254억 원	200만 원
노역 일당	5억 원	5만 원
환형 유치	51일	40일

검사, 피고인으로 법정에 서다

벤츠는 '청탁 대가'다 ——— VS ——— **벤츠는 '사랑의 정표'다**

여자 검사와 남자 변호사의 은밀한 사생활. 영화나 소설 제목이 아니다. 어느 여검사와 남변호사가 연루된 형사사건을 보면서 이런 제목이 떠올랐다. 세칭 '벤츠 여검사' 사건 말이다. 그런데 정작 법적으로 문제가 된 건 사생활이 아니었다. 외제차와 명품백이었다.

변호사가 검사에게 외제차와 명품백을 준다면 보통 사람들이 어떻게 여길까? 당연히 어떤 목적이 있는 '검은' 돈으로 보고, 처벌이 필요하다는 생각을 할 것이다. 그런데 그 두 사람이 연인관계라면? 변호사의 선물을 연인에 대한 호의로 여길 수도 있을까? 아니면 여전히 청탁의 대가일까? 이런 경우에 법은 어떤 판결을 내려야 하나.

법은 항상 사건이 생기고 나서야 개입한다. 그리고 맹점이 발견된 뒤에야 새로운 법이 만들어진다. 이번 경우도 마찬가지였다. 두 사람의 은밀한 관계에서 시작된 사건은 누구에게든 부정한 돈을 받으면 대가와 관계없이 처벌하는 이른바 '김영란법'을 만드는 데 이바지했다. 어떻게 된 일인지 사건 속으로 들어가보자.

여검사와 남변호사의 은밀한 사생활

2010년 9월, A검사(당시 35세)는 B변호사(당시 48세)로부터 사건 하나를 부탁받는다. 변호사가 검사에게 청탁을 한다? 상식적으로 납득할 수 없다. 하지만 두 사람은 특별한 사이였다. 오래전부터 남몰래 내연관계를 유지해오고 있었던 것이다. B변호사는 A검사의 마음을 사로잡기 위해 아파트 보증금을 대신 내주고 다이아반지·시계·골프채 등을 선물하는 등 물량공세를 펼쳤다. 게다가 2008년부터는 벤츠 승용차를 리스해주었고, 2010년에는 신용카드까지 건네주는 '호의'를 베풀었다. 둘은 그렇게 연인 사이가 되었다.

그러던 중 B변호사는 동업 과정에서 분쟁이 생겨 동업자를 고소했다. 검찰에 있는 애인 A검사의 도움이 필요해졌다. 2010년 9월 초, 두 사람이 만날 때나 전화 통화를 할 때 B변호사는 "담당검사에게 부탁해서 동업자가 구속되거나 고소사건이 신속하게 처리될 수 있게 도와달라"고 A검사에게 말했다. 요청을 받은 A검사는 담당인 C검사에게 "사건을 신속하게 처리해주면 좋겠다"는 뜻을 직접 전하기도 했다. 청탁 이후에도 A검사는 B변호사가 제공한 승용차와 카드를 계속 사용하고 있었다. A검사는 500만 원대 가방을 구입한 뒤 B변호사에게 "가방값을 달라"고 요구하기까지 했다.

이 같은 사실은 B변호사의 또 다른 내연녀가 검찰에 진정을 내면서 세상에 알려졌다. 진상을 조사한 검찰은 A검사의 행동이 단순히 부적절한 처신을 넘어 형사처벌 대상이라고 판단했다. 검찰은 A검사가 B변호사의 청탁을 받은 2010년 9월부터 2011년 5월까지 신용카드와 벤츠승용차를 대가로 제공받은 혐의(특가법상 알선수재*)로 기소하기에 이른다.

이것이 '벤츠 여검사 사건'의 전모다. 정리하자면 B변호사는 A검사에게 승용차와 신용카드를 제공했고, A검사는 B변호사를 위해 담당검사에게 전화를 걸어 "사건을 신속하게 처리해주면 좋겠다"는 말을 전했다. 이것은 사랑하는 연인을 위한 호의였을까, 아니면 청탁을 대가로 금품을 주고받은 범죄였을까? 법원에서도 의견이 갈렸다. 법적인 쟁점에 따라 '①청탁'을 받았는지 '②대가성'이 있는지 여부를 나눠서 따져보자.

먼저 A검사의 입장이다. 피고인으로 법정에 선 그는 "청탁받은 기억이 없다"고 부인했다. 설사 청탁을 받았더라도 신용카드

---

* 특정범죄가중처벌법 제3조(알선수재) 공무원의 직무에 속한 사항의 알선에 관하여 금품이나 이익을 수수·요구 또는 약속한 사람은 5년 이하의 징역 또는 1000만 원 이하의 벌금에 처한다.

나 벤츠 승용차 제공은 대가성이 없고, 설사 알선*으로 인정되더라도 사랑하는 연인을 위해 호의로 한 행위이므로 죄가 아니라는 것이 A검사의 주장이다. 요약하자면 '① 청탁'을 안 받았고, 설사 받았더라도 '②대가성'이 없다는 것이다.

하지만 1심(부산지법 제5형사부 재판장 김진석)은 두 사람의 행동을 대가성 있는 거래로 보았다. 먼저 청탁 여부에 대해 법원은 B변호사가 법정에서 청탁했다고 진술했고, C

벤츠 여검사 징역 3년

법원 "금품받고 동료에 청탁"
접대받은 부장판사 정직 2월

'벤츠 여검사'로 불리는 이모(36·여) 전 검사에게 1심에서 징역 3년형이 선고됐다.

부산지법 형사합의5부(부장 김진석)는 27일 알선수재 혐의로 구속기소됐다가 보석으로 석방된 이 전 검사에게 징역 3년에 추징금 4,400여만원, 샤넬 핸드백 및 의류 몰수를 선고했다. 재판부는 그러나 이 전 검사가 임신 중인 점을 고려해 법정구속은 하지 않았다.

법원은 "피고인이 내연관계인 최모(49) 변호사의 사건과 관련, 동료 검사에게 전화로 청탁을 한 기간에 (최 변호사로부터 받아 쓴) 법인카드의 사용액이 크게 늘었고 벤츠를 이용한 점 등을 볼 때 유죄가 인정된다"고 판시했다. 이어 법원은 "검사로서 고도의 청렴성이 요구되는 피고인이 청탁과 함께 알선 대가를 받아 죄질이 매우 나쁜데도 사적 관계에서 금품을 받았을 뿐이라며 잘못을 뉘우치지 않았다"며 "검사에 대한 국민적 신뢰를 심각하게 훼손했다"고 중형을 선고한 배경을 밝혔다.

이 전 검사는 2010년 10월 8일 부장판사 출신의 최 변호사가 고소한 사건과 관련해 인권 검사인 장원() 모 검사에게 전화로 청탁을 하고 그 대가로 같은 해 9월부터 지난해 5월까지 5,591만원의 금품을 받은 혐의로 기소됐다. 이 전 검사는 최 변호사의 법인카드로 샤넬 핸드백 구입비, 항공료,

회식비, 병원진료비 등 2,311만원을 결제했고, 최 변호사의 벤츠 승용차를 이용해 3,280만원 상당의 재산상 이익을 취득한 혐의다. 이 전 검사는 조민간 항소할 것으로 알려졌다.

한편 대법원은 벤츠 여검사 사건과 관련해 징계 통보된 부산지법 A부장판사에 대한 징계위원회를 지난 16일 열어 정직 2개월의 중징계를 내린 것으로 확인됐다. A부장판사는 검찰 수사에서 최 변호사로부터 여섯 번에 걸쳐 60만원 상당의 식사를 대접받고 두 차례에 걸쳐 110만원 상당의 와인을 선물받은 사실이 드러났다.

부산=강성명기자 smkang@hk.co.kr
정제호기자 next88@hk.co.kr

치정과 청탁이 얽히고 설킨 '벤츠 여검사' 사건. 1심은 검사가 받은 외제승용차와 명품이 단순한 선물이 아니라 대가성 청탁이라고 판단했다. 그러나 2심과 3심은 이와 반대되는 판결을 내렸다.(한국일보, 2012년 1월 28일)

검사가 'A검사가 가급적 신속하게 처리해주면 좋겠다는 취지로 부탁했다'는 진술을 한 점과, 두 사람이 주고받은 문자메시지 내용으로 볼 때 청탁을 받은 것으로 봤다.

특히 B변호사가 사건을 파악해달라고 요청했을 때 A검사가 "피의자 이름 알려줘 진행상황이랑""응 연락해볼게" 등의 문자

---

* '알선'의 법적 의미는 공무원이 일정한 직무행위를 하도록 매개, 주선하는 것을 말한다. 알선의 수단과 방법에는 제한이 없고, 반드시 부정한 행위를 요건으로 하지 않으며 단순하게 '선처 바랍니다'라는 부탁 정도로도 알선이 될 수 있다.

를 보낸 사실이 확인됐다. 또 B변호사가 '고소인이 협박하니 사건이 빨리 처리됐으면 좋겠다'고 말한 이후에 A검사는 "뜻대로 전달했고 그렇게 하겠대 영장청구도 고려해 보겠대 상황은 다 설명했어" "C검사한테는 말해뒀으니 그리 알어" 등의 답변도 보냈다.

1심 "사건 청탁, 대가성 모두 인정" 유죄

다음으로 대가관계다. 법원은 A검사가 B변호사의 신용카드·승용차를 사용한 것이 청탁의 대가라고 봤다. A검사는 "청탁 시점 이전부터 이미 사용했으므로 대가가 아니다"라고 주장했지만 받아주지 않았다. 법원은 카드 사용 시점이 청탁 시점에서 멀지 않았고 청탁 이후 사용금액이 눈에 띄게 증가한 점, 승용차도 2011년 2월 이후 A검사가 거의 전적으로 사용한 점, A검사가 추가 고소장 초안을 검토한 뒤에 가방값 540만 원을 달라고 요구까지 한 점 등을 확인했다.

결국 신용카드와 승용차를 사용하거나 보관·관리하던 중에 청탁을 했고 알선행위까지 인정된 이상 "청탁을 받은 시점부터는 대가관계에 있는 것으로 성격이 달라진다"고 판단했다. 법원은 "법률전문가인 A검사로서는 청탁시점 이후에는 카드와 승용차를 사용하는 것이 단순히 내연관계에 따른 경제적 지원을 넘어 청탁에 대한 대가의 성질을 가지게 된다는 것을 인식하였을 것으로 보인다"고 했다. 그러니까 청탁 이전에 제공받은 부분은 호의로 보더라도, 적어도 청탁 시점부터는 대가성이 인정된다는 말이다.

법원은 알선과 수수한 금품 사이에 전체적·포괄적으로 대가관계가 있으면 그것으로 충분하다고 판시했다. 1심 판결은 '①청탁을 받았고 ②대가도 있었다'로 정리된다. 이 판결로 A검사는 징역 3년을 선고받았으며, 약 4400만 원 추징과 함께 합계액 1000만 원이 넘는 고급 핸드백과 의류 몰수형까지 더해졌다.

2심 "청탁은 받았지만 대가는 없었다"

그런데 항소심(부산고법 제1형사부 재판장 김형천)은 전혀 다른 결론을 내린다. ①청탁은 받았지만 ②대가는 없었다는 판단이다. 우선 청탁 부분에 대해서는 1심과 마찬가지로 인정된다고 했다. 문제는 신용카드와 승용차 사용의 대가성 판단인데, 대가가 아니라고 판결했다. 왜 그럴까. 2심 판결을 요약하면 이렇다.

청탁 시점 기준으로 볼 때 카드는 4개월 전, 승용차는 2년 7개월 전에 B변호사가 이미 사용을 허락했다. 특히 승용차는 다른 여자를 만나지 않겠다는 '사랑의 정표'로 A검사에게 사용하게 했다. B변호사는 그 이전부터 아파트 보증금·다이아반지·모피코트·골프채 등 고가의 선물과 현금을 여러 차례 주었다. 그리고 A검사가 500만 원대 가방값을 요구했다는 부분은 B변호사가 가방을 선물하기로 했는데 약속이 미뤄져서 문자를 보낸 것일 뿐 청탁과 무관하다.

따라서 재판부는 "고소사건 청탁이 없었더라도 신용카드, 벤츠 승용차의 반환을 요구하였을 만한 사정이 없다"고 밝히면서 청탁을 한 전화 통화에 대해서도 "내연관계에 있는 B변호사를 위하여 호의로 한 것이지 어떤 대가를 바라고 한 것은 아닌 것으로 보인다"고 판시했다.

2심의 판단은 피고인인 A검사의 주장과 거의 똑같다. 범죄의 증명이 없으므로 무죄. 이게 2심의 결론이다.

1심에서 "검사의 청렴성과 도덕성, 공정성을 심하게 훼손하고 잘못을 진지하게 뉘우치지 있지 않다"고 A검사를 질책한 법원이 2심에서는 면죄부를 준 셈이다.

벤츠는 사랑의 정표일 뿐 대가 아니다?

2심 판결을 삐딱하게 해석해보자. 내연남(혹은 내연녀)에게 부탁을 받은 검사(혹은 공무원)는 동료에게 사건 청탁을 해도 처벌받지 않는다. 단, 대가를 바라지 않는 순수한 호의를 베풀었다고 주장해야 한다. 혹시라도 연인이 신용카드나 승용차, 선물을 주겠다면? 청탁 전에 최대한 일찍 당겨서 미리 달라고 하라. 그래야 법정에서 호의의 표시로 인정된다. 연인간의 선물을 청탁의 대가로 바라본다면 그건 사랑을 모독하는 시선이다.

벤츠 여검사 사건에서 1심은 사건 청탁과 대가를 모두 인정한 반면, 2심은 사건 청탁은 있었지만 대가가 없었다는 판결을 내렸다. 대법원도 2015년 3월, 벤츠 승용차는 사랑의 정표라고 본 2심과 같은 의견이었다. 대가와 청탁을 엄격하게 구분하는 법률과 판례 덕분에 A씨는 자유의 몸이 되었다.

대법원 판결이 선고되기 이틀 전 국회는 일명 '김영란법(부정청탁 및 금품 등 수수의 금지에 관한 법률)'을 통과시켰

벤츠 여검사 사건으로 촉발 관피아 논란에 논의 급물살

법안 탄생부터 통과까지
과잉금지 원칙 등 놓고
법무부-권익위 줄다리기
사립학교·언론 등 포함
대폭 강화된 案으로 수정

소위 '김영란법'으로 불리는 '부정청탁 및 공직자 이해충돌 방지법안'이 탄생한 계기는 이른바 '벤츠 여검사' '스폰서 검사' 사건이었다. 변호사로부터 벤츠를 받고 그 검사가 수사하는 사건에 청탁해줬다는 이유로 해당 여검사가 기소됐지만 직무연관성이 없다는 이유로 무죄를 받은데 대해 국민적 여론이 급속히 악화됐고, 이에 김영란 전 국민권익위원장은 지난 2012년 8월 직무관련성과 상관없이 금품을 수수한 공직자들을 처벌할 수 있는 법을 제정에 나섰다.

이듬해인 2013년 8월 공무원이 100만원 이상 금품이나 향응을 받으면 직무관련성이나 대가성이 없어도 3년 이하 징역 또는 수수한 금품의 5배 이하 벌금을 물리는 형사처벌을 받도록 한 정부 법안이 국회에 제출됐고 이때부터 김영란법은 정치권 안팎의 '뜨거운 감자'로 급부상했다.

김영란법에 대해 '과잉금지 원칙에 어긋난다'는 입장을 내놓은 법무부는

·의결했다.

김영란법은 지난해 4월 발생한 세월호 참사를 계기로 '관피아'가 도마에 오르면서 국회에 제출된 지 9개월 만에 본격적인 심의를 받기 시작했다. 국회 정무위원회는 지난해 5월 김영란법과 관련한 논의를 시작했지만 협상은 매번 난항을 겪었다. 이러는 '이해충돌 방지제도' 조항에서 충돌했고 결국 그해 5월 임시국회의 처리가 무산됐다.

이에 박근혜 대통령은 정의화 국회의장에게 김영란법 처리를 부탁했고 여야는 김영란법과 유병언법, 정부조직법에 우선처리하는 데 합의했으나 여야 간 이견이 계속되면서 '세월호 패키지 3법' 처리에 김영란법은 제외됐다. 정치권엔 "김영란법을 처리할 의지가 있느냐"는 비난의 화살이 좁아졌고 정부에는 김영란법의 처리가 무산된 지 6개월 만에 심사를 재개했다.

김영란법은 적용대상이 대폭 확대된 상태로 지난 1월 수면에 드러났다. 정부에는 제재대상에 사립학교와 언론사까지 포함한 김영란법을 법안심사소위에서 전체회의를 통과시켰다.

법안은 국회 법제사법위원회에 올라오면서 또다시 문제시됐다. 김영란법 원안을 대표발의했던 이상민 법사위원장은 "위헌 소지가 있다" "언론의 자유를 침해할 여지가 있다"며 의

'벤츠 여검사' 무죄 판결 뒤 국회에서 대가성 유무에 상관 없이 금품을 받은 공직자를 처벌하는 '김영란법'이 제정됐다. 이렇게 법은 사건이 발생한 뒤에 계속 보완되고 개선된다.(파이낸셜뉴스, 2015년 3월 4일)

다. 법의 골자는 제3자를 통해 공직자에게 부정청탁하는 행위를 금지하고, 공무원이 일정 금액(동일인 기준 1회 100만 원, 연간 300만 원)을 초과하여 받거나 요구하면 대가와 관계없이 형사처벌한다는 내용이다. 만일 김영란법이 이미 만들어져 시행되었더라면 벤츠 여검사 무죄판결은 나올 수가 없었다.

청탁과 대가가 동시에 입증돼야 처벌이 되는 현행법 때문에 A검사는 처벌을 피할 수 있었다. 바로 두 사람의 특수한(?) 관

계 때문에. 하지만 법이 새로 만들어지면서 앞으로는 이런 요행을 기대하기는 어렵게 되었다. 이게 다 시민들의 공분을 일으켜 국회가 법을 만들게 한 A검사 덕분이다. 김영란법 탄생의 일등공신은 바로 벤츠 여검사가 아닐까?

국민참여재판, 상식과 전문적 식견 사이

배심원 평결 번복 ——————VS—————— **배심원 평결 존중**

대한민국에서 재판은 법조인의 고유 영역이었다. 법은 어렵고 전문적인 분야이므로 전문가인 판사가 마찬가지로 전문가인 검사와 변호사의 이야기를 듣고 판결을 내려야 한다는 생각에서다. 그런데 생각해보자. 이런 전문가들이 내린 결론이 항상 믿고 수긍할 만했던가? 그렇지 않았다. 그랬다면 '무전유죄無錢有罪' '전관예우前官禮遇'와 같은 불신이 등장하지도 않았을 것이다. 판결은 보통 사람들과는 멀리 떨어진 곳에서, 그들 다수의 상식이나 의사와는 상관없이 내려진다는 인식이 많다.

때문에 사람들에게는 공정한 재판과 수긍이 가는 판결에 대한 갈증이 늘 있어왔다. 그리하여 법원이 개혁되어야 한다는 의식과 더불어, 일반 국민도 사법 과정에 참여해야 하는 것 아니냐는 문제의식이 싹텄고 그 결과로 만들어진 제도가 바로 '국민참여재판'이다. 평범한 시민을 배심원으로 재판에 참여하게 하여 일반 국민들의 눈높이에 맞는 재판을 하겠다는 취지로, 형사재판에 도입되었다. 배심원은 법원의 관할구역에 거주하는 만 20세 이상의 주민 가운데 무작위로 선정되며 사형 또는 무기징역에 해당하는 사건은 9명, 그 밖의 사건은 7명으로 배심원단이 구성된다.(단 피고인이 자백한 경우 배심원은 5명.)

2008년 64건으로 시작한 국민참여재판은 2009년 95건, 2010년 162건, 2011년 253건, 2012년 274건으로 꾸준히 늘어났다. 그 사이 재판이 판사의 전유물로 여겨지던 인식이 깨지기 시작했다. 배심원들의 평결을 판사가 반드시 따라야 할 의무는 없지만 판사들은 대체로 배심원들의 의견을 존중해왔다.

국민참여재판에 대한 비판이 없지는 않다. 배심원들이 이성적인 판단보다 감정에 휩쓸리기 쉬우며 편향될 수 있다는 지적이 대표적이다. 특히 정치적으로 민감한 사건에서 그런 비판이 자주 제기된다. 이명박정부 시절 '국내 유일 가카 헌정방송'을 내건 〈나는 꼼수다〉(이하 〈나꼼수〉) 관련 판결도 그랬다.

명색이 '가카 헌정'을 내세웠지만 매회 '가카'의 심기를 거슬렀던 〈나꼼수〉가 마침 2012년 대선을 앞두고 재판대에 오르는 사건이 벌어졌다. 〈나꼼수〉에서 '박근혜 대통령 후보 5촌조카 살인사건'을 다루면서 동생 박지만 씨가 연루되었다는 의혹을 제기하자 검찰이 허위사실유포에 따른 선거법 위반 혐위로 기소한 것이다. 그러나 국민참여재판으로 진행된 이 사건에서 1심과 2심 법원은 검찰의 주장과는 달리 무죄로 판결했다. 방송 내용이 표현의 자유 영역 내에 있다고 본 것이다. 이를 두고 검찰과 보수 언론은 '편향평결' '감성평결'이라고 비난하면서, 배심재판의 대상에서 정치적 사건은 빼야 한다고 목소리를 높였다.

그럼에도 2013년 대법원 국민사법참여위원회는 배심원 평결을 한층 더 존중하고, 참여재판을 확대하는 쪽으로 법을 개정하기로 의결했다. 하지만 법무부는 오히려 대상 사건을 축소하고 배심원의 역할을 줄이는 방향으로 입법예고를 했다. 특히

국민참여재판은 일반 국민들의 눈높이에 맞는 판결을 하고 그 결과를 신뢰하겠다는 취지에서 도입되었다. 그렇지만 너나 할 것 없이 자신이 바라는 결과가 나오면 '올바른 국민의 결정'으로, 그렇지 않을 때는 '전문성 없는 편향적인 판결'로 비난하는 이중적 태도를 보인다.
ⓒ 미디어카툰(www.metoon.co.kr) 정태권 작가

정치적 사건에서는 배심원들의 판단을 믿기 어렵다는 논리다. 게다가 최근 선거법상 허위사실유포 혐의로 기소된 조희연 교육감이 국민참여재판을 신청해놓고서는 정작 유죄 선고를 받자 "법률을 잘 모르시는 비전문가 배심원들" 운운하여 비판받고서

사과해야 했던 해프닝을 보면, 일반인 배심원에 대한 회의는 보수/진보에 상관없이 존재하는 듯하다.

과연 배심원들의 판단은 감성적이고, 편향되었을까. 반면 직업 법관의 판단은 완벽한가. 정치적이고 민감한 사건을 국민참여재판에서 제외하는 것이 타당한가. 배심재판으로 진행된 안도현 시인의 선거법 위반사건과 대법원의 배심원 평결 존중 판결을 본 뒤에 답을 내려보자.

안도현 시인 선거법 위반 사건

재판부가 결국 국민참여재판 배심원들의 전원일치 무죄평결을 뒤집었다. 배심원들과 나를 무시하고 조롱한 것으로 본다. 국민의 상식적인 눈높이를 거스른 것이다. 법이라는 거미줄에 걸린 한 마리 나비의 기분이 이럴까.

시인 안도현은 2013년 11월 7일 트위터에 자신의 처지를 이렇게 빗댔다. "법과 정의는 죽었다"고도 했다. 그가 격분한 까닭은 무엇일까. 안 시인은 선거법을 위반했다는 이유로 재판을 받는데, 배심원들의 무죄평결을 1심 재판부가 뒤집었기 때문이다. 게다가 재판부는 일반인들은 유무죄를 판단하기 쉽지 않고, 정치적 입장이나 정서에 좌우될 수 있다면서 배심원들의 판단을 평가절하하기까지 했다. 배심원과 재판부의 판단은 왜 달랐을까? 또 이런 경우엔 어떻게 해야 옳을까?

2012년 대선 당시 문재인 후보의 공동선거대책위원장이었던 안 시인은 선거 직전인 12월 10일과 11일 총 17차례에 걸쳐 트윗을 올린다. 주된 내용은 안중근 의사 유묵 한 점*의 행방이 묘연한데 박근혜 후보가 관련이 있다는 의혹제기였다.

보물 제569-4 안중근 의사 유묵 누가 훔쳐갔나, 박정희 정권 때 청와대 소장, 그 후 박근혜가 소장했다는 기록이 있는데, 문화재청에서는 도난문화재라고 한다.

박근혜 후보님, 아버지 박정희 대통령이 안중근 의사 글씨를 사랑하는 딸의 방에 걸어두었는지, 아니면 전두환이 소녀가장에게 6억을 건넬 때 덤으로 국가의 보물 한 점을 끼워주었는지 직접 밝혀주시기 바랍니다.

안 시인은 이런 내용의 글을 트위터에 쓰고 사라진 유묵의 행방을 다룬 MBC 〈시사매거진 2580〉의 '청와대에서 사라졌다' 편(2011년 10월 30일 방영)이나, 이 유묵을 도난문화재로 소개한 문화재청의 사이트를 링크하기도 했다.

그는 일부 문서에 '박근혜 소장所藏'이라는 기록이 있는 만큼

---

* 1910년 3월 안중근 의사가 뤼순감옥에서 쓴 유묵으로 恥惡衣惡食者不足與議(허름한 옷과 거친 음식을 부끄러워하는 사람은 함께 도를 논할 수 없다)라고 쓰여 있다. 1972년 8월 16일 보물로 지정되었고 원소유자가 1976년 청와대에 기증했다.

"박 후보가 의혹을 직접 밝혀달라"고 했지만 답변은 없었고, 선거는 박 후보의 당선으로 끝이 났다. 대선이 끝난 이듬해 검찰은 안 시인을 선거법위반(허위사실공표와 후보자 비방) 혐의로 기소한다. 검찰은 안 시인이 박근혜 후보를 낙선시키기 위해 유묵의 행방이 박근혜 후보와 관련이 있는 것처럼 허위 게시물을 올리고, 후보자를 비방했다고 밝혔다.

법정에 선 안 시인은 무죄를 주장했다. '박 후보에게 해명을 촉구한 것일 뿐 낙선목적이나 비방의도가 없었고 공익에 관한 것이므로 죄가 되지 않는다'고 말이다. 안 시인은 일반 시민들의 판단을 구하겠다며 국민참여재판을 신청했고 법원은 이를 받아들였다. 2013년 10월 28일 7명의 배심원들은 법정에 모였다. 재판에서 쟁점은 트위터게시물이 허위사실인지 아닌지, 허위라면 게시할 당시 허위라는 인식이 있었는지, 트윗을 게시한 의도가 낙선·비방 목적인지 공익 목적인지로 모아졌다. 오전 11시에 시작된 재판은 검찰과 안 시인 측의 치열한 공방으로 자정 무렵까지 이어졌다. 배심원들은 격론 끝에 평결을 내린다. 허위사실공표와 후보자비방 모두 무죄. 만장일치였다. 시민들은 안 시인의 트윗이 정당한 의혹제기라고 보았다.

배심원과 판사의 결론이 다르다면

그런데 이 같은 결과를 예상 못한 듯 재판부(전주지방법원 제

2형사부 재판장 은택)는 판결을 내리길 주저한다. 재판부는 배심원의 평결이 재판부의 견해와 다르다면서 "배심원의 판단을 최대한 존중해야 하지만, 또 헌법과 법률, 직업적 양심에 따라 심판을 해야 한다"며 선고기일을 열흘 뒤로 미루었다.

국민참여재판은 변론을 마치고 배심원 평결이 내려지면 이를 토대로 곧바로 판결을 선고하는 것이 원칙이다. 다만 "특별한 사정이 있는 때"에 따로 선고기일을 지정할 수는 있다. 배심원들의 평결과 판결이 일치하지 않는 경우는 종종 있었지만, 선고를 열흘 뒤로까지 미루는 일은 이례적이었다.

열흘간 고민에 고민을 거듭한 재판부는 결국 어떻게 판결했을까? 11월 7일, 재판부는 허위사실공표는 무죄, 후보자비방은 유죄라고 선고했다. 배심원들이 두 사안 모두에 무죄평결을 내린 것과는 다른 결과였다. 배심원의 평결이 뒤집힌 것이다.

재판부는 트윗 내용(유묵의 행방)이 사실인지 여부를 가리기 어렵다고 판단하고, 허위사실공표는 무죄라고 했다. 안도현 시인이 "허위 인식이 있었다고 단정하기 어렵다"는 이유에서였다. 그렇지만 후보자비방은 인정했다. 안 시인의 트윗을 '후보자 검증'이 아닌 '도덕적 흠집 내기'로 본 것이다. 재판부는 "대통령후보 자격 검증이라는 공익 목적은 명목상 동기에 불과하고, 박근혜 후보를 낙선시킬 목적으로 비방한 것이어서 표현의 자유의 한계를 일탈하여 위법하다"며 유죄로 판결했다.

배심원 평결과 직업법관의 판단이 다르다면 어떤 판결을 선고하는 것이 옳을까? 현행 법률상 재판부가 배심원 의견을 반드시 따라야 할 의무(기속력)는 없지만, 실제 국민참여재판에서 유무죄 일치율은 90% 이상(2008년 1월부터 2013년 12월까지 92.8%)이었다.

재판부도 그런 전례를 무시할 수 없었던지 "일반 국민의 눈높이에 따른 배심원의 의견은 국가권력의 원천인 국민의 뜻과 의지를 표출하는 것으로 보아야 하고, 다소 지역적·감성적으로 보이고, 때로는 정치적 색채가 짙어 보이더라도 이를 존중하여 판결에 최대한 반영하여야 한다"며 "이것이 사법의 민주적 정당성과 신뢰를 높이기 위하여 국민의 의사에 따라 도입한 입법취지에 부합하는 것이고, 민주사회의 시대적 요청에 따르는 것"이라고 국민참여재판을 추켜세웠다.

"법관의 직업적 양심 포기 못해" 무죄 평결 뒤집다

여기까지는 일반론이다. 하지만 재판부는 이내 비장한 어조로 법관의 양심을 거론하기 시작한다. 재판부는 "법관은 헌법과 법률, 직업적 양심에 따라 심판하여야 할 헌법적 책무가 있다"며 "직업적 양심은 법치사회 구현의 마지막 보루인 법관의 고유 영역으로서 어떠한 경우에도 포기할 수 없는 법관의 핵심가치"라고 했다. 그러면서 "법률전문가가 아닌 일반인으로 구성된 배심원이 법리적 관점에서 유무죄를 판단하기가 쉽지 아니하고, 사안의 성격상 배심원의 정치적 입장이나, 지역의 법감정, 정서에 그 판단이 좌우될 수 있는 여지가 엿보인다"면서 "이 사건에 대한 법관의 직업적 양심의 본질적 부분은 적어도 공소사실의 유무죄에 대한 법적 평가 부분"이라고 재판부는 밝혔다.

어려운 설명이 더 이어졌지만 한마디로 압축하면, 이 사건은 일반인이 유무죄를 판단하기 어려우니 직업법관이 판단하겠다는 뜻이다. 법관의 양심에 따른 판단이 배심원들의 평결보다 우위에 있거나, 더 타당하다는 견해를 내비친 것이다.

재판부는 안도현 시인에게 벌금 100만 원의 선고유예 판결을 내린다. 유죄로 벌금형을 받았지만 실제로 처벌하지 않는 셈이다. 재판부의 법적 판단은 유죄이나 배심원들의 처벌불가 의견을 수용한다는 의미라고 설명했다. 재판부는 '피고인의 행위는 죄가 되나, 이로 인하여 피고인을 처벌하지는 아니한다'고 선언하고는 "일응 모순적으로 보이나, 실제 양립가능한 결론"이라고 자평한다. 허위사실공표는 무죄, 후보자비방은 유죄. 배심원들의 평결을 존중하여 "죄가 되나 처벌하지 않는다"는 결론이라는데, 이것은 묘수였을까? 아니면 장고 끝의 악수였을까?

안 시인과 검찰 모두 1심 판결에 불복하여 항소한다. 항소심에서 법관들의 '직업적 양심'은 어디로 향했을까. 항소심(광주고법 전주1형사부 재판장 임상기)에선 다시 대반전이 일어난다. 배심원들의 결론처럼 다시 전부 무죄가 선고된 것이다.

우선 항소심은 트위터에 올린 내용을 허위사실로 보지 않았다. "현재로서는 '진위불명'일 뿐 허위성이 입증되었다고까지 볼 수는 없다"고 설명했다. 유묵의 행방이 확인되지 않은 상태에서 트윗이 거짓인지 참인지 가려낼 수 없기 때문에 허위사실공표가 성립되지 않는다는 말이다.

후보자비방은 어떻게 보았나. 2심은 "박근혜 후보가 당선되지 못하게 할 목적이 있었다"는 점은 1심과 의견을 같이 했다. 남은 관건은 공익목적이 있었느냐다. 후보자비방죄는 "진실한 사실로서 공공의 이익에 관한 때에는 처벌하지 아니한다"고 되어 있기 때문이다. 대법원은 이 조항을 "진실한 것이라는 증명이 없더라도 행위자가 진실한 것으로 믿었고, 믿을 만한 상당한 이유가 있는 경우에는 위법성이 없다"고 해석한다. 선거에서 후보자 검증은 상당히 중요한 일이므로 후보자에 대한 정당한 의혹 제기가 섣불리 가로막혀서는 안 된다는 취지다. 판례는 "상당한 이유"를 중시한다. 의혹이 진실이라고 믿을 만한 상당한 이유가 있었다면 나중에 진실이 아닌 것으로 밝혀지더라도 처벌할 수 없다는 입장이다. 표현의 자유를 보장하기 위해서다.

2심은 상당한 이유가 있다고 보았다. 유묵의 행방과 박근혜 후보가 관련 있다는 주장은 '진위불명'이지만 언론기관이나 공신력 있는 기관 자료에 근거했고 일부 표현 과장에 불과한 점, 의혹제기는 대통령 후보 검증을 위한 유용한 자료로 공공이익도 있는 점, 공직후보자는 비판과 감시의 대상이고 후보자 사생활, 인격권 침해도 일정한 요건 하에 허용되는 점 등을 제시했다. 따라서 후보자비방죄도 위법성조각사유에 해당되어 무죄가 되었다.(이 사건은 2015년 5월 현재 검사가 상고해서 대법원에 가 있다.)

2심 판결에 당혹감을 느꼈을 쪽은 검찰만이 아니었다. "법관의 존재이유로서 포기할 수 없는 직업적 양심"에 따라 유죄를 선고했다던 1심 재판부로서도 체면을 구겼다. 일반인이 유무죄를 판단하기 어렵다고 판단한 사건에서 1심 재판부보다 더 경력이 많은 고등법원 재판부가 일반인과 같은 결론을 내렸으니 말이다. 1심 재판부는 이를 우연의 일치라고 주장할까.

관건은 후보자 검증 과정에서 어떤 언행까지 허용할 것인지, 공익성과 비방의 차이는 무엇인지를 놓고 답을 내리는 문제였다. 즉 1심과 2심의 다른 결론에서 보듯이 정답이 있는 사안이 아니었다. 법관의 직업적 양심을 침해하는 문제도 아니었다. 표현의 자유와 후보자비방 사이의 구분은 법률전문가라고 더 잘할 수 있는 것도, 비전문가라고 더 못하는 것도 아니다.

일반인이라고 해서 법의 잣대로 유무죄를 판단하는 게 어려울까. 이건 평범한 시민들의 합리적 상식에 대한 믿음의 문제일지도 모르겠다. 사실 기본적인 법조항과 법률정보만 제공되면 어느 정도 판단이 가능하다. 그런 점에서 보면 1심 판결은 국민의 눈높이에 맞는 재판을 하겠다고 도입한 국민참여재판제도의 취지를 거슬렀다는 비판을 받을 수밖에 없었다.

여기서 국민참여재판이 시작된 지 2년이 흘렀을 즈음인 2010년 3월 대법원의 한 판결을 살펴볼 필요가 있겠다. 배심원들의 만장일치 평결은 존중되어야 할 필요가 있다는 취지의 의미심장한 판결이다.

배심원의 평결은 존중되어야 한다

A씨(당시 21세)는 후배 B군의 여자친구인 C양이 모텔에서 30대 남성 D씨와 성관계를 하기로 했다는 사실을 알게 되었다. 당시 B군와 C양은 미성년자였다. A씨는 B군과 함께 모텔방에 들이닥쳤다. "당신 누구야? 얘는 내 동생인데, 당신 지금 미성년자와 성관계를 하는 거야." A씨는 엄포를 놓으며 D씨의 얼굴을 주먹으로 때려 전치 4주의 상해를 입혔다.

여기까지는 누구도 부정할 수 없는 진실이었다. 1심(서울남부지법 제11형사부 재판장 한창훈)은 A씨에게 상해죄를 적용, 유죄판결을 내렸다. 그런데 여기서 끝이 아니었다. 검찰이 기소한 혐의에는 다음과 같은 사항도 있었다.

A씨가 B군과 함께 모텔방에 쳐들어갔을 때 D씨에게 "경찰에 신고한다" "죽여버리겠다"고 협박과 욕설을 하여 송금을 요구하고 금목걸이를 빼앗았다는 것이다. 또 B군에게는 "만약 경찰에 잡히면 내 이름이 '김훈'이라고 말해달라"고 부탁했다고 한다. 이것이 사실이라면, A씨는 단순상해가 아닌 강도상해가 되고 범인도피교사죄로도 처벌받아야 한다. A씨는 그런 사실이 없다고 극구 부인했다. 진실은 과연 무엇이었을까?

이 사건 또한 국민참여재판으로 진행돼 9명의 배심원들이 재판에 참여했다. 1심 법원은 관련자들을 증인으로 불러 진술하게 했다. 배심원들은 증언과 함께 피고인과 검찰이 제출한 증거를 모두 살펴보았다. 그리고 만장일치로 단순상해 외에는 유죄를 확신할 수 없다고 의견을 밝혔다. 재판부도 같은 의견이었다.

배심원들과 재판부는 A씨 일행이 미리 강도를 공모한 적이 없다고 판단했으며, D씨의 신용카드나 현금을 빼앗지 않은 점, 목걸이의 소재가 불분명한 점 등에 의문을 품었다. 더구나 B군의 진술이 오락가락했다. A씨가 자기를 '김훈'으로 해달라고 부탁했다는 말도 믿음이 가지 않았다. 따라서 유죄의 기준이 되는 '합리적인 의심을 할 여지가 없는 진실이라는 확신'을 가질 수 없다고 판단한 재판부는 무죄를 선고했다.

하지만 2심(서울고등법원 제10형사부 재판장 이강원)은 이 판결을 뒤집는다. 재판부는 "합리적인 근거가 없는 의심을 일으켜 증거를 배척하는 것은 자유심증주의*의 한계를 벗어나는 것으로 허용될 수 없다"고 판시했다. D씨가 일관되게 피해 입은 사실을 말하고 있고, 여러 정황 증거가 있는데도 그 증거들을 배척하는 것은 합리적 의심이 아닌 관념적 의심이라는 판단이다. 따라서 강도상해뿐 아니라 범인도피교사까지 전부 유죄로 판결했다. 1심과 2심의 판결이 정면으로 부딪힌 것이다.

---

* 증거의 증명력을 법관의 판단에 맡기는 주의. 즉 판사는 어떤 증거가 있을 때 그 증거를 채택할지 말지 판단할 수 있으며, 여러 증거 중 어떤 증거를 더 신뢰할지에 대한 판단을 할 수 있다.

결국 사건은 대법원까지 올라간다. 대법원(제1부 주심 이홍훈 대법관)은 먼저 피의자가 수사기관에서 이름을 가짜로 진술해달라고 부탁했다는 이유만으로는 범인도피교사죄가 성립되지 않는다고 판시했다. 대법원은 강도상해 부분도 유죄로 인정하지 않았다. 1심이 직접 증인신문을 한 뒤 진술의 신빙성을 판단했다면, 항소심은 그것이 명백히 잘못되었다는 확실한 증거가 없다면 함부로 뒤집어서는 안 된다는 결론이었다. 덧붙여 만장일치로 내린 배심원 평결을 존중해야 한다고 강조했다. 대법원이 교통정리를 한 셈이다.

> 배심원이 증인신문 등 사실심리의 전 과정에 함께 참여한 후 증인이 한 진술의 신빙성 등 증거의 취사와 사실의 인정에 관하여 만장일치의 의견으로 내린 무죄의 평결이 재판부의 심증에 부합하여 그대로 채택된 경우라면, 이러한 절차를 거쳐 이루어진 증거의 취사 및 사실의 인정에 관한 제1심의 판단은 실질적 직접심리주의 및 공판중심주의의 취지와 정신에 비추어 항소심에서의 새로운 증거조사를 통해 그에 명백히 반대되는 충분하고도 납득할 만한 현저한 사정이 나타나지 않는 한 한층 더 존중될 필요가 있다.

이 사건은 1심 배심원들의 결론대로 끝이 났다. 법정에서 직접 증언과 변론을 듣고서 내린 배심원들의 만장일치 평결을 존중해야 한다는 법원의 입장을 확인해준 판결이었다.

직업 법관의 판단은 항상 최선인가

2008년 시작된 국민참여재판은 시범실시 단계를 거쳐 재판 대상을 확대하고 배심원 평결을 더 존중하는 방향으로 나아가고 있다. 그런데도 법무부와 일부 국회의원들은 정치적 사건을 국민참여재판에서 배제하려 하는 등 오히려 배심원들의 권한을 축소하는 쪽으로 가려 한다. 일반 시민들의 판단을 믿지 못하겠다는 뜻일까.

정치적 사건, 사회적으로 이목을 끄는 사건은 국민참여재판에서 배제하는 것이 타당한가? 배심원들의 평결은 감성적이고 편향적인가? 답변 대신 이렇게 반문해보자. 직업법관의 선택은 항상 공정하고 어떤 편향으로부터도 자유로운가? 이 책을 읽어온 독자들은 그 답을 알리라.

모든 재판이 고도의 법률지식을 필요로 하는 것은 아니고, 오히려 사실관계가 쟁점이 되는 경우가 많다. 국민참여재판이 도입된 취지가 기존의 사법제도에 대한 불신으로부터 시작되었다는 점을 감안하면, 오히려 민감한 사건에 대해 적극적으로 활용해야 하는 것 아닐까. 법원에 대한 불신 해소와 공정한 형사재판의 정착을 위해서는 앞으로 국민참여재판을 더 확대해야 한다. 세간의 오해와는 달리 배심원들의 평결과 법원의 판결 일치도는 90% 이상이었다. 선거법 위반 등 이른바 정치적인 사건도 크게 다르지 않았다.

대중의 판단은 잘못되거나 편향될 우려가 있기 때문에 전문가의 판단에 맡겨야 한다면, 선거제도도 없애야 하지 않을까. 각종 선거에서 유권자의 선택이 항상 최선이 아닌데도 왜 우리는 선거제도를 유지하는가. 바로 민주적 정당성 때문이다. 만일 대통령이나 국회의원을 뽑는 일을 소수 정치전문가들에게 맡기면 어떻게 될까? 그들 나름대로 정치인들의 자질과 능력을 검증하여 국민들을 대표할 만한 인물을 선출할지는 모르겠지만, 그 결과에 수긍할 사람은 없다.

　　물론 재판절차와 선거절차는 다르다. 하지만 그동안 사법부는 판사들의 선발부터 재판까지 민주적 정당성을 확보하지 못했던 게 사실이다. 판사를 포함한 소수의 법률전문가 집단이 '그들만의 언어'로 재판을 해오던 시대는 이제 지났다. 일반 시민들의 요구를 이해하고 그들을 참여시키는 사법제도의 개혁은 그래서 불가피하다.

　　그런 차원에서 유용한 수단이라 할 국민참여재판은 지금보다 더 많아져야 한다, 사법비리와 사법불신이 사라지길 원한다면! 좀 더 투명한 사회, 상식에 맞는 판결을 원한다면!

〈표〉 배심원 평결과 판결 유무죄 일치율(2008. 1. 1.~2014. 8. 31.)

국민참여재판 총 건수	1368건
배심원 평결=법원 판결	1274건
배심원 평결≠법원 판결	94건
유무죄 일치율	93%

3부
법정 안의 사회

국가의 폭력을 단죄하라

소록도 한센인 강제단종 ——VS—— 삼청교육대 강제 입소·폭행

국가는 우리에게 무엇인가. 왜 존재하는가. 국가는 국민을 지켜주고 자유와 안전을 보장해주는 울타리가 되어야 한다. 하지만 국가는 종종 그런 기대를 무참히 저버린다. 1948년 4월 3일의 제주와 1980년 5월 18일의 광주를 보라. 국가가 얼마나 잔인하고 폭력적인지 몸서리치게 알 수 있다. 어디 이뿐이랴. 국가의 폭력이 남긴 상처는 곳곳에 남아 있다. 병에 걸렸다는 이유로 출산 억제와 낙태를 강요하고, 범죄를 소탕한다는 명분으로 인권을 유린하는 일을 바로 국가가 저질렀다.

그렇지만 국가가 스스로 과오를 인정하고 반성하는 일은 거의 없다. 정치적 격변을 거치거나 특별법이 만들어지거나 아니면 재판을 거쳐서야 국가의 잘못은 뒤늦게 바로잡힌다. 법원의 재판은 대체로 오랜 시간이 흐르고서야 국가의 잘못을 추궁한

다. 그러니 국가의 폭력을 감시하고 인권을 지켜줄 법원의 역할은 아무리 강조해도 모자르다.

한센인 강제단종정책

그 옛날 나의 사춘기에 꿈꾸던 / 사랑의 꿈은 깨어지고 / 여기 나의 25세 젊음을 / 파멸해 가는 수술대 위에서 / 내 청춘을 통곡하며 누워 있노라 // 장래 손자를 보겠다던 어머니의 모습 / 내 수술대 위에서 가물거린다 / 정관을 차단하는 차가운 메스가 / 내 국부에 닿을 때 // 모래알처럼 번성하라던 / 신의 섭리를 역행하는 메스를 보고 / 지하의 히포크라테스는 / 오늘도 통곡한다
-단종수술을 받았던 환자 이동의 시 〈단종대〉

전남 고흥군 작은 섬, 소록도小鹿島. 어린 사슴 모양과 같다 하여 붙여진 이름. 여행객들에겐 아름다운 섬이지만 과거 한센인들에겐 유배지이자 감옥, 살아서는 나갈 수 없었던 땅.

나병, 문둥병, 천형병天刑病이라고 불렸던 한센병. 신체 접촉으로는 전염되지 않는 병이지만, 한 번 걸리면 사람대접을 받을 수 없었다. 일제강점기인 1916년 조선총독부는 소록도에 한센병 환자 격리·수용시설을 만든다. 그것이 시작이었다. 소록도병원에서는 전염병 예방과 우생학적 이유를 들어 단종斷種정책을 실시했다. 수용된 한센병 환자들에게 강제로 낙태와 불임 수술을 실

일제시대에 한센인들에게 강제시술을 행할 때 사용한 단종대. 한센인 남성을 여기에 묶어놓고 메스로 정관을 절제했다. 해방 이후에도 소록도에서는 한센인들의 생식능력을 빼앗고 낙태를 강요하는 반인권적 정책이 계속됐다.

시한 것이다. 일제가 물러난 뒤에도 이 정책은 계속됐다. 광복 후 대한민국도 한센인들을 보호한다는 명목으로 그들의 인간다운 삶을 앗아가버렸다.

1947년생인 정유창(가명) 씨. 열일곱 되던 해 갑자기 손발에 감각이 없어졌다. 얼마 안 가 이번엔 손발과 얼굴에서 살점이 떨어져나가기 시작했다. 그 무렵 늦은 밤 안방에서 연신 담배를 피우는 아버지와 그 옆에서 어머니가 흐느끼는 모습을 엿보았다. "세상에, 유창이가 문둥병이라니, 불쌍해서 어쩌면 좋아요."

어린 유창은 다음날 집을 나갔다. 구걸과 막일로 하루하루

버텨갔다. 하지만 오래가지 못했다. 외모 때문에 가는 곳마다 문전박대였으니. 병을 옮긴다, 흉측스럽다, 재수없다……. 돌팔매질에 욕설이 날아왔다. 식당도 이발소도 들어갔다 쫓겨나기 일쑤였다. 정씨는 갈 곳 없이 떠돌다 부산에서 단속반에 잡혀 소록도로 끌려왔다. 고분고분하지 않다고, 첫날부터 스무 날을 몸둥이 찜질을 당했다. 그때가 1973년, 스물일곱 살이 되던 해였다.

1951년생 박소녀(가명) 씨. 열여섯 꽃다운 나이에 얼굴이 뭉그러지기 시작했다. 얼굴을 싸맨 채 빨래터에 갔는데 아낙들이 모두 자리를 피한다. 벌써 동네에 소문이 퍼졌다. 며칠 후 마을 장정들이 집에 몰려왔다. "문둥이와 같이 살 수 없으니 얼른 나가!"

그리고 집을 부수기 시작했다. 간신히 몸을 피한 박씨 가족들은 정처 없는 떠돌이 생활을 시작했다. 박씨는 손가락질 받으면서 살고 싶지 않았다. 가족들에게 짐이 되기도 싫었다. 1975년 녹동항에서 소록도행 배를 탔다.

정유창과 박소녀, 처지가 비슷한 두 사람은 금세 가까워졌다. 그리고 살가운 사이가 됐다. '우리끼리라도 서로 아껴주고 영원히 사랑하자.' 한 살림을 차린 두 사람에게 이듬해 아이가 생겼다. 하늘의 축복인가. 아니다. 재앙이었다. 소록도 한센인들은 아이를 낳을 수 없었다. 출산의 기쁨은 '정상인'이나 누릴 수 있는 호사였다.

병원 직원이 찾아왔다. "안 되는 거 알면서, 왜 임신했어?" 직원은 둘 중 하나를 택하라고 했다. 아이를 지우거나 아니면 섬 밖으로 나가거나. 박씨는 바깥세상에서 살 생각을 하니 막막했다. 뭇사람들의 차가운 시선을 견딜 자신도 없었다. 결국 수술대에 올랐다. 의사도 아닌 남자 직원이 마취제를 놓고 아기를 지웠다. 부모 잘못 만나 빛도 못 보고 저세상으로 떠난 아기야, 미안하구나. 박씨는 하염없이 눈물만 흘렸다.

정씨도 무사하지 못했다. 아내와 함께 살려면 정관수술을 받아야 했다. 수술대에 오른 정씨는 수술칼의 고통보다 더 이상 자식을 낳을 수 없게 된 슬픔에 몸서리쳤다. 그날 밤 정씨는 아내를 안고 통곡했다. '우리, 다음 세상에선 문둥이 말고 사람으로 태어나자.'

두 사람에게 죄가 있다면 단 하나, 한센병에 걸렸다는 사실. 시인 한하운의 시구처럼 "죄명은 문둥이… 이건 참 어처구니없는 벌"이었다.

한센병 환자 인권 유린, 국가를 고발하다

한센인의 격리 치료를 목적으로 국가가 만든 소록도병원. 그곳에선 강제노역, 감금과 폭행 등 인권침해가 예삿일로 벌어졌다. 하지만 그건 약과였다. 2세 출산을 못하게 한 단종정책에 비한다면. 소록도병원은 초기부터 남편이 정관절제수술을 하는 조건으로 부부동거를 허용해왔다. 혹시라도 여성이 임신하면 낙태를 권유했다. 말이 권유였지 사실상 강요였다. 소록도병원만이 아니었다. 국가가 한센병 환자를 격리수용했던 익산병원, 부산 용호병원, 안동 성좌원, 칠곡병원 등에서도 사정은 같았다.

한센병은 격리가 필요한 질환이 아니며, 성적인 접촉이나 임신을 통해서도 전염되지 않는다. 이미 광복 전후부터 '한센병은 치료가 가능하며 유전되지 않는다'는 사실을 알고 있던 국가는 그러나 아랑곳하지 않았다. 대신 한센병을 환자들을 철저하게 격리시키고 단종정책을 유지했다. 이 같은 악습은 2006년에야 격리수용 환자의 범위에서 한센병이 제외됨으로써 사라졌다.

2007년 한센인들에 대한 인권침해의 진실을 밝히기 위해 특별법이 만들어지고 진상규명위원회가 설치된다. 위원회 조사 결과 1970년대까지 6462명의 한센인과 그 자녀들이 폭행과 단종, 낙태수술 등의 반인권적 피해를 당한 사실이 밝혀졌다. 심지어는 1980년대 후반까지 낙태수술이 공공연히 행해졌고 1992년까지 공식적으로 정관절제수술이 이루어졌다.

시간이 지나 정씨와 박씨처럼 단종정책에 희생당한 이들이 목소리를 내기 시작했다. 30년이 지난 일이지만 두 사람에게 그날의 치욕은 어제 일처럼 또렷했다. 우리도 대한민국 국민이다, 사람답게 살 권리를 침해한 국가를 고발한다! 1950년부터 1978년까지 정관절제·임신중절수술을 당한 이들은 2013년 국가를 법정에 세웠다.

단종정책의 법적 근거부터 살펴보자. 1954년 제정된 전염병 예방법은 한센병을 비교적 전염력이 낮은 제3종 전염병으로 분류했다. 그러면서도 1,2종 전염병과 동일하게 환자들은 강제격리했다. 탈출금지, 공중장소 출입금지, 출산금지, 취학금지가 뒤따랐을 뿐만 아니라 시신은 해부됐고 무조건 화장을 했다. 그후 법이 바뀌었지만 격리조치와 출산금지는 엄연히 존재했다. 한센인 스스로도 한센병은 전염성이 강한 질환으로 자식에게 전염될 가능성이 매우 크고, 심지어는 유전된다고 잘못 알고 있었다. 이러한 격리수용 정책은 일반인들에겐 편견과 차별을 조장하고, 한센인들에겐 열등감과 외부 사회에 대한 두려움을 심어주었다.

국가는 한센병 환자들에 대해 단종수술 장려와 출산 억제를 지시했고, 소록도병원은 이를 충실히 따랐다. 병원 내 출산도 금지해서, 한센인이 출산을 원할 경우 병원에서 나가야 했다. 아이를 낳더라도 즉시 부모로부터 떼어놓았다. 병원의 반대를 무릅쓰고 출산을 강행할 한센인은 없었다. 바깥생활은 또 다른 두려움의 대상이었기 때문이다. 한센병은 대부분 젊은 나이에 발병(10대까지 68.8%, 20대까지 93.5%)한다. 어린 나이부터 제대로 된 교육도, 직업도 갖지 못했던 한센인들에겐 갈 곳이 없었다.

한센인은 사회에서 도저히 살아갈 수 없었다. 일반인들처럼 목욕탕·이발소에 갈 수도 없었고, 각종 차별과 편견에 시달렸다. 집을 갖는 것도 불가능했다. 한센병의 전염을 두려워한 지역

주민들이 정착을 방해하거나 구타·방화하는 일도 예사였다. 심지어는 한센인들이 치료를 위해 어린이를 잡아먹는다는 근거 없는 소문도 나돌았다. 결정적으로 한센인은 완치된 뒤에도 외모에 흔적이 남아 있기 때문에, 일반인들이 노골적으로 혐오감을 표출하거나 반감을 보이는 경우가 많았다. 이런 상황에서 한센인들은 눈물을 머금고 수술대에 오를 수밖에 없었다.

그런데도 국가는 "정관절제수술이나 임신중절수술이 당사자 동의에 따른 것"이라고 우겼다. 과연 그것을 동의라고 볼 수 있을까. 법원은 한센인들의 동의가 "국가가 제공한 잘못된 정보와 교육 때문"이라고 보았다. 또한 인간 본연의 욕구인 부부동거를 허락하는 조건으로 수술을 받도록 하는 것은 "강요된 행위 또는 반사회적인 조건이 붙은 동의"라고 했다.

국가의 변명은 더 있었다. "당시 소록도병원 환자수용 여건과 예산상 한계 및 가족계획 시책에 따라 병원 내에서 출산을 억제하는 것은 부득이한 정책이었다." 과연 그럴까. 어떤 이유로도 출산금지는 인간의 존엄을 해치는 위헌적인 정책이다. 한센인은 소록도에서 국가의 보호에 전적으로 의존해서 살아가는 사람들이었다. "국가가 한센인들의 본질적인 욕구와 천부적인 권리에 대하여 합리적인 대책을 수립하지 아니하고 전면적인 출산금지정책을 오랜 기간 동안 유지한 것은 명백히 잘못된 선택이다."

국민이라면 누구나 보호받아 마땅한 가치와 권리를 갖고 있다. 법원은 그 근거를 헌법에서 찾았다. "대한민국 국민으로서

누려야 할 헌법상의 권리를 단지 한센병을 앓았거나 앓은 적이 있다는 이유로 국가가 법률상의 정당한 근거 없이 침해할 수 없다." 특히 신체의 자유 중에서도 신체를 훼손당하지 않을 권리는 그 성질상 인간의 기본적 권리이며 가장 본질적인 부분이라고 보았다.

인간의 생명, 국가가 좌우할 수 없다

20세기 초 미국의 일부 주는 강제불임법을 만들어 범죄자·백치·정신박약자 등 사회 부적격자에 대해 강제불임시술을 하도록 했다. 그 법의 상징적 희생자가 캐리 벅이었다. 캐리 벅은 "3대가 저능으로 판명되었다면 출산을 금지할 이유는 충분하다"는 연방대법원 판결에 따라 1927년 열여덟 나이에 나팔관 제거수술을 받아야 했다. 한편 나치 독일은 우수한 인종을 만들겠다는 망상에 사로잡혀 장애인에 대한 안락사, 혼인허가제, 유태인 차별 등을 정당화하고 인종 학살까지 자행했다. 인간의 우수한 유전자를 통해 사회를 개선하겠다는 '우생학'이 만들어낸 비극이었다.

인간의 생명은 어떤 경우에도 국가가 좌우할 수 없다. 국가가 생명을 좌지우지하는 건 폭력일 뿐이다. 오늘날 미국과 독일의 이런 우생학적 시도는 부끄러운 과거로 남아 있다. 한센인들에 대한 대한민국 정부의 폭력도 반성해야 마땅하다.

젊은 날 고통의 대가로 한센인들은 위자료를 받게 되었다. 정씨처럼 정관수술을 받은 남성은 3000만 원, 박씨처럼 임신중절수술을 받은 여성은 4000만 원이었다. 그런데 정부는 이마저도 받아들이지 않고 상소로 맞섰다. 설사 단종정책이 불법이더라도 시효가 지나 청구할 수 있는 기간이 지났다는 주장도 폈다. 그러나 법원은, 국민을 보호해야 할 국가가 소멸시효를 내세워 손해배상을 거부하는 것은 "실질적인 정의를 추구하여야 하는 국가로서의 올바른 태도라고 보기 어렵다"며 배척했다.

정부의 입장은 일제강점기 소록도병원에 한센인 격리정책을 도입한 일본의 태도와 비교해도 실망스러웠다. 일본의 경우 2001년 5월 구마오코 지방재판소가 한센인 강제격리 정책의 근거가 되었던 '나癩 예방법'에 대해 위헌이라는 판결을 내렸다. 일본 정부도 잘못을 인정해 항소하지 않고 일괄 보상을 실시했다. 일제강점기에 소록도에 있던 한센인들도 500여 명이 보상을 받았다.

한센병은 결핵보다 전염성이 극히 낮고 완치가 가능하다. 유전되지도 않는다. 하지만 여전히 사람들이 기피하는 데는 앞장서서 차별정책을 편 국가의 잘못이 크다. 결과론이지만, 만일 국가가 일찌감치 한센병에 대한 모든 정보를 솔직하게 공개하고 편견과 차별을 없애는 노력을 했다면 어떻게 되었을까. 적어도 지금까지처럼 한센인들이 냉대와 멸시, 정신적 고통 속에서 살지는 않았으리라.

국가는 이를 치유할 생각없이 사회적인 차별과 편견을 방치하거나 부추겼다. 법원이 "인간 본연의 욕구마저 죄의식을 갖게 한 국가의 정책은 반인권적, 반인륜적"이라고 지적한 이유다. 이 사건은 아직 대법원 판결이 남아 있다.

삼청교육대의 폭력에 저항하다

1980년 8월, 강화도 농사꾼 이택승(당시 41세)은 여느 날처럼 인삼밭을 고르고 있었다. 그때 헌병 두 명과 형사 두 명이 찾아왔다.

"당신이 이택승이요? 당신, 정부에서 실시하는 교육 좀 받고 와야겠소. 갑시다."

그는 영문도 모른 채 봉고차에 실려 군부대로 끌려갔다. 이것이 이른바 '사회악 일소'를 내세운 신군부의 대표적 인권탄압 정책인 삼청교육대라는 사실을 그가 알게 된 건 한참 뒤였다. 그는 이웃 주민의 밀고(?) 때문에 강제 입소당한 경우다. 경찰과 헌병은 그에게 '같은 동네에 사는 사람과 다툰 사실, 아들 학교에 찾아가 아들이 축구부 활동을 하지 못하게 한 사실, 술에 취해 넘어져 농협 유리창을 깨뜨린 사실' 등을 제시했다. 이 사유 자체도 많이 왜곡된 것이지만, 설사 100% 사실이더라도 사람을 강제로 가둘 명분이 될 수는 없었다. 하지만 정권의 시책에 부응하기 위해선 머릿수를 채워야 했다. 이씨는 그 희생양이었다.

그곳에는 비슷한 방법으로 끌려온 남자들이 수백 명 있었다. 군인들이 강제로 머리를 깎고 군복을 입혔다. 가혹한 육체 훈련, 강제노역이 시작됐다. 삼청교육은 '교육'을 빙자한 국가의 폭력이었다. 군인들의 구타와 가혹행위가 끊이지 않았다. 이씨는 입소생들을 집단구타하는 군인들에게 따졌다. "민주주의 국가에서 이게 무슨 짓들이냐. 우리나라는 법치주의 국가인데 죄 없는 사람들을 근거도 없이 데려다 마구 때리는 법이 어디 있느냐." 그러자 군인들의 집단폭행이 시작됐다. 그 와중에도 이씨는 저항했다. "어찌 국민의 군대가 무고한 국민들을 잡아다 이토록 때려잡느냐. 전두환정권과 군당국의 합작이냐. 책임을 반드시 묻겠다."

그 후로도 가혹한 구타와 단체기합이 있을 때마다 이씨는 계속 항의했다. 10개월 동안 삼청교육대에서 순화교육과 근로봉사, 보호감호 등으로 이어지는 비인격적인 대우를 받으면서 10여 차례 폭력에 항의했다. 그 결과 수시로 특수교육대에 보내져 극심한 고통을 겪었다. 이씨는 이로 인해 허리 통증과 왼쪽 다리에 장애가 생겼다.

"삼청교육대 입소는 민주화운동과 무관하나……"

삼청교육대는 '사회악 일소'를 명분으로 법적 절차를 무시한 채 수많은 사람을 검거해 군부대에 수용한 정책이었다. 애초에 불량배 소탕이라는 계획이 무색하게도 전체 검거자의 35.9%는 전과가 없었고, 입소자 중에는 중학생 17명을 포함해 980명의 학생과 273명의 여성도 있었다. 총 6만755명이 검거되었고 3만9742명이 삼청교육을 받았다. 그 과정에서 가혹한 육체훈련과 구타, 강제노역, 장기구금 등으로 다수의 사상자가 발생했는데 공식적으로 밝혀진 사상자만 해도 교육도중 사망자 54명, 후유증 사망자 397명, 정신장애 등 상해자 2678명 등이었다. 이씨도 그런 피해자의 한 사람이다.

이씨는 출소 후에 삼청피해자동지회 대표로 활동하면서 전두환·최규하·이희성·김만기를 직권남용·불법체포·살인 및 살인교사죄로 고소했으며, 삼청교육대의 인권유린을 고발하고 정당한 피해보상을 주장하는 활동을 해왔다.

이씨는 2001년 12월 민주화보상심의위에 "민주화운동 관련자로 인정하여 보상금을 지급해달라"고 신청했다. 하지만 위원회는 4년 9개월이 지난 2006년 9월 "삼청교육대 입소가 민주화운동으로 인한 것이 아니고, 삼청교육대에서 상이傷痍를 입었다는 것은 일방적인 주장에 불과하다"며 신청을 기각했다.

이씨는 같은 해 11월 재심의를 신청했다. 위원회는 또다시 5년여를 미루다가 2012년 2월 "삼청교육피해 보상 법률이 시행되고 있으며 민주화운동으로 인정할 입증자료가 없다"는 이유로 재심의 신청도 기각했다. 이에 이씨가 2012년 5월 행정소송을 제기함으로써 공은 마침내 법원으로 넘어왔다.

관건은 이씨가 '국가권력의 통치에 항거'하는 과정에서 상이를 입었는지였다. 대법원 판례에 따르면 민주화운동은 "국가권력의 통치에 항거하여 민주헌정질서의 확립에 기여하고 국민의 자유와 권리를 회복·신장시킨 활동"을 뜻한다.

법원(서울행정법원 제4부 재판장 최주영)은 "이씨가 비록 민주화운동과 관련하여 삼청교육대에 입소하게 된 것은 아니"지만 5공화국 시절 권위주의적 통치방식의 일환인 삼청교육대의 부당성에 대해 지속적으로 항의한 점에 주목했다.

이씨는 순화교육에 순응하거나 침묵하지 않고 직접 무자비한 집단구타에 대항했다. 또 그 부당성에 대하여 지속적으로 항의하다가 본보기 폭행을 당하면서 장애까지 입게 되었다. 삼청교육대를 나온 후에도 개인 권리구제의 차원을 넘어서 국내외적으로 삼청교육대의 부당한 인권탄압에 대해 끊임없이 문제제기를 했다.

이를 근거로 법원은 "민주화운동을 하다가 상이를 입었다"고 보고 민주화운동 관련자로 인정했다. 민주화보상심의위는 "설령 이씨가 민주화운동 관련자라고 하더라도 삼청교육특별법에 의해 보상받을 수 있었다"고 주장하며 보상금 지급에 난색을 표했다. "민주화운동관련자 명예회복 및 보상 등에 관한 법률(민주화보상법)"에 따르면 다른 법률에 의해 보상을 받을 수 있는 사람은 이 법으로 보상을 받을 수 없었다. 그러나 법원은 "위 규정의 취지는 '민주화운동과 관련하여' 중복적으로 보상이 이

루어지는 것을 막겠다는 뜻으로 보인다"며 삼청교육특별법으로
보상을 받지 못한 이씨는 여기에 해당하지 않는다고 해석했다.

국가의 폭력엔 항상 명분이 있다

법원은 결국 이씨의 활동에 대한 민주화보상심의위의 결정
을 모두 뒤집었다. 이어진 2심과 3심도 이씨의 손을 들어줬다.
판결은 2014년 8월 확정되었다.

이 판결로 삼청교육대의 폭행과 부당한 처사에 적극적으로
항거한 행위도 민주화운동으로 인정받게 되었다. 그 이전에도
삼청교육 입소자가 민주화운동 관련자로 인정된 사례는 있었으
나 총상이나 가혹행위로 사망한 특수한 경우였다. 비록 민주화
운동으로 삼청교육대에 입소한 것은 아니지만, 군인들의 폭력에
맞서서 저항한 행위는 결과적으로 민주화에 기여했다고 볼 수
있다는 것이 이 판결의 결론이었다.

국가의 폭력에는 항상 나름대로 명분이 있다. 한센인들의 강
제단종정책에는 전염병 예방과 우생학적 이유를 들었고, 삼청교
육대 강제징집은 사회악 일소와 불량배 소탕이라는 구실이 있
었다. 혹자는 과거 어두웠던 시대 국가가 보여준 모습일 뿐이라
고 주장할지 모르겠다. 하지만 국가의 폭력이 다시 등장하지 말
라는 법이 어디 있을까?

내란음모, 김대중과 이석기 사이

김대중 내란음모 —————VS————— 이석기 내란음모

　내란이란 무엇인가? 쉽게 말하면, 나라 안에서 폭력적인 방법으로 국가를 무너뜨리는 일이다. 법전(형법 87조)을 보면, 내란은 "국토를 참절하거나 국헌을 문란할 목적으로 폭동"을 일으키는 범죄이다. 여기서 국토참절이란 대한민국 영토의 전부 또는 일부에 대해 국가의 지배권을 배제하려는 행위를 말하며, 국헌문란이란 헌법질서를 교란하고 국가기관을 전복·파괴하거나 헌법기관의 기능을 정지시키는 것을 뜻한다. 한국 현대사에서 대표적인 사례를 들라면 5·16과 12·12 군사쿠데타가 있다. 둘 다 내란세력이 집권에 성공한 사례인데 이 중에서 12·12 사건만, 그것도 한참 시간이 흘러서야 사법적 단죄를 받았다.

　원래 형법에서 범죄의 준비단계에 불과한 예비·음모는 아직 '실행의 착수(범죄를 하기 위해 구체적인 행동을 개시)'가 되지 않았

으므로 처벌하지 않는 것이 원칙이다. 예컨대 도둑질을 하기 위해 도구를 준비하거나 모의를 했더라도 절도예비나 절도음모로 처벌되지 않는다.

하지만 내란의 경우는 다르다. 중대한 범죄로 보아 예비·음모도 특별히 처벌하고 있다. 내란예비는 내란을 범할 목적으로 외부적으로 준비하는 행위다. 내란음모는 2인 이상이 내란을 범할 목적으로 모의하는 것을 뜻한다. 내란은 선전이나 선동도 처벌한다. 내란에 동조하도록 정당성을 알리는 일이나 동참하도록 선동하는 일 모두 범죄가 된다.

그런데 사실 내란죄는 국가를 지키려는 본래의 역할보다는 정치적 반대세력을 탄압하고 정권을 지키는 수단으로 이용되는 경우가 많았다. 그런 탓에 군사독재 시절 유죄로 판결된 여러 차례의 내란음모 사건이 뒷날 무죄로 뒤집히곤 했다. 김대중 전 대통령도 1980년에 내란음모 혐의로 사형 판결까지 받았지만, 2000년대 들어 재심에서 무죄를 선고받았다.

가장 최근의 내란음모 사건은 2013년에 있었다. 한국 사회를 떠들썩하게 했던 이른바 '이석기 내란음모사건'이다. 이 사건의 최종 판결은 2015년 초반에 끝이 났다. 그리고 대법원 판결이 나기도 전인 2014년 말 헌법재판소는 이례적으로 신속하게 이석기 의원이 소속된 통합진보당 해산을 결정했다. 헌법재판소와 대법원의 최종 결론이 나왔지만 논란은 끊이지 않고 있다.

이 사건들에서 판사·검사·헌법재판관들의 양심과 소신이

얼마나 중요한지를 깨닫게 된다. 김대중 내란음모와 이석기 내란음모, 30년의 시차를 두고 한국 사회를 뒤흔든 두 사건 속으로 들어가보자.

김대중 '내란음모'로 사형선고를 받다

1979년 10월 26일, 대통령을 포함한 정권 실세들이 모인 서울 종로구 궁정동 안가安家에서 총성이 연이어 울린다. 총을 든 사람은 중앙정보부장 김재규로, 그의 총구는 경호실장 차지철을 향했다. 한번 불을 뿜은 총구는 이내 절대권력자인 대통령에게도 겨누어졌다. 탕! 영원할 것만 같았던 박정희 정권은 그렇게 막을 내린다.

국무총리였던 최규하가 대통령권한대행을 맡지만, 전두환을 비롯한 이른바 신군부 세력은 권력의 공백기를 노려 12월 12일 쿠데타를 일으켜 정권을 장악한다. 신군부는 이듬해인 1980년 5월 17일 자정을 기해 비상계엄조치를 전국으로 확대하고 모든 정치 활동을 정지시킨다. 그리고 그날 밤 자정 무렵, 당시 민주화 세력의 대표적인 지도자였던 김대중은 중앙정보부 수사요원들에 의해 남산으로 끌려간다.

박정희 시대부터 군사정권의 눈엣가시였던 김대중은 이번엔 북괴의 노선을 추종한 빨갱이, 아니 국가전복세력이 되어야 했다. 영장 없이 자행된 마구잡이 강제연행, 고문과 협박에 의한 조사 끝에 계엄사령부는 7월 4일 김대중 등 37명을 구속기소한 다는 내란음모사건 수사결과를 발표한다. "김대중과 추종분자 들은 대중선동에 의한 학원소요사태를 일으키고 이를 폭력화, 전국 일제히 민중봉기를 통한 유혈 혁명사태를 유발, 현정부를 타도한 후 김대중을 수반으로 하는 과도정권을 세우려 했다."

당시 신문과 방송은 조직도까지 그려가며 관련자들의 명단 과 대중규합-민중봉기-정부전복-과도정부 수립까지 이어지는 시나리오를 공개했다. 이것이 이른바 김대중 내란음모 사건의 서막이다. 김대중은 내란음모·계엄법위반·국가보안법위반·반 공법위반·외국환관리법위반 등의 죄목으로 계엄치하의 군사재 판을 받게 된다.

1980년 9월, 1심 계엄법정(육군계엄보통군법회의 재판장 문응 식 소장)은 검사의 구형대로 김대중에게 사형을 선고한다. 법무 사(군 판사) 양신기 중령은 양형이유를 통해 "이 나라의 야당 대 통령 후보까지 지낸 피고인이 반공이란 대한민국의 국시를 외면 한 채 북괴의 주장과 노선에 적극 동조하는 반국가적 행위를 자 행하였을 뿐만 아니라 선량한 학생들을 선동, 오도하여 개인의 정치적 욕망 달성의 도구로 이용, 국가와 사회를 혼란에 빠지게 하였다는 것은 용납할 수 없다"고 밝혔다.

두 달 뒤인 11월, 2심인 육군계엄고등군법회의도 항소기각 판결로 사형을 유지했다. 그래도 이 판결은 군사법정에서 이루 어진 재판이었기에 김대중은 최종심인 대법원에서는 다른 판결

당시 야당의 유력한 정치인이었던 김대중이 내란음모 혐의로 구속되었다는 충격적인 소식이 1980년 7월 4일 전해졌다. 대법원까지 가는 3번의 재판에서 김대중은 모두 유죄 판결을 받고 결국 사형이 확정된다. 그러나 2004년 재심재판에서 대법원은 김대중에게 무죄를 선고한다.(동아일보, 1980년 7월 4일)

을 내놓을 것이라고 기대했을지 모른다.

하지만 이듬해 대법원도 기대를 배신한다. 신군부의 사형 판결에 아무런 법률적 문제가 없다고 판단한 것이다.

"수사 과정에서 고문·폭행·협박에 따라 조서를 작성했고,

절차상 각종 불법이 자행되었다"는 김대중과 관련 피고인들의 주장에 대해서도 대법원은 조사 결과의 "증거능력이 인정된다"고 일축한다. 대법원 판결 중에서 압권은 초법적이고 헌정질서를 파괴하는 신군부의 행위에 대해 법원이 판단할 권한이 없다는 대목이다.

"1972. 12. 27.에 개정·공포된 대한민국 헌법(유신헌법-인용주)이 무효라고 보아야 할 근거는 없고, 대통령의 판단결과로 비상계엄이 선포되었을 경우 그 선포는 고도의 정치적, 군사적 성격을 지니고 있는 행위라 할 것이므로 그것이 누구나 헌법이나 법률에 위반되는 것으로 명백하게 인정될 수 있는 것이면 몰라도 그렇지 아니한 이상 당연무효라고는 단정할 수 없다 할 것이며 그 계엄선포의 당, 부당을 판단할 권한은 사법부에는 없다."

즉 신군부가 계엄을 선포하고 12·12사태 등을 통해 권력을 장악한 행위가 정당한지 아닌지에 대한 판단은 사법부의 권한 밖이라는 말이다. 더 나아가서 해석하면, 정권을 잡은 사람이 그 과정에서 불법을 저질렀건 인권을 탄압했건 형식적인 재판 절차를 갖추어서 법정으로 오면 대법원은 모른 척 해주겠다는 말일지도 모른다. 당시 시대가 그랬기 때문에 사법부도 어쩔 수 없었던 걸까. 이로써 관련자들이 연행된 지 250여 일 만에 김대중 내란음모 사건의 법적 판단은 모두 끝이 났다.

그런데 사형이 확정된 바로 그날, 전두환정권은 이례적으로 감형조치를 발표한다. 정부 대변인은 "전두환 대통령으로부터 김대중과 관련 피고인들에 대해 감형문제를 검토하라는 지시를 받고 정부는 이날 국무회의를 열어 이를 진지하게 심의, 이같이 결정했다"고 밝혔다. '국민화합 견지'에서 선처를 베풀겠다는 국무회의 의결 결과 김대중은 사형에서 무기징역으로 감형된다. 교도소에 복역중이던 김대중은 1982년 12월 22일 형집행정지로 석방된다. 이날 언론에서는 "전두환 대통령의 인도주의적 결단"이라는 칭송이 끊이지 않았다.

김대중, '내란음모 주동자'에서 '헌정질서 수호자'로

김대중은 그렇게 죽음의 문턱에서 살아났다. 시간이 흘러 군사정권은 무너졌고, 이후 12·12사태의 주동자들은 내란죄로 심판받는다. 곧이어 김대중은 한국의 15대 대통령으로 당선된다. '김대중 내란음모 사건' 관련자들은 재심을 신청해 무죄판결을 받고 명예를 회복했다. 김대중 대통령도 임기를 마치고서 2003년 10월 법원에 재심을 신청했다. 재심 재판은 2004년 서울고법에서 이루어졌다. 사형판결을 받은 지 23년 만이다. 군사법원의 사형판결을 지지했던 사법부는 이번엔 어떤 판단을 했을까? 그 사이 법적 판단이 달라졌을까?

완벽히 달라졌다. 우선 12·12사태를 '군사반란'으로, 전두환을 '내란수괴'로 규정한다. 그뿐 아니다. 신군부의 계엄선포 등에 대해 "고도의 정치적 군사적 행위이므로 적법성을 판단할 권한이 없다"던 사법부는 어느새 '헌정질서 파괴범죄'로 단죄해야 한다고 소리를 높인다.

그러면 '내란음모 주동자' 김대중에 대한 평가는 어떻게 달라졌을까. 사법부는 "피고인(김대중)의 행위는 전두환 등의 헌정질서파괴범행을 저지하거나 반대함으로써 헌법의 존립과 헌정질서를 수호하기 위한 형법 제20조 소정의 정당행위에 해당하여 범죄로 되지 아니한다"며 무죄를 선고했다.

결국 2004년의 사법부는 김대중의 '내란음모'에 대해 '헌정질서 수호'로 평가를 바꾼다. 한때 '내란음모 주동자'였던 이가 '헌정질서의 수호자'가 되었다. 23년 전과 판이하게 달라진 판결이다. 사법부는 불법구금과 잘못된 재판으로 949일 동안 갇혀야만 했던 김대중에게 보상금으로 9490만 원을 지급하기까지 한다. 이로써 사법정의는 바로잡힌 것일까.

사법부 입장에서 보면 낯부끄러운 판결이 아닐 수 없다. 사법부의 입장 변화는 김영삼정부 시절 5·18특별법이 제정되고 1996년 전두환·노태우 등 신군부 세력이 반란수괴·내란수괴죄 등으로 처벌받은 뒤에야 나온 것이다. 만시지탄이 있지만 사법부가 뒤늦게나마 재판을 바로잡아 무고한 피해자들의 명예를 회복한 것은 다행한 일이다. 하지만 군사정권 시절까지 그들의 논리를 따르다가 정권이 바뀌고 시대가 변하고 나서야 이런 판결을 내놓았으니, 사법부가 결코 내세울 만한 일은 아니다.

지금은 변호사가 된 한 퇴직 판사가 현직에 있을 때 항상 하던 말이 있다. "지연된 정의는 부인된 정의다Justice delayed is justice denied." 판사가 '바로 지금' 자신의 소신대로 판결을 하지 못한다면 정의를 부정하는 것과 다를 바 없다는 말이다. 이 표현을 빌린다면 김대중 내란음모 무죄판결도 혹시 "지연된 정의"는 아니었을까.

현역 국회의원이 주도한 내란음모사건?

현역 야당 국회의원이 주도한 내란음모사건. 2013년 8월 28일 국가정보원은 무시무시한 사건을 발표한다. 현역 국회의원인 통합진보당의 이석기 의원이 지하혁명조직 RORevolution Organization를 꾸려 체제전복을 모의했다는 것이다. 시민들은 놀라면서도 믿기 어렵다는 반응을 보였다. 하지만 국정원은 3년 전부터 준비해온 사건이라며 자신감을 내비쳤다. 국정원은 2010년부터 통합진보당 내부인사 이아무개 씨와 접촉해왔으며, 그에게서 수시로 RO 모임의 녹음 파일을 전달받았다. 언론에 공개된 녹취록에는 전쟁을 대비해 총기를 마련한다거나 전시상황에 국가기간 시설을 마비시킨다는 '무시무시한' 내용이 담겨 있었다.

검찰은 주도자인 이석기 당시 의원을 압수수색하고 구속한 데 이어 비밀회합을 하고 국가기간시설 파괴를 모의하는 등 내란을 음모·선동한 혐의로 이 의원 등 8명을 기소한다. 특히 이

의원은 RO 조직의 총책으로서 전쟁을 대비해 물질적·기술적 준비를 지시하고, 폭동을 수행하기로 모의했다는 혐의를 받았다. 수사기관은 2013년 5월 10일과 12일 모임의 녹취록을 제시하며 내란을 선동하고 국헌을 문란할 목적으로 회합했다는 증거라고 목소리를 높였다.

1심(수원지법 제12형사부 재판장 김정운)은 검찰의 공소사실을 거의 그대로 범죄로 인정했다. 특히 논란이 되었던 RO의 실체에 대해서 "정예화된 지하혁명조직"이라고 판단했다. 재판부는 국정원과 검찰의 주장을 인용하여 RO는 북한을 추종하는 혁명가 집단이자 대한민국을 적으로 규정하는 혁명 전위조직이라고 보았다.

1심은 RO가 사회를 혼란시키기에 충분한 정도의 폭동을 모의했다고 보았다. "국헌문란의 목적 아래 혁명조직 'RO'를 결사하고, 국회·정당·시민사회단체를 비롯한 사회 곳곳에서 암약하며 결정적 시기를 기다리던 중 (…) 대한민국의 수도 서울 한복판에서 무장폭동을 모의하는 중대한 범죄에 나아갔다"는 것이다.

특히 이 의원에 대해서는 국회의원의 직무를 성실히 수행할 것을 국민 앞에 선서했음에도 불구하고, 주도적으로 내란을 음모하고 선동했다면서 중형의 선고가 불가피하다고 강조했다. 1심 판결을 정리하면 이렇다. 이석기는 적어도 130여 명의 조직원들을 거느린 지하혁명조직 'RO'의 총책으로서 국가를 전복할 목적으로 폭동을 모의했다. 1심은 이석기 의원에게 징역 12년을 선고하고, 나머지 피고인들에겐 징역 4~7년을 선고했다.

검찰과 피고인 측 모두 항소하여 사건은 2심으로 갔다. 2심 재판부(서울고법 제9형사부 재판장 이민걸)는 1심 재판부의 판단과 조금 달랐다. 먼저 RO의 실체에 대해서 의문을 제기했다.

법원은 "RO의 존재를 인정하기 위해서는 법관이 합리적인 의심을 할 여지가 없을 정도의 확신을 가지게 하는 증명력을 가진 엄격한 증거에 의하여야 한다"면서 이 정도 확신이 안 든다면 "유죄의 의심이 간다고 하더라도 피고인의 이익으로 판단하여야 한다"고 전제했다. 그리고 "모든 증거들을 종합해보더라도" RO의 존재와 그 구성원의 실체가 확실히 입증되었다고 보기에는 부족하다고 설명했다.

2심은 내란음모도 무죄로 판단했다. 어떤 이유였을까? 내란음모죄라고 인정하기 위해서는 적어도 내란의 시기, 대상, 수단 및 방법, 실행 또는 준비의 역할분담 등의 윤곽 정도는 드러나야 하는데 이 사건에서는 그런 정황을 발견할 수 없다는 것이다. 그래서 "실제 내란범죄 실행의 외부적 준비행위에 나아갔다"고 볼 수 없다고 판단했다. 내란을 실제로 준비했다고 명백히 볼 수 없는 이상 내란음모는 인정할 수 없다는 뜻이다.

그러나 이 의원 등의 발언 내용이 "폭동을 선동한 것에 해당한다"며, 내란선동은 유죄라고 보았다. 이 의원 등은 "발언은 정당의 정세강연회에서 한 것으로서 정치적 표현의 자유의 범위 안에 있다"고 주장했지만 법원은 받아들이지 않았다. "대한민국의 존립·안전과 자유민주적 기본질서에 중대하고 급박한 해악을 끼치는 내용으로 정치적 표현의 자유의 한계를 현저히 일탈"했다는 판단 때문이다.

비록 내란음모에 대해서는 무죄가 나왔지만 2심에서도 중형을 피할 수는 없었다. 재판부는 "피고인들이 선동한 대로 진행되었다면 극심한 사회 혼란은 물론이고 국가의 존립까지 위태롭게 되는 결과를 초래할 수 있었다"고 우려하면서 중형을 유지했다. 이 의원은 1심(징역 12년)보다 3년 깎인 징역 9년형을 선고받았다.

대법원 "조직은 없고, 선동만 있었다"

양쪽 모두 판결에 만족할 수 없었다. 결국 공은 대법원에 넘어갔다. 2015년 1월 22일 대법원은 전원합의체 판결을 통해 상고를 모두 기각하고 원심을 확정했다. 먼저 내란선동 부분은 유죄였다. 대법원은 이 의원에게 국헌문란 목적이 있었고 회합에서의 발언이 폭동 선동이라고 보았다. 선동행위는 주요내용이 구체적으로 제시되지 않았더라도, 가까운 장래에 구체적인 내란을 유발하거나 그 가능성을 증대시킬 위험성이 충분하다면 유죄가 인정되므로 2심의 판단은 정당하다는 것이다.

1심과 2심이 견해가 갈린 내란음모는 무죄였다. 지하혁명조

직 RO의 실체도 인정하기 어렵고 내란 실행에 합의했다는 증거
도 없다고 판단한 결과다. 대법원은 내란음모는 2인 이상이 명
백히 내란을 일으키기로 합의했어야 하며, 그러한 합의에 실질
적인 위험이 있어야 한다고 설명했다. 그런데 회합 참석자들의
발언이나 태도가 확인되지 않을 뿐 아니라 회합 이전과 이후에
다른 논의나 준비행위를 했다는 증거가 없기에 무죄라는 결론
이었다.

이로써 2013년 내란음모사건은 '내란음모 없는 선동사건'으
로 끝이 났다. 대법관 3명은 "선동에 따라 내란이 실행될 실질적
위험성을 단정하기 어렵다"며 내란선동도 무죄라는 소수의견을
피력했으나 대세를 뒤집지는 못했다.

법원의 판단을 정리해보자.

이 의원이 체제전복을 선동하고 참석자들이 이에 동조한 것
은 사실이다. 하지만 조직의 실체가 불확실하고 참석자들이 내
란 실행에 합의하는 단계까지는 나아가지 않았다. 한마디로 조
직RO은 없고 선동만 있었다는 뜻이다.

원점에서 다시 돌아보자. 이 사건에서 유죄의 주된 증거는 5
월 10일과 12일 모임 녹취파일과 증인들의 증언이다. 더 추가하
자면 압수수색으로 얻은 USB와 파일 등이 대부분이다. 여기서
확인된 발언 내용만으로 국가를 폭력으로 전복할 위험을 판단
한 것은 아직도 논란이 있다. 이 때문에 이 사건도 멀지 않은 미
래에 뒤집어질 것으로 내다보는 이들도 있다.

인권기구인 국제앰네스티는 대법원이 내란선동 유죄판결을 확정하자 "매우 유감을 표한다"며 "한국에서 표현의 자유에 대한 제한이 점점 더 강화되어왔는데, 이번 대법원 판결로 이런 걱정스러운 경향이 한층 더 악화되었다"고 논평했다.

수사기관이 언론을 통해 공개한 이석기 의원의 '회합 발언'이 우리 사회에 충격을 던져준 건 사실이다. 그러나 그들의 모임과 발언 등이 국정원이 처음 발표한 것처럼 대한민국을 뒤흔들고 국가를 전복할 만큼 위험한 것이었는지는 냉정하게 따져봐야 한다. 그건 사법부의 몫이다. 정부와 법원의 판단은 다를 수 있어야 한다. 아니 달라야 한다. 법원이 정부의 눈치를 보며, 정치적 이해관계에 따라 판결을 내리면 불행한 결과가 나온다. 멀리 갈 것도 없다. 법원이 과거에 '피고인 김대중'에게 어떤 판결을 내렸으며, 정권이 바뀐 뒤 그것을 어떻게 뒤집었는지 생각해보라.

이 사건으로 법관들의 판단이 민주주의를 앞으로도, 뒤로도 가게 할 수 있다는 사실을 깨닫게 된다. 이번 판결을 한 대법관들은 10년 후에, 20년 후에 다시 재판이 열린다 해도 여전히 부끄럽지 않은 판단이었다고 자부할 수 있을까?

한국 사회의 가장 큰 낙인, 종북

'종북 지자체장 퇴출' 주장 ─VS─── '이정희 부부 종북' 매도

하나의 유령이 유럽을 배회하고 있다. 공산주의라는 유령이.

카를 마르크스가 1848년 발표한 『공산당 선언』의 첫구절이
다. 현재 우리 사회에서는 이렇게 바꿔볼 수 있겠다.

하나의 유령이 한반도를 배회하고 있다. 종북주의라는 유령이.

마르크스 시대에 공산주의가 새로운 사회를 건설하기 위한
희망의 단어였다면 21세기 한반도의 종북주의는 한마디로 낙인
이나 다름없다. 사전에도 없는 '종북'이란 낱말이 대한민국 사
회에 활개를 치고 있다. 종북從北이란 말 그대로 놓고 보면 북(의
체제나 사상)을 추종하는 것을 뜻한다. 하지만 종북은 다의적

인 의미를 지니는 단어로 발전해가고 있다. 북한과의 관계개선 내지 대화를 주장하거나 국가보안법 폐지, 개정 등을 주장하면 '종북'세력이라는 낙인이 찍힌다. 그뿐 아니다. 언제부턴가 정부의 정책에 반대하거나 비판적인 시각을 보이는 쪽을 향해서도 '종북'이라고 공격하는 이들이 늘어났다.

특정인을 종북으로 지목하면 2가지 효과(?)가 있다. 하나는 종북으로 지목된 사람이 진위와 관계없이 위험한 인물이라는 인상을 풍기게 한다. 또 하나는 아직도 뒤떨어진 북한 찬양이나 하고 있는 시대착오적인 인물로 몰아갈 수 있다. 여기에 대처하는 방법은 대개 수세적일 수밖에 없다. 지목당한 당사자는 스스로 종북이 아니라고 강변해야 한다. 그런 당사자가 아니라도 종북(주의)에 찬성하지 않는다는 전제를 깔고 주장을 펼친다. "내가 종북주의자는 아니지만……" 이런 식으로 말이다. 그러면서 종북이라는 유령은 실체가 되어가고, 종북주의자는 심각한 위험분자로 인식된다. 툭하면 종북 운운하는 언론과 사람들에게서 사상검증을 떠올리게 된다.

최근에는 대통령까지 '종북'을 언급하고 나섰다. 2014년 12월 15일 박근혜 대통령은 그 무렵 재미동포 신은미 씨와 황선 희망정치연구포럼 대표가 열었던 토크콘서트를 '종북콘서트'로 표현했다. 이 두 사람은 전국 순회 토크콘서트에서 자신들의 방북 경험을 솔직하게 이야기했는데 이것을 종편 방송과 보수 언론이 '종북콘서트'라고 지칭하면서 비난의 대상이 됐다. 심지어 이들의 '종북 성향'을 문제 삼아 어느 고등학생이 행사장에 사제 폭탄을 던지는 사건까지 일어났다. 종북 논란에 대통령이 가세한 탓인지 그 뒤 신은미 씨는 강제출국됐고, 황선 씨는 감옥에 갇혔다.

그러면 특정인을 함부로 '종북'으로 낙인찍는 일은 법적으로 허용될까. 그리고 횡행하는 종북매도의 위험성은 무엇일까? 2013년 민사 판결 2개를 살펴보며 생각해보자.

'종북' 성향 지자체장은 모두 퇴출?

서울시장, 성남시장, 노원구청장 외 종북 성향의 지자체장들 모두 기억해서 내년에 있을 지방선거에서 반드시 퇴출해야 합니다. 기억합시다.

2013년 아나운서 출신의 정미홍 씨는 다음해에 있을 지방선거를 겨냥하여 자신의 트위터에 이런 글을 올렸다. '종북 성향'으로 거론된 당사자들은 반발했고, 적지 않은 네티즌들도 정씨의 글을 성토했다. 그러자 정씨는 다음날 트위터에 다시 글을 올렸다.

자질이 의심되는 지자체장과 종북 성향의 지자체장들을 퇴출해야 한다니까 또 벌떼처럼 달려드는군요. 그들은 무슨 짓들을 하

고 있는지 잘 알아보지도 않고 그저 반대를 위한 반대를…쯔쯔

당사자인 김성환 노원구청장과 이재명 성남시장은 각각 개인 자격으로 서울중앙지법(이재은 판사)과 수원지법 성남지원(최응영 판사)에 명예훼손에 따른 손해배상 소송을 제기했다. 판결을 내린 법원은 달랐지만 결과는 대동소이했다. '종북 성향의 지자체장'이라는 표현은 명예훼손에 해당한다는 것이다. 어떤 근거로 그렇게 판단했을까?

법원은 "명예훼손이란 사람의 품성, 덕행, 명성, 신용 등 인격적 가치에 대하여 사회로부터 받는 객관적인 평가를 침해하는 행위를 말하"는바, 개인의 의견 형식으로 표현했다고 해도 명예훼손이 될 수 있다고 전제했다.

법원은 이어 "이른바 '종북從北'이라는 말은 문자적으로 '북(북한)을 추종하는 것'을 의미하고, 보통 '주체사상과 북한 정권의 노선을 무비판적으로 추종하는 경향'을 일컫는 데 쓰이는 말"이라면서, 남북이 대치 상태에 있고 국가보안법이 존재하는 우리 사회에서는 '종북 성향'의 인사로 지목되면 사회적 평판이 크게 손상된다고 보았다. 또한 정씨의 발언이 아무런 전후 맥락이나 구체적인 사실 언급이 없이 그저 '종북 성향의 지자체장'으로 단정하고 퇴출 대상으로 지목한 행위는 명예훼손에 해당한다고 판단했다.

근거 없는 종북 단정은 표현의 자유 밖에 있다

정씨는 자신의 행위가 명예훼손이 되지 않는다고 주장했다. 트위터에 글을 올린 목적이 "자유민주주의 헌정질서라는 헌법적 가치를 수호하려는 의도로 이루어진 것이므로 그 목적이 공공의 이익을 위한 것"이고 "종북 성향이라고 믿을 만한 상당한 이유가 있으므로" 위법성이 없다는 취지다.

대법원 판례도 명예훼손 행위가 공공의 이익에 관한 것이고 진실임이 증명되었거나 진실이라고 믿을 만한 상당한 이유가 있을 때에는 책임을 물을 수 없다고 보고 있다. 정씨의 '종북' 낙인도 그렇게 볼 수 있을까?

법원은 정씨의 트윗에 대해 일단 공공성은 인정된다고 보았다. 지방자치단체장이 북한을 무비판적으로 추종하는 사람인지 아닌지는 공공의 이익과 관련된 문제라는 것이다. 하지만 의혹 제기도 근거가 있어야 하고 사실에 바탕을 두어야 한다. 트위터에 공적 관심사에 관한 의견을 표명하는 행위는 표현의 자유가 넓게 인정되어야 한다는 점을 고려하더라도 마찬가지다. 법원은 "다른 성향의 정치인이나 공인에 대하여 충분한 근거 없이 '종북'이라 지칭하는 행위는 그 상대방에 대한 사회적 평가에 치명적 손상을 입힐 수 있고, 합리적인 토론과 소통을 전제로 하는 민주주의의 정착과 발전에도 부정적 영향을 미칠 뿐"이라고 꼬집었다. 정씨의 글은 진실과 거리가 멀었기 때문에 법적 책임으로부터 자유로울 수 없었다.

이 판결은 상대가 공인이라 할지라도 함부로 '종북'의 낙인을 찍는 것은 사회적 평가를 심각하게 침해하는 명예훼손 행위라는 점을 분명히 했다. 법원은 이 판결로 정씨는 두 사람에게 손해배상 책임을 지게 되었다.(이재명 시장 사건은 판결이 확정되었고, 김성환 노원구청장 사건은 2015년 5월 현재 2심이 진행중이다.)

이정희 · 심재환 부부 종북 매도 사건

'종북' 문제와 관련된 또 하나의 소송을 살펴보자. 이 사건 역시 트위터에 올린 글들이 발단이 되었다.

종북 주사파의 조직 특성상, 이정희에게는 판단할 권리조차 없을 겁니다. 조직에서 시키는대로 따라하는 거죠. 경기동부연합에서 이정희로 버티고 가겠다고 결정했으면 그길로 가는 겁니다.

원래 이정희는 위에서 판단 내려주면, 이를 대중적 선동하는 기술만 배운 마스코트예요. 문제는 이정희 남편 심재환이죠. 종북파의 성골쯤 되는 인물입니다.

변희재 씨가 올린 22개의 트윗은 부부인 이정희 전 통합진보당 대표와 심재환 변호사를 종북 · 주사파로 공격하고 있었다.

정씨가 올린 트윗보다 더 구체적이며, 비난의 강도도 강하다. 비난을 받은 두 사람은 명예훼손과 인격권침해 등을 이유로 변씨와 트윗 내용을 보도한『조선일보』등을 상대로 손해배상 소송을 청구했다.

이 재판에서도 법원(서울중앙지법 제14민사부 재판장 배호근)은 '주사파' '종북파'라는 낙인이 개인에게 심각한 타격이 된다고 보았다. "'주사파'라는 발언은 단순한 모욕적 언사나 특정인의 사상에 대한 평가를 넘어 충분히 사람의 사회적 평가를 저하시킬 구체적인 사실의 적시에 해당"하기 때문이다. 트윗 내용에 대해서도 "단순히 종북 성향이라는 의견 또는 평가를 하는 것에 그치지 않고 이들이 주체사상을 신봉하고, 대한민국의 정체성을 부정하는 신념이나 사상을 가진 사람들임을 강하게 인상 지우는 구체적 사실을 적시하여 명예를 훼손하고 있다"고 판단했다.

또한 그 내용이 "부부인 원고들이 대등한 관계가 아니고, 이데올로그인 심재환이 지적 능력이 부족한 때부터 이정희를 조종하고 이용하였다는 인상"을 주면서 진실과 다르게 왜곡하여 인격을 침해했다고 보았다. 따라서 트윗을 올린 변씨와 이를 인용 보도한『조선일보』등에 손해배상 책임이 있다고 인정했다. 1심 재판부는 종북으로 비난한 행위가 우리 사회에서는 단순한 모욕을 넘어서 개인에게 심각한 타격이 된다고 보았다.

변씨는 책임을 인정할 수 없다며, 이 전 대표는 손해배상 금액이 너무 낮다며 항소했다. 사건은 2심(서울고법 제13민사부 재판장 고의영)으로 올라갔다. 재판부는 친북과 비교할 수 없을 정도로 치명적이고 부정적인 '종북'이라는 단어의 위험성을 지적했다. 재판부는 "친북이라는 용어는 북한과 친해지자고 주장하는 견해까지 의미하는 반면, 종북이라는 용어는 북한을 무비판적으로 추종하는 것으로서 주사파와 같은 계열에 둘 수 있다"면서 이렇게 설명했다.

특정인이 주사파 또는 종북 세력으로 인식되고 있는 경기동부연합에 속해 있다고 하는 것은 그들이 북한 정권을 무비판적으로 추종하여 대한민국의 정체성과 헌법적 기본질서를 부정하는 행위를 하여 형사처벌을 받아야 하는 사람으로서 반사회세력이라는 부정적이고 치명적인 의미를 가지고 있으므로, 이로 인하여 명예가 훼손된다고 보아야 한다.

"배제·차별·증오 표현은 허용할 수 없다"

2심은 정치적 이념에 관한 표현이 공적인 문제에서는 널리 허용되어야 한다는 원칙에는 찬성했다. 예컨대 정치적 논쟁에서 누군가를 '보수주의자'나 '과격분자' '골수 사회주의자'로 표현하는 정도는 허용되는 게 맞다. "표현의 해악을 시정하는 1차적 기능은 시민사회 내부에 존재하는 사상의 경쟁메커니즘에 맡겨져 있기 때문"이다.

한국 사회에서 이른바 '종북세력'에 대한 낙인 찍기와 공격이 갈수록 심해지고 있다. 최근에는 한 고등학생이 종북세력으로 낙인 찍힌 이들에게 테러를 행하는 일까지 벌어졌다. 다른 사회 구성원에 대한 증오가 팽배한 사회는 좋은 사회가 아니다. 법의 제재가 필요한 이유다. ⓒ 미디어카툰(www.metoon.co.kr) 장재혁 작가

법원은 그러나 '종북'은 다르다고 선을 긋는다. "그 표현의 해악이 처음부터 해소될 수 없는 성질의 것"이거나 다른 사상이나 표현을 기다려 해소되기에는 "너무나 심대한 해악을 지닌 표현"까지 허용할 수는 없기 때문이다. 법원은 "구체적인 근거나

명확한 증거가 없이 배제와 차별, 증오, 적의의 고취를 목적으로 하는 표현이 다원성, 관용, 관대함을 이유로 허용될 수는 없다"고 경고했다. 한국 사회에서 '종북'이 바로 그런 표현에 해당한다. 따라서 종북과 같은 의혹제기는 일반적인 경우보다 훨씬 더 신중함과 엄격함이 요구된다고 당부했다. 두 사람이 종북·주사파인 경기동부연합 그 자체라고 한 부분은 정당한 의혹제기도 아니고 구체적 정황이 제시되지도 않았다고 결론지었다.

2심 결과 변씨는 1심과 마찬가지로 1500만 원 손해배상판결을 받았다. 관련보도를 낸 언론사들도 책임에서 자유로울 수 없었다. 변씨의 트윗을 인용하여 기사를 쓴 《뉴데일리》(벌금 1500만 원), 《조선닷컴》(벌금 1000만 원), 『조선일보』(벌금 1000만 원)가 정정보도와 함께 손해배상을 하라는 판결을 받았다.

두 글자면 된다. 21세기 대한민국에서 사람을 사회적으로 매장하려면 종북 두 글자면 충분하다. 법원도 종북이라는 낙인찍기를 타인에 대한 심각한 공격이라고 판단하고 있다. 무분별한 종북 꼬리표 남발은 자제되어야 한다.

그렇지만 통합진보당 해산결정과 이석기 의원 내란선동 유죄 판결로 이런 현상은 더욱 심해질 수도 있겠다. 그때마다 피해 당사자는 손해배상을 청구하고 형사고소하는 일로 해결해야 하는가.

법적인 판단 여부를 떠나 북한과 관련된 다양한 경험과 생각을 섣불리 예단하고 공격하는 일은 바람직하지 않다. 법원의 말마따나, 표현의 자유 관점에서 보더라도 "배제·차별·증오"를 담은 표현을 "다원성·관용"이라는 이름으로 허용할 수 없기 때문이다. 맹목적인 종북 낙인은 또 하나의 반공주의일 뿐이다.

정부의 명예보다 표현의 자유를 위해

세월호 홍가혜 사건 ————— VS ————— 미네르바 사건

세월호 사건 당시 허위사실을 퍼뜨렸다는 이유로 구속기소됐던 홍가혜 씨가 2015년 1월 9일 1심에서 무죄판결을 받았다. 홍씨의 판결을 보니 떠오르는 사건이 있다. 2009년 세상을 떠들썩하게 했던 미네르바(본명 박대성) 사건이다. 미네르바 또한 인터넷에 허위사실을 올려 국가를 어지럽혔다는 이유로 구속기소됐다. 두 사람은 정부의 입장에 반대 의견을 밝혔다는 이유로 '괘씸죄'를 받았다는 이야기를 들었다. 또한 재판도 받기 전에 구속되어 100일 넘게 감옥생활을 하다가 법원의 무죄판결을 받았다는 점에서 흡사하다.

　물론 두 사람의 명목상의 죄는 다르다. 미네르바는 인터넷 게시판 아고라에 허위사실을 유포해 공익을 해쳤다는 이유로, 홍가혜 씨는 SNS에 올린 글 1편과 방송인터뷰 내용이 허위 사

실로 다른 사람의 명예(세월호 사고 구조 담당자)를 훼손했다는 이유로 기소되었다. 그러나 이런 식으로 인터넷이나 언론에 올라온 수많은 글이나 말들을 이 잡듯이 뒤진다면 하루에 수만 명, 수십만 명이 법정에 서고도 남으리라. 특별히 이 둘이 법정에까지 가게 된 건 무슨 까닭일까.

열린 사회에서는 지위나 나이, 신분을 따지지 않고 활발한 소통이 가능해야 한다. 특히 정부의 정책이나 공적인 관심사에 대해서는 더더욱 그렇다. 하지만 대한민국에서 표현의 자유가 보장되고 있는지는 의문이다. 오히려 거꾸로 가는 듯한 느낌도 든다.

인터넷과 방송을 통해 정부정책을 비판했다가 법정에 서게 된 두 사람의 사건 속으로 들어가보자.

홍가혜 씨의 충격 인터뷰

2014년 4월 16일 오전 온 나라를 뒤흔든 참사가 발생한다. 전날 밤 인천을 출발해 제주로 향하던 여객선 세월호가 전남 진도군 관매도 인근 해상에서 침몰한 것이다. 언론에서 한때 '전원 구조'라는 속보가 나왔지만 오보였다. 476명의 탑승객 중 170여 명만이 사고 초기 배를 빠져나왔을 뿐, 나머지 사람들은 모두 안에 갇힌 채 배는 바다속으로 가라앉았다. 구조 작업이 시작되고 국민들은 기적적인 생환을 고대했지만, 생존자는 나타나지 않았다. 실종자 명단은 차츰 사망자 명단으로 변해갔다. 사고 당시 해경이 우왕좌왕했던 정황과 구조 작업이 제대로 이뤄지지 않고 있다는 사실이 알려지면서 대형참사 앞에 속수무책인 정부를 강도 높게 비판하는 목소리가 커져갔다. 수세에 몰린 정부는 세월호 관련 인터넷상 유언비어와 모욕 발언을 단속하겠다고 나섰다.

사고 사흘째인 18일, '홍가혜'라는 이름이 인터넷과 언론을 뜨겁게 달구었다. 이날 새벽 홍씨는 현장에서 구조활동을 한 민간잠수부 신분으로 종편 방송 MBN과 인터뷰를 했는데 여기서 충격적인 발언을 털어놨다. '민간잠수부에 대한 지원이 전혀 안되고 있다' '해경이 대충 시간만 때우고 가라고 했다'는 등 현장 책임자들이 구조 작업에 관심이 없고 오히려 민간잠수부들의 구조 작업을 막고 있다는 취지의 말들이었다. 참사에 안타까워하며 구조만을 바라보고 있던 사람들은 분노할 수밖에 없었다.

그러나 거의 곧바로 홍씨를 반박하는 기사가 나왔다. 홍씨에게 잠수부 자격증이 없고, 구조작업에도 참여하지 않았으니 그의 말은 거짓이라는 주장이었다. 어느 기자는 홍씨가 예전부터 거짓말을 많이 해 관심을 끌었다면서, 확인되지 않은 과거를 언급해 그를 더더욱 못 믿을 사람으로 몰고 갔다. 홍씨의 발언 내용이 충격적이었던 만큼 여론도 급속히 적대적으로 변했다. 그는 하루아침에 거짓말쟁이, 정신질환자가 되어버렸다. 급기야 경찰 수사가 시작됐고 홍씨가 잠적했다는 소문까지 퍼졌다. 홍씨는 4월 20일 경찰에 자진출석했다가 법원이 영장을 발부하며 구속됐다.

어떤 사람이 사회에 어떤 발언으로 물의를 일으켰을 때 비난과 지탄이 따를 수 있다. 하지만 법적인 책임을 지는 일은 별개의 문제다. 냉정히 따져보자. 홍씨는 왜 구속됐을까. 거짓말을 해서? 아니면 정부의 구조작업을 비판해서? 민간잠수부 자격이 없는데도 그런 행세를 해서? 국민을 우롱한 괘씸죄로? 홍씨는 과연 무슨 죄로 100일이 넘게 교도소 생활을 했을까?

그가 형사처벌 대상이 된 건 딱 2가지 때문이다. 2014년 4월 18일 새벽 SNS의 일종인 카카오스토리에 올린 게시물 1편과 MBN과의 방송인터뷰가 바로 그것이다. 이 2가지에서 허위사실로 김석균 해양경찰청장과 세월호 구조담당자들의 명예를 훼손했다는 혐의다. 검찰은 SNS 게시물은 정보통신망법위반(명예훼손), 방송인터뷰는 출판물에 의한 명예훼손으로 기소했다.

두 가지 죄목 모두 목적이 있어야 죄가 성립한다. 따라서 단순히 허위사실을 퍼뜨린 것으로는 부족하고, 이와 함께 비방할 목적이 있어야만 죄가 된다. 따라서 비방할 의도가 없었거나 공공의 이익이 목적이었다면 죄가 되지 않는다는 얘기다.

1심 법원(광주지법 목포지원 장정환 판사)은 홍씨가 잠수자격증을 소지한 민간 잠수사가 아님에도 MBN 작가로부터 인터뷰를 제안받고 승낙한 사실, 잠수부로서 구조작업에 참여한 사실이 없음에도 그런 것처럼 글을 게시하고 인터뷰한 사실은 인정했다. 법원은 이 때문에 "마치 해양경찰이 생존자 구조작업을 할 수 있음에도 고의적으로 민간잠수부의 구조작업을 방해하고 있다고 오해하는 등 사회적 혼란이 야기되기도 하였다"고 지적했다. 그러나 비방의 목적은 없었다고 판단했다. 대규모의 구조작업이 원활히 이뤄지고 있다는 당시 언론보도와는 달리, 현장에서 구조작업이 제대로 되지 않고 있는 사실을 확인한 홍씨가 이후 구조가 더 잘 진행되도록 하기 위해 인터뷰를 했다고 보았다.

법원은 "당시 온 국민이 세월호 구조작업에 관심을 가지고 지켜보는 상황에서 민관합동의 구조작업이 적절하게 진행되고 있는지 여부는 국가·사회 기타 일반 다수인의 이익에 관한 것이라고 볼 수 있다"며, 홍씨의 글과 인터뷰에 다소 과장되고 불확실한 점이 있더라도, 그 주요한 목적은 공익을 위한 것이지 비방 목적으로 단정할 수 없다고 밝혔다.

홍가혜 씨의 진실과 거짓말

그렇다면 검찰이 허위사실로 지목한 발언 내용은 어떤 것일까. 인터뷰 발언과 SNS 게시물을 종합해보면 크게 네 가지 정도로 정리할 수 있다.

①4월 17일 구조작업에 투입된 민간잠수부가 벽을 두고 생존자와 대화했다.(인터뷰)

②해양경찰이 민간잠수부에게 지원을 하지 않고(SNS 게시물과 인터뷰), 민간잠수부의 구조작업을 막고 있다.(인터뷰)

③구조대원이 유가족에게 "여기는 희망도 기적도 없다"고 했다.(SNS 게시물과 인터뷰)

④해경이 "시간만 대충 때우고 가라고 했다".(인터뷰)

법원은 홍씨의 글과 인터뷰 내용이 객관적인 사실에 부합하는지 조목조목 따졌다.

①에 대해서는 "생존자와 대화했다는 사실은 확인되지 않았고 물리적으로 가능하지 않으므로 허위"라고 판단했다. 하지만 "민간잠수부들은 생존자가 있을 가능성을 이야기하였고, 실종자 가족들이 세월호 안에 있는 자녀로부터 문자메시지를 받았던 사실이 인정된다"며 홍씨가 허위로 단정하기 어려웠을 것이라고 설명했다.

②에 대해서도 "해양경찰이 고의로 민간잠수부의 구조작업을 막았다고 인정하기는 어렵다"고 보았다. 하지만 "민간잠수부들은 해양경찰이 민간잠수부의 구조작업을 막고 있다고 인식하는 분위기였고, 이후 민간잠수업체인 '언딘'과 유착하여 군 및 민간잠수부의 투입을 막았다는 의혹까지 제기된 점을 비추어보면, 허위라고 단정하기 어렵다"고 밝혔다.

③의 경우 "홍씨가 팽목항에서 회의에 참석한 실종자 가족으로부터 이와 같은 취지의 말을 들었고, 설령 그런 말을 한 사실이 없다고 하더라도 생존자 구조작업에 적극적으로 임해야 한

다는 취지에서 이와 같은 말을 한 것으로 판단된다"고 보았다.

④항도 해양구조협회 완도지역대원이 해양경찰 함정과 교신하는 과정에서 "잠수부 300명 정도가 있으니 민간잠수부가 필요 없다. 선회하다가 그냥 가라"는 취지로 이야기하자 대원이 "그럼 시간만 때우고 가란 말이냐"라고 반문했더니 "그럴 수밖에 없다"라고 한 사실이 드러났다. 이에 대원들은 화가 나서 바로 철수했고 대원 한 명이 SNS에 "투입시켜달라 해도 자기들도 잠수부 많으니 시

홍가혜 씨는 허위사실을 퍼뜨렸다는 이유로 구속되어 재판을 받았지만, 현장상황은 과장은 있었을지언정 홍가혜 씨의 말에 가까웠다. 진실과 약간 차이가 나거나 다소 과장된 표현이 있더라도, 공익을 위한 목적이라면 처벌 대상이 아니라는 게 법원의 판단이었다. ⓒ 미디어카툰(www.metoon.co.kr) 장재혁 작가

간 때우다 가라는 함장"이라는 글을 올리기도 했다.

결국 홍씨의 글과 인터뷰 내용은 일부 사실과 다르고 과장이 있을지언정 허위사실로 단정하기 어렵다는 결론이다.

명예훼손 기준, 공적 문제냐 사적 사안이냐

법원은 인터넷 게시물이나 인터뷰가 어떤 경우 명예훼손이 되는지 기준을 제시했다. 핵심은 공公과 사私의 구분에 있다. 즉 피해자가 공적 혹은 사적 존재인지, 사안이 공적인 관심사인지 순수한 사적인 영역에 속하는지, 객관적으로 국민이 알아야 할 공공성과 사회성을 갖춘 사안으로 여론형성이나 공개토론에 기여하는 것인지 등을 따져보아야 한다. 그래서 사적 영역은 표현의 자유보다 명예의 보호라는 인격권이 우선하고, 공공적·사회적인 사안은 표현의 자유에 대한 제한이 완화되어야 한다는 것이다.

법원은 해양경찰청장의 명예가 훼손됐다는 점도 받아들이지 않았다. 정부 또는 국가기관은 명예훼손의 피해자가 될 수 없다는 원칙도 분명히 했다. 공직자 개인을 매우 악의적으로 공격하는 경우에는 예외적으로 명예훼손이 될 수 있지만 "해양경찰청장은 당시 세월호 생존자 구조작업을 현장에서 지휘·통제하였던 공적인 존재"여서 그런 경우에 해당하지 않았다. 홍씨의 목적은 특정 개인에 대한 공격이 아닌 원활한 구조작업에 있었다고 본 것이다.

1심 법원은 9일 홍씨에 대해 전부 무죄를 선고했다. 판결을 거칠게 정리해보면 이렇다. 홍씨가 민간 잠수사 자격이 없었고 일부 확인되지 않거나 과장된 사실을 글이나 인터뷰를 통해 밝힌 것은 맞다. 하지만 진도 현장에 있던 홍씨는 민간잠수부에 지원이 제대로 이루어지지 않고 구조작업 투입이 제한되고 있는 상황을 사람들에게 알려 구조작업이 원활하게 이루어지도록 하려 했다. 따라서 명예훼손이 성립되지 않는다.

이 판결에 검사가 항소했으며 사법부의 최종 판단까지는 아직 갈 길이 멀다. 하지만 세월호 사고 당시 구조작업과 희생자 인양작업이 급선무였던 시점에서 정부와 수사기관이 홍씨를 구속기소한 일이 적절했는지 되돌아 볼 일이다. 더구나 공적인 구조업무를 담당했던 해양경찰청장과 구조담당자들의 명예가 그렇게 소중했는지 궁금하다. 혹시나 당시 정부에겐 국민들의 비난을 피하기 위해 대신 욕을 먹어줄 희생양이 필요했던 것은 아닐까.

구속된 인터넷 경제 대통령

2009년 새해 벽두에 네티즌들을 충격에 빠뜨린 사건이 터졌다. 바로 인터넷 경제대통령으로 불리던 필명 미네르바(본명 박대성)의 구속이었다.

미네르바는 2008년 3월부터 이듬해 1월까지 포털사이트 다음의 '아고라' 경제 토론방에 208여 편의 글을 올렸다. 그는 처음엔 무명이었지만 경제동향을 분석하고 예측하는 능력이 뛰어나 차츰 주목을 받았다. 특히 당시 리먼 브라더스사의 파산, 환율폭등 사태, 주가지수 등을 예측하자 네티즌들은 열광했다.

반면 정부 당국은 긴장하기 시작했다. 네티즌들이 정부의 말보다 미네르바의 말을 더 믿기 시작했고, 미네르바는 차츰 정부의 경제정책에 대해 비판의 강도를 높여갔다. 그런 미네르바가 두려웠던 것일까, 아니면 네티즌에게 경고를 하고 싶었던 걸까. 검찰은 2009년 1월 7일 미네르바를 체포한 뒤 "미네르바가 정부의 환율정책을 방해하고 대외신인도를 저하시킬 목적으로 허위사실을 게시했다"며 그를 구속기소한다. 검찰 관계자는 한 언론과의 인터뷰에서 "미네르바의 글이 오른 뒤 불안감이 퍼지면서 정부가 상당한 금액의 외환을 시장에 풀어야 했다"고 주장하기도 했다.

도대체 어떤 위험한 글이었기에 그를 구속까지 시켜야 했을까. 문제가 된 게시물은 2개인데, 그 전문을 먼저 보자.

외환 예산 환전 업무 8월 1일부로 전면 중단… 드디어 일이 터지는구나. 외환 보유고 문제없다고 말로만 떠들어대는데 이제야 시한폭탄 핵잠수함이 서서히 수면 위로 부상하는구나. 지금 외국 애들 전화하고 난리가 났는데 도대체 뭔 생각으로 이러는 건지.(2008년 7월 30일, ①번 글)

2008년 12월 29일 오후 2시 30분 이후 주요 7대 금융기관 및 수출입 관련 주요 기업에 달러 매수를 금지할 것을 긴급 공문 전송.

정부 긴급명령 1호. 중요 세부 사항은 각 회사별 자금 관리 운영 팀에 문의 바람. 세부적인 스펙은 법적 문제상 공개적으로 말할 수 없음. 단 한시적인 기간 내의 정부 업무 명령인 것으로 제한한 다.(2008년 11월 29일, ②번 글)

그렇다면 이 글이 무슨 죄가 된다는 말일까. 검찰의 주장은 다음과 같다. 미네르바가 ①번 글과 ②번 글을 통해 "정부의 환율정책 수행을 방해하고 우리나라 대외신인도를 저하시키는 등" 공익을 해할 목적으로 허위 게시물을 인터넷에 올렸다는 것 이다. 그에게 적용된 법률은 일반인들에겐 이름도 생소한 전기 통신기본법(47조 1항)으로 그 내용은 다음과 같다. "공익을 해할 목적으로 전기통신설비에 의하여 공연히 허위의 통신을 한 자는 5년 이하의 징역 또는 5천만 원 이하의 벌금에 처한다."

미네르바가 구속된 까닭

이 사건의 쟁점은 크게 2가지로 정리된다. 첫째, 미네르바의 글이 공익을 해할 목적이 있었는지. 둘째, 그가 고의로 허위의 사실을 게시했는지다.

서울중앙지법(유영현 판사)은 우선 "외화 환전업무가 중단 된 것이 (미네르바의 주장과 달리) 외환보유고 부족으로 인한 것 이 아니라는 사실은 인정된다"고 밝혔다. 따라서 미네르바의 '①

번 글'은 사실과 다르다는 것이다. 유 판사는 그러나 "박씨가 허위 사실을 게시한다는 고의가 없다"고 판단했다. 박씨(미네르바)가 외환업무의 개념을 오해한 상태에서 뉴스속보를 보고 글을 게시한 점, 기획재정부에서 금융기관에 달러매수 자제요청을 한 사실이 이미 알려져 있던 점, 박씨가 곧바로 사과한 후 삭제한 점 등이 근거였다.

법원은 이어 박씨에게 공익을 해할 목적 또한 없었다고 판단했다. 그 전해 8월경 실제로 외환보유고가 감소되었고, 더구나 '②번 글' 때문에 달러 매수량이 증가했다고 단정할 수 없기 때문이었다.

또한 박씨의 글이 시장에 일부 영향을 미쳤더라도 이는 개연성 정도에 불과하며, 오히려 박씨가 개인들의 환차손 피해를 방지하고자 글을 올렸다고 주장한 점이나, 법적조치가 거론되자 '②번 글'을 삭제한 점 등을 보더라도 같은 결론을 내릴 수 있다고 보았다. "설사 미네르바에게 허위의 사실에 대한 인식이 있었다고 보더라도, 공익을 해할 목적이 있었다고 인정되지 않는다"는 결론이었다.

헌법재판소 "'공익'은 추상적… 명확성 원칙 어긋나"

미네르바는 무죄판결을 받고 104일 만에 풀려난다. 판결에 불복, 검사가 항소하지만 처벌근거가 된 전기통신기본법마저 위헌이 되자 곧바로 항소를 취하한다. 헌법재판소는 2010년 12월 28일 이 조항이 위헌이라고 결정했다. '공익을 해할 목적'이라는 표현이 너무 추상적이라는 이유에서였다. 법적인 표현으로 한다면 죄형법정주의의 원칙 중 명확성의 원칙에 어긋났다.

수사기관은 미네르바의 수많은 글 중 단 두 편만을 문제 삼았고, 홍씨 역시 SNS 글 한 편과 방송인터뷰 하나로 전격 구속했다. 결국 둘은 무죄로 풀려났지만 100여 일이나 옥고를 겪어야 했고 네티즌들은 위축될 수밖에 없었다. 법이 정부에 비판적인 여론에 재갈을 물리는 수단이 돼서는 곤란하다.

세월호 해경 명예훼손 사건에서 법원은 "공공적·사회적인 의미를 가진 사안은 표현의 자유에 대한 제한이 완화되어야 한다"고 강조했다. 국가기관의 명예보다 표현의 자유가 더 소중하다는 사실을 정부나 수사기관도 깨닫게 되기를 바란다.

정치인의 모욕, 일반인의 모욕

강용석 여자 아나운서 모욕 ——VS—— 네티즌의 '누구신지호' 모욕

누구에게나 명예는 소중하다. 남들에게 무시당하고 모욕당해도 괜찮은 사람은 없다. 그래서 법은 사람들의 신체와 재산뿐 아니라 명예도 보호한다. 다른 사람의 사회적 가치나 명예를 떨어뜨리는 행위를 하면 명예훼손이나 모욕죄로 처벌을 받는다.[*]

그러나 명예훼손이나 모욕은 다른 범죄와 달리 명확하게 잘 잘못을 가리기 어렵다는 난점이 있다. 먼저 어떤 발언이 모욕인지 아닌지 사람마다 잣대가 다를 수 있다. 말한 이의 의도와 듣는 이의 감정 사이에 상당한 간극이 있는 경우도 많다. 술자리에서 당사자가 없을 때 한 말이 나중에 알려져 명예훼손 시비에

---

[*] 명예훼손과 모욕의 차이는 구체적인 사실의 적시나(명예훼손) 단순한 의견 표명이냐(모욕)에 있다. 구체적인 사실(허위사실도 포함)을 드러내는 글이나 말을 사용하여 타인의 사회적 가치를 떨어뜨렸다면 명예훼손이 되고, 단순한 욕설이나 경멸적 표현 등을 사용했다면 모욕이 된다. 예를 들어, "A는 바람이 나서 가정을 내팽개치고 외도를 하고 다닌다"고 했다면 명예훼손으로 볼 수 있다. 반면, "덜 떨어진 놈" 처럼 타인을 비하하는 표현이나 욕설이라면 모욕이 성립된다.

휘말리는 경우도 있다. 또한 정당한 비판과 비난을 구분하는 일도 쉽지가 않다. 공인에 대한 비판도 때로는 명예훼손이 될 수 있다.

이 때문에 명예훼손은 공적인 인물이나 공적인 사안과 관련해서 논란이 더 많이 일어난다. 먼저 공인이나 유명인이 가해자가 되기도 한다. 대중의 이목이 집중되는 인물일수록 더욱더 입조심을 해야 하지만, 막말이나 망언으로 낭패를 보는 이들이 적지 않다. 반대로 공인이 피해를 당하는 경우도 있다. 특히나 나랏일을 맡고 있는 정치인은 남들에게서 욕에 가까운 비난을 듣게 되는 일도 많다.

그래서 정치인이라면 자신의 언행은 더 조심하고 남의 비난에 대해선 겸허하게 받아들일 필요가 있겠다. 현실은 어떨까?

현직 국회의원이 등장하는 모욕 사건 2건이 있다. 각각 국회의원이 피고인인 사건과 피해자인 사건이다. 강용석 의원의 여아나운서 모욕 사건과 신지호 의원의 '누구신지호' 사건을 살펴보자.

강용석의 여자 아나운서 모욕사건

"다 줄 생각을 해야 하는데 그래도 아나운서 할래?"

2010년 7월 20일 『중앙일보』에 선정적인 제목이 걸렸다. 이 발언의 당사자는 당시 한나라당 강용석 의원으로, 기사는 그가 대학생들과의 술자리에서 이런 성희롱·성차별적 발언을 했다고 전했다. 어떤 일이 있었던 걸까. 나흘 전 상황은 이렇다.

서울 마포구 홍대 앞 고깃집에서 대학생들과 국회의원이 만났다. 이날 열린 국회의장배 전국 대학생 토론대회에 참여했다가 입상하지 못한 학생들을 국회의원 2명이 위로하는 뒤풀이 자리였다. 참석자는 강용석·전현희 의원과 남녀 대학생 약 20명 정도였다.

강 의원은 학생들 틈에 끼어 얘기를 이끌어갔다. 한 학생이 토론대회에서 떨어진 이유를 묻자 그는 이렇게 답한다. "사실 심사위원들은 (토론) 내용을 안 들어요. 참가자 얼굴을 보죠. 토론할 때 패널은 못생긴 애 둘, 예쁜 애 하나로 이뤄진 구성이 최고에요. 그래야 시선이 집중되지." 강 의원은 청와대를 방문한 적 있는 여대생에겐 "그때 대통령이 너만 쳐다보더라. 남자는 다 똑같아. 옆에 사모님만 없었으면 네 번호도 따갔을 거야"라는 농담을 하기도 했다. 아무리 편안한 술자리라고 해도 국회의원이 자신보다 한참 어린 여성에게 하기에는 부적절한 발언이었다.

하지만 압권(?)은 따로 있었다. 아나운서가 되고 싶다는 여학생들에게 강 의원은 차라리 기자가 되라고 권유하면서 이렇게 말을 했다. "(아나운서로 성공하려면) 다 줄 생각을 해야 하는데 그래도 아나운서 할 수 있겠어? ○○여대 이상은 자존심 때문에 그렇게 못하던데."

파문은 컸다. 시민들은 성적 비하 발언을 한 강 의원에게 당장 물러나라고 목소리를 높였다. 한국아나운서연합회 소속 여자 아나운서 154명은 강 의원을 모욕죄로 고소했다. 보궐선거를 앞두고 표를 의식한 한나라당은 강 의원을 제명했다.

강 의원도 그냥 물러서지 않았다. 기사 내용처럼 성적 비하 발언을 한 적이 없다면서 정치생명을 걸고 진실을 밝히겠다고 공언했다. 그러면서 기사 작성자 심아무개 기자를 허위사실 명예훼손, 공직선거법상 후보자 비방 혐의로 고소했다.『중앙일보』측도 맞고소로 대응했다. 한마디로 진흙탕 싸움이었다. 그 와중에 검찰은 심 기자가 아닌 강 의원만을 법정에 세운다. 심 기자는 무혐의로 처분한 반면 강 의원은 모욕과 무고 혐의로 기소했다.

재판 결과 술자리 발언은 모두 진실로 밝혀졌다. 강 의원으로서는 최대 위기였다. 1심(서울서부지법 제갈창 판사)은 먼저 강 의원이 심 기자를 형사 고소한 행위에 책임을 물었다. 기사 내용이 허위가 아닌데도, 형사처벌을 받게 할 목적으로 심 기자를 고소했다는 것이었다.

술자리 발언은 어떻게 될까. 발언 수위가 높다고 해서, 혹은 부도덕한 표현이라고 해서 모두 처벌감은 아니다. 법적으로 문제가 되는 발언은 "다 줄 생각을 해야 하는데"로 대표되는 여성 아나운서 모욕 부분이었다.

강 의원은 그런 말을 한 사실이 없고, 설사 했더라도 "직업군 일반에 대한 것으로서 막연하고 포괄적이며 일반적인 평균 판단에 지나지 않는데다, 아나운서 개개인에 대한 모욕이 될 수 없다"고 항변했다. 과연 맞는 말일까.

집단에 대한 비난, 즉 '집단 명예훼손' 또는 '집단 모욕'은 사실 법조계에서도 논쟁거리다. 판례를 보면, 원칙적으로는 집단에 대한 명예훼손이나 모욕은 성립하지 않는다. 비난의 내용이 특정 개개인에 대한 것이라고 받아들여지지 않고, 개인에게는 비난의 정도가 희석되기 때문이다. 예를 들어보자. 누군가 '서울시민'이나 '정치인들'을 싸잡아 욕했다고 치자. "서울시민은 다 이기주의자야"라거나 "정치인들은 다 썩었어"라는 식으로 말이다. 이들은 숫자가 상당히 많고, 욕의 대상이 누구인지 식별할 수 없다. 특정한 개인에게 미치는 영향도 작다. 그래서 법적으로 문제 삼기 어렵다.

다만 예외적으로 "비난 내용이 해당 집단에 속한 특정 개개인에게까지 미쳐 그 개개인에 대한 사회적인 평가에 영향을 미칠 정도에까지 이른 경우"라면 명예훼손이나 모욕이 인정된다. 예를 들어 '○○지구대 경찰들은 썩었다'고 말했다면, 지구대의 경찰은 얼마 안 되기 때문에 그 구성원들이 피해자가 될 수 있다.

그렇다면 '여자 아나운서들'에 대한 비난은 어떨까. 1심은 모욕죄가 성립한다는 쪽이었다. 법원은 현직 국회의원으로서 발언이 가지는 무게가 크고 발언을 접하는 일반인들에 대한 영향이 남다를 수밖에 없는 점, 발언 내용이 마치 여자가 아나운서로서 일정한 지위에 올라가는 과정에 으레 그러한 일을 겪게 된다는 뜻이 담겨 있는 점, 아나운서 집단의 규모가 작다고 할 수 없지만 고소한 여성 아나운서 154명은 일반인들이 그 발언을 떠올리고 연상하게 될 소지가 충분한 점 등을 감안할 때 사회적 평가에 영향을 미칠 수 있다고 판단했다.

쌍방의 항소로 사건을 맡은 2심(서울서부지법 제1형사부 재판장 이인규)도 결론은 같았다. 강 의원의 발언은 "여성 아나운서들이 일정한 지위에 올라가는 과정에서 성적 접대를 하거나 요구받게 된다는 취지로 해석될 수 있다"며 개인의 사회적 평가를 떨어뜨릴 수 있다고 판시했다. 1심과 2심은 무고와 모욕죄를 모두 인정해 징역 6월에 집행유예 1년형을 선고했다. 비록 집행유예가 붙었어도 국회의원에게 징역형은 사형선고나 다름없다. 의원직을 잃게 되기 때문이다. 강 의원은 지푸라기라도 잡는 심정으로 상고장을 냈다.

'말'의 다이어트와 성형이 필요하다

그런데 대법원 판결이 강 의원을 살려주었다. 대법원(제3부 주심 김신 대법관)은 집단 모욕에 대해 1, 2심과 다른 판단을 했다. 발언 내용이 여성 아나운서 개개인의 사회적 평가에 영향을 미칠 정도는 아니라는 것이다.

대법원은 여성 아나운서 집단은 다양해서 집단 자체의 경계

가 불분명한 점, 발언이 한국아나운서연합회만을 지칭한 것도 아닌 점, 발언 내용이 저속하긴 하나 기존의 사회적 평가를 근본적으로 변동시킬 정도는 아닌 점, 이 정도를 처벌하면 모욕죄 성립 범위를 지나치게 확대할 우려가 있는 점을 지적했다. 사건은 파기환송돼 2심(서울서부지법 제2형사부 재판장 오성우)으로 돌아왔다.

법원이 강용석 전 의원을 무죄로 판결함으로써 그에게서 집단모욕죄의 꼬리표는 법적으로 떨어졌다. 지금 그는 다수의 예능 프로그램에 출연하며 대중의 머릿속에 있는 부정적인 꼬리표도 떼는 중이다. ⓒ 미디어카툰(www.metoon.co.kr) 장재혁 작가

2심은 대법원 뜻에 따라 무고는 유죄, 모욕은 무죄로 판결한다. 피해자들과 합의한 점도 강 의원에게 유리하게 작용했다. 법원은 강 의원이 여론의 질타를 호되게 받고 있어서 '사회적 감옥'에 이미 수감된 이상 "징역형을 선고하는 것은 다소 과하다"며 벌금형(1500만 원)을 선고한다.

법원은, 강 의원에게 의미심장한 충고도 잊지 않았다. "사회적 감옥에서 건전한 지성인으로 복귀하기 위하여 피고인에게 필요한 것은 저질스럽고 정제되지 않은 말을 하지 않는 '말'의 다

이어트가, '신체와 외모'의 성형이 아니라 '마음과 말'의 성형이
필요하다."

　결과적으로 여자 아나운서를 "다 줄 생각을 해야" 되는 사람
으로 묘사한 '19금 발언'에 법은 개입할 수 없었다. 대법원이 집
단 모욕을 엄격하게 해석한 탓이다. 강 의원이 받은 불이익이라
곤 무고죄 벌금 1500만 원과 변호사인 그에게 대한변호사협회
가 내린 과태료 1000만 원 처분이 전부다. 그가 한 행동의 수준
에 비하면 약하다고 볼 수밖에 없다. 다만 그는 아나운서 모욕
논란으로 대중의 비난을 받으면서 한나라당에서 제명되는 수모
를 겪었으며, 국회의원 재선에도 실패했다. 지금 그는 다수의 종
편 프로그램에 출연하며 '재기'를 노리고 있다.

'누구신지호' 모욕 사건

　2008년엔 이른바 '누구신지호' 사건이 있었다. 당시 신지호
한나라당 의원이 '피해자' 자격으로 시민을 고소한 사례다. 국회
의원이 시민을 고소한 일 자체가 논란이 되었는데, 대체 헌법기
관인 국회의원이 시민을 고소한 사정은 무엇이었을까?

　신 의원은 그해 9월 MBC 〈100분 토론〉에 출연했다. 토론 주
제는 '근현대사 교과서, 좌편향인가'였다. 당시에 이명박정부가
들어선 뒤 교육부가 고교 역사교과서 수정을 지시해 논란이 일
었다. 신 의원은 정권이 바뀌었으니 '좌편향' 교과서를 바로잡

아야 한다는 쪽이었다. 신 의원은 "여론조사를 보면 초등학생 35%가 6·25를 대한민국이 일으킨 것으로 알고 있는데 이는 '반대한민국' 교과서 때문"이라며 "이런 것을 읽어서 육사생도도 문제가 생기고 사법시험 합격자도 국가관에 잘못이 생기고 있다"고 주장했다. 그는 교과서에 실린 신동엽 시인의 〈껍데기는 가라〉가 좌편향의 근거라고 말했다. '반대한민국 교과서'가 채택률이 높은 것은 전교조 탓이라고 주장한 신 의원의 언행은 많은 누리꾼 사이에 논란을 불렀다.

토론회를 지켜본 김성민(가명) 씨는 화를 참을 수 없었다. 김씨는 신 의원의 홈페이지로 찾아들어가 '소통과 대화' 게시판에 항의글을 올렸다. "신지호 의원! 껍데기는 누구? 신지✱? 억울하세요?" "뇌와 귀 없이 입만 가지고 토론에 임하는 신지호!" 글 제목에서부터 비판의 강도는 높았다. 시 「껍데기는 가라」를 문제삼은 것에 대해서 김씨는 "스스로 흑싸리 '껍데기'(화투에서 별 도움이 안 되는 패로, 쓸모없는 것을 이르는 표현-저자 주)라 생각되어서 기분이 나쁜 것인가요?"라고 비꼬았다. 신 의원의 토론준비 부족도 꼬집었다. "씹어댈 교과서를 대충이라도 살펴보고 나오셔야죠." 그 뒤에도 김씨는 신 의원의 의정활동을 비판하는 글을 몇 차례 올렸다.

그로부터 몇 달 뒤 김씨는 경찰서 출석요구서를 받았다. 깜짝 놀라 경찰에 문의했더니 몇 달 전 쓴 게시물을 문제삼아 신 의원이 모욕죄로 고소를 했다고 알려줬다. 신 의원은 김씨의 비판이 '소통과 대화'가 아닌 모욕이라고 느꼈던 모양이다.

정치인 비판도 죄가 될까?

국회의원을 비롯한 공인의 활동을 비판하는 글을 올린 행동은 죄가 될까 안 될까. 재판의 쟁점은 이것이었다. 공인이건 사인이건 인격을 보호받아야 하는 건 당연하다. 하지만 대통령, 국회의원 등 공인이나 국가정책, 사회·경제적 관심사는 뭇사람들의 입길에 오르내리기 마련이다. 비판을 법으로 섣불리 막아선 안 된다. 대법원도 "공적인 관심사에 대한 문제제기는 널리 허용되어야 한다"는 입장이다.

하지만 또 다른 판례는 공인 비판에 대해 "표현방법에 있어서는 상대방의 인격을 존중하는 바탕 위에서 어휘를 선택하여야 하고, 아무리 비판을 받아야 할 사항이 있다고 하더라도 모멸적인 표현으로 인신공격을 가하는 경우에는 정당행위가 성립될 수 없다"(대법원 2008. 4. 24. 선고 2006도4408 판결 등)는 태도를 보이고 있다.

정당한 비판과 인신공격을 구분하기란 쉽지 않다. 더구나 인터넷 공간에서 벌어지는 토론은 빠르고 즉각적이다. 때에 따라서는 다소 즉흥적이고 감정적인 부분이 있긴 하지만 실시간으로 여론이 형성되는 장점이 있다. 이러한 인터넷 공간에서 명예훼손이나 모욕에 너무 엄격한 잣대를 댄다면 자유로운 토론은 기대하기 힘들다. 네티즌이 논쟁글을 올리기 전에 상대방의 고소를 의식해서 표현들을 섬세하게 손질해야 한다면 아마도 토론 자체가 불가능할 것이다.

'누구신지호' 사건은 어떻게 됐을까. 대법원까지 갔는데 전부 무죄였다. 그 정도론 죄가 안 된다는 뜻이다. 고소를 한 신 의원은 체면을 구겼다. 항소심은 판결을 통해 의미심장한 지적을 했다. 요약하면 이렇다. '국회의원은 헌법 기관이므로 국가적·사회적 영향력이 막중하다. 따라서 그의 언행·능력·도덕성 등 자질을 비판할 자유가 보장되어야 한다. 정치인을 비판할 때는 효과를 높이기 위해 다소 풍자적, 희화적인 표현이 흔히 사용된다. 그런 속성을 감안해서 받아들여야 한다.'

2010년에도 비슷한 사건이 있었는데 이때는 다른 결론이 났다. 조전혁 의원이 시사개그맨 노정렬 씨를 고소한 사건이다. 노씨는 어느 집회에 초대받아 가서 조 의원을 풍자했다. 누군가 명예훼손이 걱정된다고 하자 노씨는 "훼손될 명예가 없는 개나 짐승, 소한테는 명예훼손이 안 된다"고 답변했다. 발끈한 조 의원은 고소로 대응했다.

법원은 사람을 동물에 빗댄 건 풍자의 한계를 넘어섰다고 보아 유죄판결을 내렸다. 1심은 모욕죄를 인정, 벌금 50만원 형을 선고했다. 그나마 항소심은 형이 너무 무겁다며 선고유예 판결을 내렸다. 시사개그맨이 풍자 수위를 고민해야 한다면 그건 불행한 일이다. 개그맨에게 '정당한 풍자'와 '모욕'을 구분하라는 요구는 개그 아닌 다큐를 하라는 말과 다름없다.

판결 결론을 떠나 나랏일에 바쁜 국회의원이 수사 기관에 권리 구제를 호소하는 일은 모양 빠진다. 시민 개인의 발언을 문제 삼아 고소장을 접수하고, 법정에서 유무죄를 따지는 현실이 왠지 달갑지는 않다. 그것도 국회의원의 권리라고 하기엔 궁색하지 않은가.

최근 정부나 대통령 비판 전단이 살포가 늘고 있다. 좋은 징조는 아니다. 과거 유신시대, 독재시대나 보이던 의사 표현 방법이기 때문이다. 언제부턴가 많은 이들이 정부나 대통령에 대한 공개적인 비판을 두려워하게 되었다. 그만큼 언로가 막혔다는 방증일지 모른다. 정부가 이에 대해 형사처벌 운운하며 강경 대응한다면 오히려 역풍을 맞을 수도 있다. 공인에 대한 표현의 자유가 널리 보장되면 될수록 민주적인 사회다. 반면 공인의 발언은 신중해야 한다. 자기 발언의 무게를 인식해야 한다.

모욕죄는 친고죄다. 피해자가 문제 삼지 않는다면 처벌이 불가능하다. 국회의원들이 유권자에게 고소를 남발할 마땅한 이유는 없다. 공인이 뭔가. 공개적으로 욕 먹어주는 존재, 아닌가.

욕이라고 다 같은 욕이 아니다. 권력자가 국민에게 하는 욕은 흉기가 될 수 있지만, 시민들이 공인에게 던지는 독설은 약이 될 수 있다. 비판적인 글과 말에 법이 대응하는 바람직한 자세는 약자에겐 너그럽고, 강자에겐 엄격한 것이리라.

법은 친일파 기득권을 인정할까

친일판사 결정 취소 ————— VS ————— 친일재산 되찾기

　　한국 현대사에서 친일청산 실패는 단순한 오점에 그치지 않
는다. 역사의 후퇴였다. 반反민족 행위는 제대로 처벌받지 않았
고, 친일세력들은 그 모습을 바꿔가며 부와 권력을 그대로 유지
해왔다. 친일이 제대로 단죄받지 않은 탓일까. 친일파의 후손들
은 조상들의 과거를 부끄러워하기는커녕 당당하기만 하다. 친
일파로 분류된 인사들의 후손들은 부와 명예를 지키기 위해 소
송도 불사한다. 법은 친일의 기득권을 용인할까. 아니면 친일파
후손들의 재산권 행사에 법이 제동을 걸 수 있을까. 이번 이야기
는 친일파, 그리고 그 후손들과 관련된 사건이다. 후손들은 조
상이 친일 부역자라는 낙인을 지우기 위해 행정소송을 제기하
는 한편 조상이 친일 행위로 얻은 땅을 찾으려고 민사소송을 제
기했다. 법원은 어떻게 판결했을까. 친일판사 결정 취소 사건과

친일파후손 땅찾기 사건을 살펴보자.

'친일판사 결정 취소' 사건

그는 조선 말기인 1892년에 태어났다. 1917년 약관의 나이로 조선총독부 재판소 서기가 되었고, 1920년부터 1945년까지 조선총독부 판사로 일했다. 그는 자신이 맡은 재판에 성실히 임했다. 의열단원으로 김원봉과 함께 항일운동을 전개한 이수택 등 독립운동가들을 단죄하는 것도 마다하지 않았다. 일제강점기 50여 명의 항일투사들에게 징역형을 선고했다. 그런 그에게 조선총독부는 3차례 훈장을 수여했다. 1945년 일제가 물러간 후에도 대한민국 법원의 판사로 일하다 1948년 변호사로 개업했고, 2년 뒤 세상을 떠났다.

일제시대 법조인 고故 유영 판사의 이야기다. 한 사람의 인생을 섣불리 평가하기란 쉽지 않겠지만, 일제시대에 조선총독부의 관리로 일한 그이기에 역사의 평가는 불가피하다. 2009년 7월 친일반민족행위진상규명위원회는 일제시대 고인의 행위가 친일반민족행위에 해당한다고 결정했다. 고인이 1920년부터 1945년까지 조선총독부 판사로서 독립운동가 재판에 참여했고, 약 25년간 재판소 서기와 판사로 재직하는 동안 훈4등, 훈5등, 훈6등 서보장을 수여받은 행위가 친일에 해당한다는 것이다.* 유족들

---

* '일제강점하 반민족행위 진상규명에 관한 특별법'은 '판사·검사 또는 사법관리로서 무고한 우리 민

은 이런 불명예를 받아들일 수 없다며 2009년 취소소송을 제기했다.

일제시대에 판사로 일하며 항일독립운동가들의 재판에서 수십 명에게 징역형을 선고한 행위는 친일행위일까, 아닐까. 2010년 10월 서울행정법원(제3부 재판장 김종필)은 친일이 아니라며 유족의 손을 들어줬다. 이유는 "독립운동가에 대한 재판에 관여하였다거나 단순히 일제의 훈공을 받았다는 사실만으로는 친일행위가 아니"기 때문이란다. 그 정도로는 "일제에 현저히 협력"했거나 독립운동가들의 "탄압에 적극 앞장 선" 행위로 볼 수 없다고 설명했다. 법원은 이렇게 말한다.

> 판사의 행위로서 특별법에 의한 '친일반민족행위'가 되기 위하여는 판사가 그 지위에서 우리 민족 구성원인 독립운동가에 대한 재판에 관여하였다거나 단순히 판사로서 일제가 주는 포상이나 훈공을 받았다는 사정만으로는 부족하고 그가 형사사법절차 등과 관련하여 이들을 감금·고문·학대하는 등 탄압에 적극 앞장 선 구체적인 행위를 하였거나, 판사가 받은 포상이나 훈공의 대가가 단순히 형사재판에 관여하였다는 것에서 나아가 그가 일본의 식민통치와 침략전쟁에 협력하고 일본제국주의에 현저히 협력한 것이라는 점 등에 관한 구체적인 사정이 있어야 하는 것이다.

족 구성원을 감금·고문·학대하는 등 탄압에 적극 앞장선 행위'(제19조 제2항 제15호)와 '일본제국주의의 식민통치와 침략전쟁에 협력하여 포상 또는 훈공을 받은 자로서 일본제국주의에 현저히 협력한 행위'(제19호)를 친일반민족행위로 규정했다.

법원은 '현저히'와 '적극'에 방점을 찍었다. 항일인사들을 직접 고문·학대한 증거나 일제의 식민통치에 적극 협력했다는 증거가 없으니 고인에게 친일의 딱지를 붙일 수는 없다는 말이다. 판사로서 당시 법에 따라 성실히 판결한 것은 잘못이 아니라는 논리다. 그렇다면 판사는 어떤 일을 했어야 친일로 인정될까? "불법으로 영장에 날인하여 부당한 신체구속을 당하도록 하였다거나 자백을 강요하였다는 등의 특별한 사정"이 있어야 한단다.

이 판결은 친일반민족행위진상규명위원회가 4년 6개월 동안 자료조사와 이해관계인의 의견 조회와 이의신청을 거쳐 발표한 결정을 뒤집었다. 법원의 기준대로라면 일제시대에 고위직으로 올라갈수록 친일 인사의 숫자는 줄어들 수밖에 없다.

이런 경우를 생각해보자. 일제시대에 먹고 살기 위해 어쩔 수 없이 말단 순사를 택한 사람이 적지 않았다. 그들은 상관의 명령에 따라 독립투사들을 잡아들였고, 자백을 받기 위해 고문과 가혹행위를 일삼아야 했다. 반면 판사·검사·고위관료 등 고위직 인사들은 손에 피 묻힐 일이 없었다. 법정에 오기 전에 '아랫것'들이 알아서 미리 다 자백을 받아놓았으니까. 그러면 직접 고문한 말단 순사에게만 친일 딱지를 붙이는 게 옳은 일일까. 판결은 많은 이들을 혼란스럽게 했다.

친일의 기준은 무엇일까

하지만 1년 뒤 서울고법(제7행정부 재판장 곽종훈)은 1심을 뒤집고 고인의 행위가 친일반민족행위가 맞다고 판결했다. 2심에서는 왜 달라졌을까? 재판부는 고인의 재판건수(7건에 독립운동가 총 54명에게 실형 선고)가 건수 기준으로 상위 10%에 달하는 점, 사건 내용들이 의열단 사건이나 한국혁명당 사건, 소작쟁의 사건 등 일제 식민체제를 공격하는 행위였던 점, 그에게서 실형을 선고받은 이들 상당수가 독립운동 공로를 인정받아 훈포장을 받은 점 등을 친일의 근거로 들었다. 또 법원은 실형을 받은 이들이 고문의 영향으로 사망한 점에 비추어보면 항일독립운동가를 탄압하는 판결로 분류함이 정당하다고 보았다.

법원은 고인이 배석판사에 불과했으며 판결에 적극성이 없었다는 유족들의 주장도 받아들이지 않았다. "고인이 재판 당시에 실제로 피고인들의 처벌을 반대하는 의견을 개진하였다는 등 특별한 사정을 인정할 만한 증거가 없는 이상 배석판사였다는 이유만으로 그 적극성을 부인할 수는 없다"는 것이다. '일제의 훈공을 받은 사실만으로 친일로 분류할 수는 없다'는 유족의 항변에 대해서도 "고인이 귀족에 준하는 대우를 받는 훈4등 서보장을 받은 것은 25년이라는 긴 재직기간 내내 조선총독부의 재판소 운영 정책에 적극 호응하였음을 간접적으로 보여주고 있다"며 반박했다. 유족은 대법원에 상고했지만 패소를 면할 수 없었다.

일제시대 판사로 일했다는 이유만으로 친일딱지를 붙이는 건 좀 억울하지 않느냐고 반문할 수도 있겠다. 하지만 똑같이 판사로 일했다고 해도, 독립운동가를 보호하기 위해 노력하거나 우호적으로 대한 판사도 있을 수 있는 법이다. 단순히 판사여서가 아니라 판사로서 어떤 활동을 했는지가 친일 판정의 핵심일 것이다. 일제시대 법률가였던 박상진(1884~1921) 선생의 삶을 보자. 선생은 경술국치가 일어난 1910년 최초로 실시한 판사시험에 합격해 판사로 발령이 났으나 임용을 거부했다. 대신 대한광복회 총사령으로 항일독립운동을 이끌었다가 1919년 공주지방법원에서 사형을 선고받고 1921년 순국했다.

이처럼 일제시대 항일운동을 처벌하는 데 긴밀히 관여한 판사가 있는가 하면, 일제의 판사가 되지 않겠다며 법복을 벗고 독립운동에 투신하다 목숨을 잃은 법률가도 있다. 그들에 대한 역사적 평가마저 차이가 없어서야 되겠는가. 정말로 부끄러운 건 친일이 아니라, 친일 행위를 하고도 뉘우치거나 인정하지 않는 점이리라. 친일 행위를 심판한 두번째 판결로 넘어가보자.

친일파후손 땅찾기 사건

일제에 부역한 행위로 얻은 재산은 어떻게 해야 할까? 마땅히 국가가 환수하는 것이 정의로운 일이다. 그러나 한국 현대사에선 친일 부역자 형사처벌이나 재산환수 등 청산작업이 제대로 이루어지지 않았다. 1948년 반민족행위처벌법(반민법)이 만들어져서 반민특위가 구성되었으나 활동은 흐지부지되었고 6·25 전쟁 와중에 법 자체가 폐지되고 말았다. 그 덕분에 친일파들은 재산을 그대로 유지할 수 있었다.

친일파의 후손들은 한술 더 떠 조상땅을 되찾으려 소송까지 건다. 해방 이후 국가의 소유로 넘어간 땅을 돌려달라는 것이다. 여기서 다루는 사건도 그런 소송 중의 하나였다.

이근호는 을사오적 중 한 명인 이근택(군부대신)의 형이었다. 이근호는 중추원 부의장, 법부대신을 지냈고 을사조약 이후엔 본격적인 친일활동을 했다. 그는 한일강제병합 당시 형제인 이근택, 이근상과 함께 일제로부터 작위를 받았고 형제는 은사금 명목으로 합계 10만 엔(현재 가치로 약 20~60억 원)을 받았다.

이근호는 1923년 사망했으며, 이후 남작 작위와 은사금 등 상속재산은 아들을 거쳐 손자 이아무개 씨에게 상속되었다. 이 씨는 2003년에 국가 소유로 넘어가 있는 오산시 궐동 소재 토지 737㎡(약 223평)가 자신이 조부 이근호로부터 물려받은 땅이므로 돌려달라는 소송을 제기했다.

일제강점기에 작성된 토지조사부에는 이 땅이 1911년 이근호가 사정査定(일제 강점기 토지조사사업 등을 통해 토지대장에 최초의 소유자로 기재된 것을 사정이라고 한다)받은 것으로 기재되어 있었다. 국가는 1959년에야 이 땅에 소유권보존등기(미등기 부동산에 최초의 소유자를 표시하는 등기)를 마쳤다. 법원의 판례는 등기부에 기재된 소유권보다 토지조사부에 등재된 토지사정의 효력을 우선했다. 이것을 뒤집을 만한 특별한 입증을 못한다면 토지는 이근호의 상속인에게 돌아갈 수밖에 없었다. 여기에는 법적으로 아무런 하자가 없다. 실제로 1997년 이완용 후손들이 낸 조상땅 반환소송에서도 서울고법은 "반민족행위자나 그의 후손이라고 하여 법률에 의하지 아니하고 재산권을 박탈하거나 법의 보호를 거부하는 것은 법치국가에서 있을 수 없는 일"이라며 후손들의 손을 들어줬다. 이 판결로 이완용의 후손은 당시 시가 30억 원 상당의 토지를 찾아갔다. 2001년 이후 친일파 후손들이 찾아간 토지를 합치면 여의도 면적의 36배에 달한다는 조사결과도 있었다.

친일재산, 법률로는 인정되나 헌법에는 위반

반세기 지난 시점에서 친일파에 대한 형사처벌은 불가능하더라도 친일 부역으로 획득한 재산까지 법이 지켜주어야 한다는 건 국민정서상 용납할 수 없는 일이다. 이근호의 땅을 돌려달라는 소송의 재판을 맡은 이종광 수원지법 판사(현재 수원지법 부장판사)도 그렇게 생각했다. 그는 "헌법은 장식적인 말이 아니라 재판 규범"이라는 인식으로 판결에 접근했다. 그의 결정은 소 각하였다.

친일재산은 '3·1운동의 정신으로 건립된 대한민국 임시정부의 법통을 계승한다'는 헌법 전문에 위반되는 행위로 취득된 재산이다. 이를 박탈하는 것은 부당한 차별에 해당되지 않다. 하지만 현재는 법률이 없으므로 국회가 친일재산 환수법을 만들 때까지 재판을 정지하는 의미로 소를 각하한다.

요약하자면, 친일재산을 박탈하는 것은 헌법정신에 비춰볼 때 정당하며, 다만 관련 법률이 없으므로 법이 만들어질 때까지 재판을 정지하겠다는 뜻이다. 이 판사는 "대한민국 국회는 반민법의 폐지 이후 친일파의 재산권을 제한하는 어떠한 법률도 제정하지 않고 있다"고 지적하며 "헌법에 맞게 친일재산의 범위, 재산권 박탈 정도를 법률로 정해야 하는데, 법이 안 만들어진 상태여서 이 판결은 어느 정도 국회를 의식하며 썼다"고 밝혔다.

그런데 법이 없다는 점만이 문제가 아니었다. 설령 국회가 법을 제정한다고 해도 소급입법금지 원칙에 위배될 가능성이 있었다. 헌법 13조 2항은 "모든 국민은 소급입법에 의하여 참정권의 제한을 받거나 재산권을 박탈당하지 아니한다"고 되어 있기 때문이다. 나중에 만든 법을 그 이전 사건에 적용하는 건 헌법에 어긋난다. 이 걸림돌은 어떻게 피해갈 수 있을까? 이 판사는 '5·18민주화운동 등에 관한 특별법'(5·18특별법)에서 답을 찾았다.

5·18특별법 2조는 "헌정질서 파괴범죄행위에 대하여 해당

범죄행위의 종료일부터 1993년 2월 24일까지의 기간은 공소시효가 정지된 것으로 본다"고 해서 소급입법을 용인했다. 이 조항은 헌법재판소까지 갔지만 합헌으로 결론이 났다. 헌재는 예외적으로 ①일반적으로 국민이 예상할 수 있었거나, ②법적상태가 불확실하고 혼란스러워 보호할 만한 신뢰의 이익이 적은 경우, ③소급입법에 당사자의 손실이 없거나 경미한 경우, ④아주 중대한 공익상 이유가 있는 경우 소급입법이 허용된다고 근거를 밝혔다.

이 판사는 헌재의 합헌 근거를 다음과 같이 이 사건에 적용하여 친일재산 환수를 위한 소급입법이 가능하다고 밝혔다.

①친일파들 때문에 헌법이념이 무너지고 수백만 조선민중의 생명과 신체가 파괴되고 자유와 인권이 억압되는 등 고통과 해악이 너무 심대했다.

②대한민국 초대 국회에서 반민법을 제정, 시행한 바 있어서 친일파와 일반국민들이 재산을 국유화하는 소급입법이 있으리라는 사정을 예상할 수 있었다.

③헌법의 3·1운동 정신과 민법의 소유권 사이에 법적인 혼란상황에서 친일파나 후손들이 일제강점기에 취득한 재산권을 보호할 가치가 적다.

④입법을 정당화하는 국가적·민족적 이익은 중대하고 절실하다.

이 소급입법을 통해 전두환·노태우 등 전직 대통령들을 반

일제에 특혜 받아 막대한 재산 챙겨… 손자는 호텔 사업가로 성공

'황실' 대표적 친일파 이해승과 손자 이우영 회장

조선인 최고 '후작' 작위
일제강점 내내 제국 협력
손자는 그랜드힐튼 회장
'부당이득 반환' 결정에
국가 상대로 민사소송

친일파 후손의 70년

친일파 재산 환수 어떻게

해방 후 '반민법' 무력화… 수십년 흘러 후손들 '알짜 땅' 거의 처분

해방 이후 친일파 처벌과 재산환수가 제대로 이뤄지지 않은 것은 우리 역사의 오점이다. 게다가 관련 법의 미비로 친일파 후손들이 조상땅을 찾겠다며 소송을 걸어 승소하는 일도 일어났다. 만시지탄은 있지만 친일재산 환수법이 만들어진 것은 다행스러운 일이다.(경향신문, 2015년 1월 2일)

란·내란죄로 처벌할 수 있었다. 이 판사는 이에 대해 "5·18특별법이 헌법의 자유민주적 기본질서를 수호하기 위한 헌법이념에 의한 것이었다면 친일파에 대한 재산권 제한입법은 대한민국 국가의 성립과 민주주의 헌법의 존재 자체를 지켜내기 위한 것"이라고 의미를 부여했다.

판사의 역사의식과 소명

남은 문제는 또 있었다. 헌법으로는 3·1운동의 독립정신과 임시정부 법통을 계승한다고 하면서 현행 법률은 친일로 획득한 재산도 사유재산으로 인정하는 '법체계의 혼란 상황'에서 이것을 해소할 법이 아직 만들어지지 않았다. 어떻게 정리해야 할까. 이 판사는 "법관은 법률에 의하여서뿐 아니라 '헌법'에 의하여서도 그 양심에 따라 독립하여 심판할 헌법상 의무가 있다"고 밝혔다.

이근호의 손자는 조부가 땅을 친일로 얻었다는 사실을 알고 있었다. 그런데도 법체계의 혼란을 틈타 이근호의 땅을 돌려달라는 소송을 제기했다. 이 땅은 헌법상 소유권을 보호받을 수 없다. 따라서 이근호의 땅은 국가에 환수되어야 하나 현재는 법이 없다. 그렇다면 판사로서는 각하하는 수밖에 없다는 결론에 다다른다.

법원은 입법부작위立法不作爲에 대하여 법적 해결방법을 가지지 못하고 있으므로, 이와 같은 경우에 한하여 재판청구권 행사의 금지가 아니라 위와 같은 위헌적인 법률상태가 입법으로 해소되어 헌법합치적인 상황이 될 때까지 이 사건에 대한 재판청구권의 행사를 일시 정지하는 의미로서 이 사건 소를 각하한다.

이 판결은 친일파 후손들에겐 당혹감을 주었고, 사회엔 파장을 불러일으켰다. 판결의 충격 탓인지 한 달 뒤 국회는 드디어 헌법과 법체계의 충돌을 해소한다. 2005년 12월 29일 친일반민족행위자 재산의 국가귀속에 관한 특별법이 제정된 것이다. 특별법은 "일본 제국주의의 식민통치에 협력하고 우리 민족을 탄압한 반민족행위자가 그 당시 친일반민족행위로 축재한 재산을 국가에 귀속시킨다"는 원칙을 천명했다.

특별법에 따라 친일반민족행위자재산조사위원회가 구성되었다. 위원회는 이근호가 한일합병에 기여한 공으로 1910년 남작 작위를 받고, 이듬해인 1911년 은사금을 받은 행위가 반민족행위에 해당한다며 문제의 땅을 국가의 소유로 결정했다.

하지만 재판은 끝나지 않았다. 1심 판결에 불복, 이씨가 항소한 상태였기 때문이다. 이씨는 특별법이 소급입법으로 재산권을 침해한 위헌이라고 주장했다. 하지만 2심 법원은 "특별법은 정의를 구현하고 민족의 정기를 바로 세우며 일본제국주의에 저항한 3. 1운동의 헌법이념을 구현하기 위한 목적이 있는 것"이라며 "뒤늦게나마 잘못된 과거를 바로잡기 위한 국민의 강력한 의지의 표현"이라고 일축했다. 친일 행위로 얻은 부당한 재산은 보호할 수 없다는 뜻이다. 이씨의 조상땅 찾기는 실패로 돌아갔다.

2005년의 친일파 후손 땅찾기 각하 판결은 담당 판사의 역사 의식이 없었다면 나올 수 없었으리라. 소신 있는 판사를 만난 덕에 대한민국 헌법은 그저 듣기 좋은 미사여구가 아니라 재판규범으로서 힘을 발휘했다. 헌법의 정신을 판결에 담기 위한 그의 노력으로 친일파의 재산이 후손에게 넘어가는 일을 막을 수 있었다. 오랜 시간 친일파와 후손들을 지켜주던 법이 항상 그들만의 것만이 아니라는 점을 확인해주었다. 그리고 결국 헌법에 걸맞은 법이 만들어지게 되었다.

한국에서 합법 파업은 가능한가

한진중공업 파업 —————VS————— 쌍용자동차 파업

2003년 1월 9일 이른 새벽, 경남 창원시 두산중공업 공장. 아무도 없는 텅 빈 공장 한 구석에서 한 노동자가 불꽃을 피웠다. 그리고 그 불꽃으로 자신의 몸을 태웠다. 새벽 6시 30분, 이미 숨이 끊어진 그를 동료가 발견했다. 승용차에 유서가 남겨져 있었다. 그는 노동조합 대의원으로 활동하던 배달호 씨였다.

한 해 전 그는 회사의 구조조정과 부당해고에 맞서 파업에 동참했다가 사측의 고소로 구속되었다. 출소 뒤 그에게 들이닥친 건 사측의 징계와 재산 가압류였다. 사측은 파업을 한 노조 간부들을 상대로 65억 원의 손해배상을 청구했으며, 개인 재산과 월급까지 가압류했다. 6개월 이상 월급이 끊기자 생계가 막막했다. 배 씨는 분노를 넘어 절망했다. 결국 분신이라는 극단적인 방법으로 항거했다. 파업 손배소를 "노동조합을 말살할 악

락한 정책"이라고 비판한 그의 유서에는 "공정해야 할 재판부가 절차를 거쳐 쟁의행위를 했는데도 불구하고 모든 것이 불법이라니 가진 자의 법이 아닌가"하는 원망도 담겨 있었다. 그가 세상을 떠난 이튿날은 월급날이었다. 통장에 들어온 돈은 2만5000원에 불과했다.

같은 해 10월에는 부산 한진중공업 크레인에서 고공 농성을 벌이던 김주익(당시 금속노조 한진중공업 지회장) 씨가 스스로 목숨을 끊었다. 그는 배달호 씨 장례식 때 찾아와 함께 슬픔을 나누기도 했다. 그러나 그 또한 노조에 대한 손해배상과 가압류 철회, 해고자 복직, 임금 인상 등을 요구하며 고공 농성에 들어간 지 129일째 되던 날 스스로 생을 마감한다. 그는 유서에서 "잘못은 자신들이 저질러 놓고 적반하장으로 우리들에게 손해배상·가압류를 하고, 노동조합을 식물 노조로, 노동자를 식물인간으로 만들려 한다"고 울분을 토했다.

당시 노동단체는 파업 손배소를 신종노동탄압으로 규정하고, 철폐투쟁에 나선다. 그 무렵 정부도 손배소와 가압류 남용 방지를 위한 제도 개선을 약속했다. 하지만 말뿐이었다. 달라진 건 없었다.

이제 파업 손배소는 더 이상 '신종' 노동탄압이 아니다. 노사 관계에서 일상이 됐다. 노동자를 벼랑 끝으로 내모는 억대 손배소는 노조에겐 해고나 감옥보다 무서운 존재가 돼버렸고, 사측에게는 파업과 노조활동을 막는 강력한 무기가 되고 있다.

1128억8802만4953원. 노동자들의 파업에 대하여 사측이 법원에 청구한 손해배상 소송에 걸려 있는 총액(2014년 1월 현재 민주노총 잠정집계)이다. 연봉 4000만 원을 받는 직장인이 한 푼도 쓰지 않고 2822년을 모아야 마련할 수 있는 돈이다. 이 천문학적인 액수의 손배소 상황은 대한민국 노사관계의 현주소를 여실히 보여준다.

어째서 파업을 한 노동자에게 절대로 갚을 수 없는 액수의 손해배상금을 물리는 걸까? 법원은 어떤 근거로 그런 판결을 내렸을까.

대한민국 노사관계의 현실을 한눈에 보여주는 쌍용자동차와 한진중공업의 사례를 살펴보자. 두 회사는 회사의 정리해고와 구조조정으로 수많은 노동자들이 잘려나간 공통점이 있다. 노조가 파업으로 대응하고 사측은 그에 맞서 손해배상 청구를 한 것도 같은 양상이다. 그리고 두 경우 다 법원은 노조에게 수십억 원을 배상하라는 판결을 내렸다.

"듣지도 보지도 못한 158억"을 배상하라

"민주노조 사수하라. 손해배상 철회하라. 태어나 듣지도 보지도 못한 돈 158억. 죽어라 밀어내는 한진 악질자본."

2011년 2월 한진중공업에서 정리해고 되었다가 이듬해 11월 일터로 돌아온 최강서 씨(당시 35세)는 재입사 3시간 만에 무기

한 강제휴업을 당했다. 회사는 "다시 부를 때까지 기다려라"고만 했다. 최씨뿐 아니라 함께 복직한 동료들도 마찬가지 신세였다. 회사는 "태어나 듣지도 보지도 못한 돈 158억"을 지급하라고 최씨와 노조를 압박해왔다. 노조의 조직차장이었던 그는 결국 2012년 12월 21일 노조 대회의실에서 목숨을 끊었다.

왜 이런 일이 벌어졌을까? 원래 한진중공업은 2009년부터 경영 악화 등을 이유로 정리해고를 시도했었다. 노조의 반발로 잠정 중단했지만, 이듬해인 2010년 사측은 노조에 400명 감축계획을 통보하고 정리해고를 단행했다.

노조는 회사에 성실 교섭과 정리해고 철회를 요구하며, 그해 12월 영도조선소 점거 파업에 돌입한다.(전국 각지의 시민들이 이른바 '희망버스'를 타고 찾아와 응원했다.) 사측은 이에 맞서 노조 측을 상대로 손배소를 제기했다.(처음에는 청구액 51억여 원으로 제소했다가 도중에 158억 원으로 늘렸고, 2011년 12월 개인들에 대한 소송은 취하했다.) 최씨는 손배소 철회를 유서로 남겼지만, 사측은 아랑곳하지 않았다. 몇 년의 법정싸움 끝에 2014년 1월 법원에서 판결이 났다. 결과는 어땠을까?

법원(부산지법 7민사부 재판장 성금석)은 원고 일부승소 판결을 내렸다. 사측의 청구액 158억 원 중 59억 원을 노조가 배상할 책임이 있다고 했다. 재판부의 판단을 한마디로 요약하면 '사측의 정리해고는 적법, 노조의 파업은 불법'이라고 할 수 있다. 재판부는 2008년경 글로벌 금융위기 여파로 한진중공업이 심각한 경영난을 겪으면서도 이를 극복하기 위해 많은 노력을 기울여 온 사실을 인정했다. 또한 당시 정리해고가 적법한 요건을 모두 갖추었다고 보았다.

정리해고 반대 파업은 불법이다?

반면, 노조의 파업은 목적이나 수단 모두 정당하지 않다고 판단했다. 재판부는 "노조가 경영주체의 고도의 경영상 결단에 속하는 사항인 정리해고 자체를 반대하기 위하여 파업에 나아 갔다고 할 것이므로, 목적의 정당성을 인정하기 어렵다"고 판시 했다. 정리해고를 반대하기 위한 파업은 불법이라는 것이다. 경영권을 상당히 '존중'하는 기존 대법원의 판례를 그대로 수용한 결과다. 파업의 방식에 대해서도 "폭력이나 파괴행위를 수반하는 등 반사회성을 띤 행위"라고 보았다.

이에 대해 노조는 "2010년 당시 파업은 적법한 절차에 따라 조합원 총회를 거쳐 실시한 합법파업"이라고 주장했다. 또한 노조는 파업의 목적에 대해서도 "임단협 교섭과 관련된 조합원들의 처우개선이 주목적이었다"고 반박했다. 노조는 "단체협약 갱신 교섭을 하는 자리에 회사가 일방적인 구조조정안을 의제로 들고 교섭을 계속적으로 요구"했다며 "부득이하게 파업을 집행할 수밖에 없었다"는 입장이다.

하지만 재판부는 "단체협약 및 임금협약 체결에 대한 이견이

항소심에서 '해고 무효' 판결을 받은 쌍용차 해고 노동자들(위). 정리해고에 항의하는 파업이 한국에서는 불법이지만 다른 나라에서는 합법인 경우가 많다.

한국에서 합법 파업은 '미션 임파서블'

수십억원대 손해배상의 문제를 어떻게 풀 것인가? 해외 노동법을 연구한 조경배 교수는 노동법상의 각종 형벌 조항을 삭제하고 형법의 업무방해죄를 파업에는 적용할 수 없도록 법을 전면 개편하자고 제안한다.

인 노사관계의 문제는 노사의 자주적인 해결에 맡기고 있고, 간혹 규제 조항을 두는 경우에도 노동자의 단결 활동을 방해해 공정성을 해치는 사용자의 부당노동행위만을 금지할 뿐이다. 하지만 우리의 노동법 질서는 이러한 경향과는 거리가 아주 멀다. 현행 노동조합법은 금지와 처벌 조항으로 가득 차 있다. 그것도 노동자와 노동조합을 겨냥한 조항이 대부분이어서 노동3권을 보장하기 위해 만들어졌다는 입법 취지를 무색하게 한다. 심지어 평화

한국에서 합법적으로 파업을 하기란 거의 불가능에 가깝다. 불법 파업을 하는 노조를 비난하기보다 현실에 맞지 않는 법과 판례를 바꿀 필요가 있다.(시사IN 340호, 2014년 3월 22일)

파업의 원인 중 하나라고 하더라도, 주된 목적은 정리해고를 반대하고 저지하기 위한 것"이라며 받아들이지 않았다.

그럼 54억 원이라는 액수는 어떻게 나왔을까? 재판부는 노조가 조선소를 점거하면서 선박건조에 차질을 빚었다고 사측이 청구한 금액 중 선박이동비용·장비임차료·도장비용 등 74억 원을 손해액으로 산정했다. 이중 회사의 책임을 20%로 보고 나머지 80%인 59억 원을 노조의 배상액이라고 정한 것이다. 노조는 판결 직후 항소장을 제출했으나, 인지대를 납부하라는 법원의 명령에 응하지 않아서 항소장이 각하되고 말았다. 1심 판결

은 그대로 확정되었다.

"쌍용차 정리해고 반대파업은 경영권 침해"

이번에는 쌍용자동차의 경우를 보자. 2009년 4월 쌍용자동차는 2646명을 정리하는 인력구조조정안을 발표한다. 노조는 대량 해고에 반발하며 그해 5월 21일부터 77일간 쌍용자동차 평택공장을 점거하고 이른바 옥쇄파업에 들어간다. 노조는 사측이 정리해고를 합리화하기 위해 회계를 조작했다는 의혹을 강력하게 제기하며 형사고발까지 했다. 그 와중에 1666명이 희망퇴직 등으로 회사를 나갔고, 980명이 정리해고됐다.

경찰특공대까지 투입되는 극한 대립 끝에 그해 8월 6일 노사는 합의가 이뤄졌다. 980명의 정리해고자들 상당수를 무급휴직, 희망퇴직, 영업직 전환 등으로 처리하기로 했으며, 최종 정리해고 대상자는 165명이 됐다.

이걸로 끝이 아니었다. 사측은 파업의 책임을 물어 금속노조와 쌍용차지부 간부 등 140명을 상대로 50억~100억원 대의 손배소를 제기했다. 1심 법원(수원지법 평택지원 제1민사부 재판장 이인형)은 노조에 33억 원의 배상액을 부과했다. 사측과는 별도로 국가도 노조에게 손배소 소송을 걸었다. 공권력을 동원한 파업 진압시 장비파손, 경찰관 부상 등의 손해를 입었다며 이를 물어내라는 것이다. 법원은 대부분의 손해액을 인정해 위자료 포함

14억 원 배상 판결을 내렸다.

쌍용차 파업 판결도 한진중공업의 경우와 거의 같았다. 파업 목적과 방법에서 정당성이 인정되지 않는다는 결론이었다. 특히 재판부는 "옥쇄파업의 주된 목적은 정리해고에 관한 사측의 권한을 전면적으로 부정하는 것으로 볼 수밖에 없기 때문에, 그 자체가 경영권의 본질적인 내용을 침해하는 것"이라고 단정지었다.

파업 방법 또한 "적법한 절차를 거부한 상태에서 고도의 폭력적인 방법을 동원하여" 공장을 점거하는 방법으로 "정당성의 한계를 벗어났다"며 명백한 '불법파업'이라고 지적했다.

배상금 액수는 파업으로 인한 손실 중 60%를 노조가 책임지는 것이 타당하다고 판시함으로써 33억 원의 배상액이 나왔다. 이 판결에 대해 양측이 항소를 제기해 2015년 현재 서울고법에서 2심이 진행 중이다.

한국에서 '합법 파업'은 가능한가

법원의 판결로 두 사건 모두 목적과 방법에서 정당성이 없는 불법파업이 되고 말았다. 불법파업에는 언제나 형사처벌과 손해배상이 뒤따른다.

그렇다면 우리 사회에서 합법 파업은 왜 찾아보기 힘든 걸까. 법과 판례를 살펴볼 필요가 있겠다.

먼저 헌법 33조 1항은 노동3권이 노동자의 보루임을 알려준다. 노동3권을 보장하고 노동자의 근로조건 개선과 경제적·사회적 지위의 향상을 위해 만들어진 법률이 '노동조합 및 노동관계조정법'이다. 이 법 3조에는 "사용자는 이 법에 의한 단체교섭 또는 쟁의행위로 인하여 손해를 입은 경우에 노동조합 또는 근로자에 대하여 그 배상을 청구할 수 없다"고 되어 있다.

이 조항에 따르면 노조가 단체교섭이나 파업 등 쟁의행위를 하다가 회사에 손해를 끼치더라도 손해배상을 청구할 수 없다. 즉 노동자가 개인적으로 일을 하지 않고 공장을 멈추게 했다면 그 손해에 대한 책임은 노동자에게 있다. 하지만 쟁의행위 중에 일어난 손해에 대해서는 회사가 그 손해를 감수해야 한다. 단, 여기에는 조건이 있다. 그 쟁의행위가 "정당해야 한다"는 것이다. 다시 말해 정당성이 없는 쟁의행위에 대해서는 노동조합이나 근로자에 대하여 손해배상을 청구할 수 있다는 것이 법원의 해석이다. 그렇다면 정당한 쟁의행위란 무엇일까. 대법원은 다음 요건을 모두 충족해야 정당한 쟁의행위, 즉 합법 파업이 된다고 규정하고 있다.

정당한 쟁의행위라고 하기 위해서는 우선 그 주체가 단체교섭의 주체로 될 수 있는 자이어야 하고, 또 단체교섭과 관련하여 근로조건의 유지, 개선 등을 목적으로 하는 것이어서 그 목적이 정당하여야 하며, 그 시기와 절차가 법령의 규정에 따른 것으로서 정당해야 할 뿐 아니라, 그 방법과 태양에 있어서 폭력이나 파괴행위를 수반하는 등 반사회성을 띤 행위가 아닌 정당한 범위 내의 것이어야 한다. (대법원 2011. 3. 24. 선고 2009다29366 판결 등)

즉 ①주체 ②목적 ③절차 ④방법이 모두 정당해야 합법의 관문을 통과할 수 있다. ①단체교섭의 주체로 될 수 있는 자(단체협약체결능력이 있는 노동조합)가 ②근로조건의 향상을 목적으로 ③사용자가 단체교섭을 거부하였을 때 조합원 찬성결정 등 절차를 거쳐서 ④수단과 방법이 사용자의 재산권과 조화를 이루고, 폭력을 행사하지 않아야 한다는 것이다.

이 기준을 하나라도 어기면 불법이 되고 노동조합이나 파업 참가자들은 거액의 배상책임을 져야 한다.

예를 들어 회사가 임금협상이나 단체교섭을 거부하자 조합원들의 압도적인 찬성으로 파업이 가결되었다고 가정해보자. 이때 노조가 공장점거를 했다면 불법이 된다. 현행 판례에 따르면 '④방법'을 어긴 것이 되기 때문이다.

또, 회사가 수백 명, 수천 명에 대해 정리해고를 결정한 사안을 반대하며 파업을 벌여도 역시 불법이 된다. '②목적'이 정당하지 않아서다. 법원은 정리해고나 구조조정은 경영상 판단이기 때문에 단체교섭의 대상이 될 수 없다는 태도를 보인다. 정리해고를 근로조건 개선과 관계 없는 사안으로 해석하는 것이다. 현행 판례대로라면 임금인상을 요구하는 파업은 근로조건을 개선하려는 행위라서 합법이지만, 근로자격을 아예 박탈하는 정리해고에 반대하는 파업은 불법이 된다는 결론이 나온다. 한진중공업과 쌍용자동차 파업이 불법이 된 까닭도 그래서다.

법원이 목적의 정당성을 너무 좁게 해석하고 있다는 것이 노동계의 입장이다. 실제로 합법 파업은 좀처럼 찾아보기가 힘들다. 정리해고나 구조조정 등 회사의 경영권과 관련된 사안은 물론, 민영화 반대나 한미FTA 반대, 노동법 개악반대 등 공공성과 관련된 파업도 한국에선 모조리 불법 파업으로 몰린다.

심지어는 단체협약이나 임금협상이 결렬되어 파업에 들어갔더라도 정치적인 사안이 연관되면 불법파업이 되는 사례도 있다. 대법원이 근로조건 개선만이 파업의 주목적이 되어야 합법이라는 논리를 고집하면서 "근로자의 경제적·사회적 지위의 향상을 도모한다"는 노조법의 입법취지를 살리지 못하고 있다. 노동자들은 경제적인 문제, 그중에서도 임금·근로시간·복지 문제 등만 요구해야 불법파업이 되는 위험에서 벗어날 수 있다.

파업의 정당성이 법원에서 인정되는 사례가 전혀 없는 것은 아니다. 대표적인 사례가 MBC 노조의 파업사건이다. MBC 노조는 2012년에 약 170일간 '김재철 사장 퇴진과 공정방송 사수'를 내걸고 파업을 실시했는데 사측은 노조와 노조 간부 16명을 상대로 무려 195억 원의 손해배상 소송을 냈다. 하지만 재판부는 원고 패소판결을 내렸다. 임금인상이 아닌 공정방송 사수도 파업목적이 될 수 있다고 판단한 것이다. 이 판결은 언론사 노조의 특수성을 인정해 '공정방송 사수'가 근로조건 개선과 관련이 있다고 판단했다. 물론 상급심이 진행중이어서 최종 결론은 더 지켜봐야 한다.

대법원은 헌법상 권리인 노동권과 경영권이 충돌할 때 십중팔구 경영권의 손을 들어준다. 판례가 바뀌지 않는 한 우리 사회는 '파업=불법'이라는 공식에서 벗어나기 어렵다. 임금인상 등 근로조건 개선을 하면 귀족노조의 밥그릇 싸움으로 매도되고, 민영화 반대 등 공공성을 목표로 내걸면 그것대로 불법파업이 되는 현실에서 노동자들만 죽어가고 있다.

파업은 자제해야 할 일인가? 아니다. '감수해야 할 손해'다. 이건 노조의 주장이 아니다. 이미 1979년에 법원에서 내린 판결이다.

단체행동권의 행사란 근로계약상 근로의무 있는 경우에 그 근로의무의 제공을 거부하는 행위를 지칭하는 것이며 이를 시민법의 원리에서 본다면 위법된 행위임이 분명함에도 불구하고 헌법이 이를 허용한 이유는 노동력을 유일한 생계수단으로 하고 있는 경제적 약자인 근로자의 인간다운 생활을 보장하기 위하여 법이 허용하는 한도 내에서 행해지는 한 사용자는 근로자들의 그 위법된 행위를 용인하고 이로 인하여 발생하는 손해를 감수하지 않으면 안 되도록 헌법에 규정하여 제도적으로 보장한 것이다.(대법원 1979. 3. 13. 선고 76도3657 판결)

[사건번호]

판결을 더 자세히 알고 싶은 독자들을 위해 사건번호를 첨부한다. 대한민국 법원 사이트의 '판결서사본 제공신청 서비스(https://www.scourt.go.kr/portal/decide/DecideList.work)'를 통해 판결문 원문을 받아볼 수 있다.

- **정당방위, 한계는 어디까지인가**

  도둑 폭행 사망: 춘천지방법원 원주지원 2014. 8. 13. 선고 2014고단444 판결
  폭력남편 의식불명: 서울중앙지방법원 2013. 6. 25. 선고 2013고합281 판결 ‖ 서울고등법원 2015. 1. 29. 선고 2013노2350 판결

- **법대로만 하면 정의가 실현될까**

  서울역 노숙자 방치 사망: 서울중앙지방법원 2011. 2. 15. 선고 2010고단3873 판결 ‖ 서울중앙지방법원 2011. 7. 1. 선고 2011노891 판결 ‖ 대법원 2013. 9. 13. 선고 2011도9675 판결
  공공임대주택 노인 퇴거: 대전지방법원 2005. 12. 20. 선고 2005가단40737 판결 ‖ 대전고등법원 2006. 2. 2. 선고 2006나1846 판결 ‖ 대법원 2009. 4. 23. 선고 2006다81035 판결

- **용의자는 있는데 증거가 없다**

  산낙지 질식 사망사건: 인천지방법원 2012. 10. 11. 선고 2012고합325, 2012고합812(병합) 판결 ‖ 서울고등법원 2013. 4. 5. 선고 2012노3561 판결 ‖ 대법원 2013. 9. 12. 선고 2013도4381 판결
  시체 없는 살인사건: 서울중앙지방법원 2012. 7. 18. 선고 2012고합360 판결 ‖ 서울고등법원 2013. 1. 18. 선고 2012노2603 판결 ‖ 대법원 2013. 7. 11. 선고 2013도1007 판결

- **성폭행이냐 화간이냐, 그것이 문제로다**

  나이트클럽 부킹 원나잇: 1심 청주지방법원 2013. 6. 21. 선고 2012고합400판

결‖2심 대전고등법원(청주) 2013. 12. 19. 선고 2013노96 판결‖대법원 2014. 5. 29. 선고 2014도345 판결

윗집 아랫집 주거침입 강간: 보통군사법원 2008. 12. 15. 선고 2008고10 판결‖고등군사법원 2009. 7. 21. 선고 2008노306 판결‖대법원 2011. 7. 14. 선고 2009 도8267 판결

● 미성년자와의 잠자리, 사랑인가 범죄인가

40대 남성과 여중생의 동거: 서울동부지방법원 2013. 2. 28. 선고 2012고단1095 판결‖서울동부지방법원 2014. 5. 29. 선고 2013노372 판결‖대법원 2014. 8. 28. 선고 2014도7564 판결

양부와의 강압 없는 성관계: 서울남부지방법원 2014. 1. 6. 선고 2013고합285 판결‖서울고등법원 2014. 7. 1. 선고 2014노230 판결‖대법원 2014. 11. 13. 선고 2014도9288 판결

● '품위 있게 죽을 권리'를 재판하다

뇌암 말기 아버지 살인: 의정부지방법원 2014. 3. 3. 선고 2013고합392 판결‖서울고등법원 2014. 5. 30. 선고 2014노845 판결‖대법원 2014. 9. 4. 선고 2014도7271 판결

세브란스 병원 존엄사: 서울서부지방법원 2008. 11. 28. 선고 2008가합6977 판결‖서울고등법원 2009. 2. 10. 선고 2008나116869 판결‖대법원 2009. 5. 21. 선고 2009다17417 판결

● 자살로 내몰린 사람들

아파트 경비원 자살: 창원지방법원 마산지원 2011. 7. 28. 선고 2011고단10 판결‖창원지방법원 2012. 1. 5. 선고 2011노1864 판결‖대법원 2012. 4. 6.자 2012도1110 판결

왕따 중학생 자살: 대구지방법원 2012. 8. 16. 선고 2012가합1492 판결

● 강기훈, 24년 만의 무죄

1991년 유서대필 유죄: 서울형사지방법원 1991. 12. 20. 선고 91고합1126,

1323(병합) 판결 ‖ 서울고등법원 1992. 4. 20. 선고 92노401 판결 ‖ 대법원 1992. 7. 24. 선고 92도1148 판결

2015년 재심 무죄: 서울고등법원 2014. 2. 13. 선고 2008재노20 판결 ‖ 대법원 2015. 5. 14. 선고 2014도2946 판결

• KTX 여승무원, 10년 법정 싸움의 종착점

하급심 복직 승소: 서울중앙지방법원 2010. 8. 26 선고 2008가합118219 판결 ‖ 서울고등법원 2011. 9. 19. 선고 2010나90816 판결

대법원 복직 패소: 대법원 2015. 2. 26. 선고 211다78316 판결

• 유전무죄 무전유죄는 존재하는가

무직자의 15만 원 절도: 서울서부지방법원 2013. 7. 25. 선고 2013고합164 판결

재벌회장의 1500억대 배임: 서울서부지방법원 2012. 8. 16. 선고 2011고합25 판결 ‖ 서울고등법원 2014.2.11. 선고 2012노2794 판결 ‖ 대법원 2013. 9. 26. 선고 2013도5214 판결서울고등법원 2014. 2. 11. 선고 2013노2949 판결(파기환송심)

• 회장님의 하루 일당은 5억 원

일당 5억 원 '황제노역': 광주지방법원 2008. 12. 30. 선고 2007고합423 판결 ‖ 광주고등법원 2010. 1. 21. 선고 2009노9 판결 ‖ 대법원 2011. 12. 11. 선고 2010도2288 판결

일당 5만 원 '평민노역': 서울중앙지방법원 2013. 8. 27.자 2013고약20409 약식명령

• 검사, 피고인으로 법정에 서다

벤츠는 '청탁 대가'다: 부산지방법원 2012. 1. 27. 선고 2011고합837 판결

벤츠는 '사랑의 정표'다: 부산고등법원 2012. 12. 13. 선고 2012노65 판결 ‖ 대법원 2015. 3. 12. 선고 2013도363 판결

- **국민참여재판, 상식과 전문적 식견 사이**

   배심원 평결 번복: 전주지방법원 2013. 11. 17. 선고 2013고합96 판결 ‖ 광주고등
   법원 (전주) 2014. 3. 25. 선고 2013노237 판결
   배심원 평결 존중: 서울남부지방법원 2009. 5. 7. 선고 2009고합52 판결 ‖ 서울고
   등법원 2009. 11. 26. 선고 2009노1335, 1616(병합) 판결 ‖ 대법원 2010. 3. 25. 선고
   2009도14065 판결

- **국가의 폭력을 단죄하라**

   소록도 한센인 강제단종: 광주지방법원 순천지원 2014. 4. 29. 선고 2013가합
   10285 판결 ‖ 광주고등법원 2014. 10. 22. 선고 2014나11542 판결
   삼청교육대 강제 입소·폭행: 서울행정법원 2013. 6. 28. 선고 2012구합15647 판
   결 ‖ 서울고등법원 2014. 4. 18. 선고 2013누21436 판결 ‖ 대법원 2014. 8. 20. 선고
   2014두7299 판결

- **내란음모, 김대중과 이석기 사이**

   김대중 내란음모: 육군계엄보통군법회의 1980. 9. 17. 선고 80보군형공 제38호 판
   결 ‖ 육군계엄고등군법회의 1980. 11. 3. 선고 80고군형항 제176호 판결 ‖ 대법원
   1981. 1. 23. 선고 80도2756 판결 ‖ 서울고등법원 2004. 1. 29. 선고 2003재노19 판
   결
   이석기 내란음모: 수원지방법원 2014.02.17 선고 2013고합620 판결 ‖ 서울고등법
   원 2014.08.11 선고 2014노762 판결 ‖ 대법원 2015. 1. 22. 선고 2014도10798 판결

- **한국 사회의 가장 큰 낙인, 종북**

   '종북 지자체장 퇴출' 주장: 수원지방법원 성남지원 2013. 12. 17. 선고 2013가단
   201317, 2013가단17222(반소) 판결 ‖ 서울중앙지방법원 2013. 10. 2. 선고 2013가
   단5009690, 2013가단112317(반소) 판결
   '이정희 부부 종북' 매도: 서울중앙지방법원 2013. 5. 15. 선고 2012가합34257 판
   결 ‖ 서울고등법원 2014. 8. 8. 선고 2013나38444 판결

- **정부의 명예보다 표현의 자유를 위해**

  세월호 홍가혜 사건: 광주지방법원 목포지원 2015. 1. 9. 선고 2014고단612 판결
  미네르바 사건: 서울중앙지방법원 2009. 4. 20. 선고 2009고단304 판결‖헌법재판소 2010. 12. 28. 2008헌바157, 2009헌바88(병합) 결정

- **정치인의 모욕, 일반인의 모욕**

  강용석 여자 아나운서 모욕: 서울서부지방법원 2011. 5. 25. 선고 2010고단1806 판결‖서울서부지방법원 2011. 11. 10. 선고 2011노529 판결‖대법원 2014. 3. 27. 선고 2011도15631 판결‖서울서부지방법원 2014. 8. 29. 2014노364 판결(파기환송심)
  네티즌의 '누구신지호' 모욕: 서울북부지방법원 2009고정1707 판결‖서울북부지방법원 2010. 2. 9 선고 2009노1469 판결‖대법원 2010. 5. 27 선고 2010도3030 판결

- **법은 친일파 기득권을 인정할까**

  친일판사 결정 취소: 서울행정법원 2010. 10. 15. 선고 2009구합52424 판결‖서울고등법원 2011. 11. 10. 선고 2010누38082 판결‖대법원 2012. 4. 13. 자 2011두31550 판결
  친일재산 되찾기: 수원지방법원 2005. 11. 15. 선고 2004가단14143 판결‖수원지방법원 2009. 2. 12 선고 2005나23626(2007나18437 병합) 판결

- **한국에서 합법 파업은 가능한가**

  한진중공업 파업: 부산지방법원 2014. 1. 17. 선고 2011가합1647 판결
  쌍용자동차 파업: 수원지방법원 평택지원 2013.11.29 선고 2009가합2325 판결‖수원지방법원 평택지원 2013.11.29 선고 2010가합5252 판결